KiWi

1811

Das Buch

Im Sommer 2017 reisen FPÖ-Spitzenkandidat Heinz-Christian Strache und sein Parteifreund Johann Gudenus nach Ibiza. In einer luxuriösen Villa tappen sie in eine Falle. Eine angeblich steinreiche Russin behauptet, gerade dabei zu sein, die Kronen-Zeitung zu kaufen. Mit ihrer Unterstützung könnte die FPÖ die Wahlen gewinnen – und Strache vielleicht Kanzler werden. Jetzt will sie wissen: Was bekommt sie dafür? Bei Champagner und Sushi stellt Strache staatliche Aufträge in Aussicht, er erzählt von einem System verschleierter Parteispenden und fantasiert davon, wie er Österreichs Presselandschaft nach Vorbild des ungarischen Autokraten Viktor Orbán massiv umbauen würde. Als die Pulitzer-Preisträger Frederik Obermaier und Bastian Obermayer das Video sehen, als erste Journalisten, sind die Hintergründe unklar – aber der Inhalt explosiv. Eine spektakuläre Recherche beginnt: In einem verlassenen Hotel werden USB-Sticks übergeben, spätnachts Informanten getroffen – und dann versucht sich plötzlich auch noch jemand, in die verschlüsselte Kommunikation der Journalisten zu hacken ...
Das Buch zeichnet den Aufstieg von Österreichs Rechtspopulisten nach und enthüllt den ganzen Verlauf der Affäre, die an einem dramatischen Wochenende mit dem Sturz der Regierung ihren vorläufigen Höhepunkt findet.

Die Autoren

Frederik Obermaier, geboren 1984, ist Leitender Redakteur im Ressort Investigative Recherche der Süddeutschen Zeitung und Mitglied im ICIJ. Seine journalistische Arbeit wurde unter anderem mit dem Nannen-Preis, dem Deutschen Reporterpreis, dem CNN-Award, dem Wächterpreis und dem Pulitzer-Preis ausgezeichnet. Neben anderen Büchern veröffentlichte er bei Kiepenheuer & Witsch den internationalen Bestseller »Panama Papers. Die Geschichte einer weltweiten Enthüllung«.
Bastian Obermayer, geboren 1977, ist Leiter des Ressorts Investigative Recherche bei der Süddeutschen Zeitung und Mitglied im International Consortium of Investigative Journalism (ICIJ). Für seine Reportagen und Recherchen erhielt er unter anderem den Theodor-Wolff-Preis, den Nannen-Preis, den Deutschen Reporterpreis, den Wächterpreis sowie – für die »Panama Papers« – den Pulitzer-Preis. Neben anderen Büchern veröffentlichte er bei Kiepenheuer & Witsch mit Frederik Obermaier »Panama Papers. Die Geschichte einer weltweiten Enthüllung«.

Frederik Obermaier
Bastian Obermayer

Die IBIZA-AFFÄRE

Innenansichten eines Skandals, der Österreich erschütterte

Mit einem aktuellen Vorwort
von Armin Wolf und
einem aktuellen Nachwort der Autoren

Kiepenheuer & Witsch

Aus Verantwortung für die Umwelt hat sich der *Verlag Kiepenheuer & Witsch* zu einer nachhaltigen Buchproduktion verpflichtet. Der bewusste Umgang mit unseren Ressourcen, der Schutz unseres Klimas und der Natur gehören zu unseren obersten Unternehmenszielen.

Gemeinsam mit unseren Partnern und Lieferanten setzen wir uns für eine klimaneutrale Buchproduktion ein, die den Erwerb von Klimazertifikaten zur Kompensation des CO_2-Ausstoßes einschließt.

Weitere Informationen finden Sie unter:
www.klimaneutralerverlag.de

FSC www.fsc.org
MIX
Papier aus verantwortungsvollen Quellen
FSC® C083411

Verlag Kiepenheuer & Witsch, FSC® N001512

1. Auflage 2021

Covergestaltung Barbara Thoben, Köln
Coverabbildungen © Philip Berryman / Alamy Stock Photo
Gesetzt aus der Karmina und der Proxima Nova
Emojis unverändert von googlefonts/noto-emoji (https://github.com/googlefonts/noto-emoji/), © 2019 Google Inc. Licensed under the Apache License, Version 2.0 (http://www.apache.org/licenses/LICENSE-2.0)
Satz Buch-Werkstatt GmbH, Bad Aibling
Druck und Bindung CPI books GmbH, Leck
ISBN 978-3-462-00229-4

Whoah! We're going to Ibiza
Whoah! Back to the island
Whoah! We're gonna have a party
Whoah! In the Mediterranean sea

(Vengaboys, 1999)

INHALT

VORWORT

von Armin Wolf

Am 18. Mai 2019, am Tag nachdem das Ibiza-Video online gegangen war, moderierte ich abends eine Sondersendung im ORF. Heinz-Christian Strache war gegen Mittag als Vizekanzler und FPÖ-Chef zurückgetreten, am Abend hatte Bundeskanzler Kurz das Ende der Koalition von ÖVP und FPÖ und baldige Neuwahlen verkündet. Unmittelbar nach Ende der Sendung erhielt ich eine SMS: »Haben Sie den Verein bereits gefunden, wohin gespendet wird?!!«

Und so telefonierte ich spätabends noch sehr lange mit einem bekannten, sehr wohlhabenden österreichischen Geschäftsmann, der mir von einem Treffen mit dem FPÖ-Vorsitzenden Strache und seinem damaligen Generalsekretär Herbert Kickl im Frühjahr 2017 erzählte, wenige Monate vor den anstehenden Parlamentswahlen und vor dem legendären Abend auf Ibiza. Die beiden Politiker fragten den Multimillionär damals, ob er bereit wäre, die FPÖ finanziell zu unterstützen. Er machte keine Versprechen, sagte aber auch nicht ab. Kurz darauf schickte ihm ein FPÖ-Funktionär eine Kontonummer und die Statuten eines in der Öffentlichkeit völlig unbekannten Vereins: »Austria in Motion«. Der Geschäftsmann spendete letztlich nichts, doch seine

SMS an mich und unser Bericht darüber wurden die erste Spur zu mehreren fragwürdigen Vereinen im FPÖ-Umfeld, die damals zu erstaunlich viel Geld gekommen waren, ohne dass bis heute geklärt ist, wofür.

Seither erforscht eine Sonderkommission der Wiener Korruptions-Staatsanwaltschaft, ob über diese Vereine illegal die FPÖ finanziert wurde – bisher ohne klare Beweise. Und sie ermittelt, was von den vielen Wodka-Red-Bull-befeuerten Räubergeschichten, Versprechungen, Plänen und Angebereien aus der balearischen Finca einen realen Hintergrund hatte und möglicherweise strafbar war.

Im Zuge ihrer Recherchen hat die Staatsanwaltschaft mehrere Mobiltelefone sichergestellt, darunter eines, dessen Inhalt seither die österreichische Politik erschüttert. Das Handy gehörte Thomas Schmid, dem Vorstand der ÖBAG, einer Holding österreichischer Staatsbeteiligungen im Wert von mehr als 26 Milliarden Euro. Thomas Schmid ist kein FPÖ-Mann, sondern bewegt sich seit vielen Jahren im engsten Umfeld von Sebastian Kurz. Vom Pressesprecher im Außenministerium hatte er sich zum Generalsekretär und mächtigsten Mann im Wiener Finanzministerium hochgearbeitet.

Und Thomas Schmid liebte sein Mobiltelefon. Obwohl er es rechtzeitig vor einer Hausdurchsuchung der Polizei auf die Werkseinstellungen zurücksetzte, konnten die Ermittler aus dem Back-up-Speicher mehr als 323.000 Chat-Nachrichten rekonstruieren. Und weil Thomas Schmid ein einflussreicher, gut vernetzter Mann an sehr zentraler Stelle war, ging es in sehr vielen der häufig mit Emojis verzierten Nachrichten an Kanzler Kurz und dessen engste Mitarbeiter um heikle interne Fragen der damaligen ÖVP-FPÖ-Koalition, von Absprachen über Gesetzesvorhaben über Deals um Postenbesetzungen bis zum Gossip über Parteikollegen. Als sich Schmid etwa um seine Kompetenzen als künftiger Alleinvorstand der Verstaatlichen-Holding sorgte, versicherte ihm Kurz salopp via WhatsApp: »kriegst eh alles was du willst 😘😘😘«. Die mittlerweile im ganzen Land berühmte Antwort Schmids: »Ich bin so glücklich :-))) Ich liebe meinen Kanzler 👍👍💪💪«.

Die Auswertung der Nachrichten ist im Frühsommer 2021, als dieser Text entsteht, noch nicht annähernd abgeschlossen, und doch ermittelt die Justiz auf deren Basis bereits gegen Bundeskanzler Sebastian Kurz, seinen Kabinettschef, den amtierenden sowie zwei ehemalige ÖVP-Finanzminister, eine frühere Vize-Vorsitzende der Partei, einen Exjustizminister, zwei Spitzenbeamte im Justizministerium und gegen ÖBAG-Chef Thomas Schmid selbst. Die ÖVP reagiert darauf mit bisher beispiellosen Attacken auf eine angeblich parteipolitisch motivierte Justiz, in der sie – ohne jeden Beleg – »rote Netzwerke« vermutet. Unbestreitbar aber ist, dass die Volkspartei in ihrer tiefsten Krise steckt, seit Sebastian Kurz sie 2017 quasi handstreichartig übernommen, völlig neu aufgestellt und zu zwei spektakulären Wahlsiegen geführt hat.

Eine Anklage gegen den Bundeskanzler wegen mutmaßlicher Falschaussage vor dem Ibiza-Untersuchungsausschuss im Parlament scheint wahrscheinlich, ein Schuldspruch ist nicht ausgeschlossen. Kaum vorstellbar, dass die nunmehrige Koalition aus ÖVP und Grünen eine Verurteilung des Kanzlers überstehen würde. Vorgezogene Neuwahlen wären wohl unausweichlich.

Und die FPÖ? Die Partei von Heinz-Christian Strache und Johann Gudenus?

Auf Ibiza hat ja keineswegs Sebastian Kurz mit einer russischen Fake-Oligarchin über fragwürdige Staatsaufträge, den Kauf der Kronen-Zeitung und den Aufbau einer »Medienlandschaft ähnlich wie der Orbán« verhandelt, sondern der langjährige Vorsitzende der FPÖ gemeinsam mit seinem engsten Freund, damals freiheitlicher Vizebürgermeister in Wien.

Der FPÖ geht es zwei Jahre später – trotz interner Debatten – bemerkenswert gut. Im Frühsommer 2021 liegen die Freiheitlichen in Umfragen bei 18 bis 20 Prozent und damit nicht weit hinter den Sozialdemokraten auf Platz drei. Die Ermittlungen der Justiz konzentrieren sich auf die ÖVP. Und Norbert Hofer, Straches Nachfolger an der Parteispitze, träumte bereits von der nächsten Regierungsbeteiligung, bevor er im Juni 2021 überraschend zurücktrat, entnervt durch einen Machtkampf mit Herbert Kickl, dem ehrgeizigen Fraktionsvorsitzenden im Parlament.

Es klingt schwer vorstellbar, aber der bizarre Abend auf Ibiza hätte langfristig nicht einmal die Karriere von Heinz-Christian Strache beenden müssen. Während Gudenus alle Ämter aufgab und völlig aus der Öffentlichkeit verschwand, versprach Strache seinen 800.000 Facebook-Fans bereits am Tag nach seinem tränenreichen Rücktritt ein Comeback: »Jetzt erst recht!«

An Ibiza ist es nicht gescheitert. Unter der Devise »Wer war noch nie stockbetrunken und hat einen Blödsinn gesagt?« verteidigten FPÖ-Funktionäre ihren gefallenen Frontmann noch wochenlang als hilfloses Opfer von »Stasi-Methoden« politischer Gegner und linker Auslandsmedien. Bis durch eine anonyme Anzeige ans Licht kam, dass Strache seinen aufwendigen Lebensstil seit Jahren aus der Parteikasse finanzieren ließ: von der Miete seiner schmucken Villa samt Waffenschrank über die Reinigung des Swimmingpools bis zur Rechnung einer Wahrsagerin für »Kraft, Schutz, Schutzmantel bei Auftritten und Schutz für In- und Ausland« über 6000 Euro. Plus Umsatzsteuer.

Wenn das überaus großzügige Spesenkonto trotzdem nicht reichte, wurde ein Leibwächter losgeschickt, um bei Bekannten Restaurantrechnungen einzusammeln, die der FPÖ als »Bewirtungsspesen« des Vorsitzenden weiterverrechnet wurden. So erzählten es jedenfalls der Leibwächter und Straches langjährige Sekretärin der Ibiza-Sonderkommission. Und auch wenn Strache das alles bis heute vehement bestreitet – die FPÖ-Funktionäre, die ihn so viele Jahre anhimmelten, wollten ihm zwar Ibiza verzeihen, aber nicht das schamlose Spesenrittertum. Eine »Partei des kleinen Mannes«, deren Vorsitzender jeden Monat mehr Mietzuschuss kassiert, als viele ihrer Wähler verdienen, das war dann doch zu viel. Strache wurde aus der FPÖ ausgeschlossen und blamierte sich im Herbst 2020 bei der Wiener Kommunalwahl mit einer neu gegründeten Kleinpartei: Gerade mal 3,3 Prozent erreichte der frühere Wahlkampfstar ohne seine FPÖ.

Straches politische Karriere ist wohl für immer zu Ende. Heute lebt der Anfang Fünfzigjährige auf 55 Quadratmetern in der mütterlichen Wohnung, in der er einst aufgewachsen ist, arbeitet angeblich als Unternehmensberater und steht vor Gericht, weil er einem Freund und FPÖ-Spender eine Gesetzesänderung versprochen haben soll.

Seine ehemalige Partei, die von ihm ständig beschworene »freiheitliche Familie«, distanziert sich bei jeder Gelegenheit von ihrem Langzeitvorsitzenden: Ibiza, das war eine peinliche Privataktion von Strache und seinem Intimus Gudenus, mit der FPÖ hatte das alles rein gar nichts zu tun. Und es scheint, als würde ein Großteil ihres Publikums diese Erzählung glauben.

Zu verstehen ist das alles nur, wenn man die Geschichte der Freiheitlichen und ihr Erfolgsrezept kennt. Die zeitweise erfolgreichste rechtspopulistische Bewegung Europas war jahrzehntelang eine behäbige rechtsliberale Honoratiorenpartei aus Anwälten, Apothekern und deutschnationalen Burschenschaftern, gegründet von ehemaligen Nazis, die bei Parlamentswahlen nie mehr als fünf bis sieben Prozent erreichte. Bis 1986 ein junger, charismatischer Parteisekretär aus Kärnten in einem internen Putsch die Führung an sich riss: Jörg Haider.

Der rhetorisch brillante, ideologisch flexible und politisch skrupellose Demagoge formt aus der Altherrenpartei eine krawallige Protestbewegung für alle Unzufriedenen im Land. Die zentrale Botschaft: Ihr seid Opfer und wir sind die, die euch verstehen. Und wir wissen auch, wer schuld an allem ist: »das System« und »die Ausländer«.

Haider stürmt damit von Wahlerfolg zu Wahlerfolg, von drei auf fast dreißig Prozent Ende der 1990er. Sieben Jahre lang sitzt die FPÖ dann als Juniorpartner in einer Koalition mit der ÖVP, zweimal spaltet sie sich in dieser Zeit durch interne Konflikte, beide Male kommt es zu vorgezogenen Neuwahlen. Bevor Haider 2008 bei einem selbst verschuldeten Autounfall stirbt, gründet er mit dem freiheitlichen Regierungsteam und der Parlamentsfraktion eine neue Partei; die Restbestände der zertrümmerten FPÖ sammelt der junge Wiener Landesvorsitzende Heinz-Christian Strache hinter sich, kurz zuvor noch ein gläubiger Haiderianer.

Doch binnen eines Jahrzehnts führen der Rabiatrhetoriker Strache und sein fintenreicher Stratege Herbert Kickl die Partei auf alte Höhen zurück – mit unappetitlich-holprigen, ausländerfeindlichen Wahlkampfslogans wie »Daham statt Islam« und »Mehr Mut für unser Wiener Blut. Zu viel Fremdes tut niemandem gut«. Immer wiederkehrende rechtsextreme «Einzelfälle« – etwa Fotos aus Straches Jugend im Neonazi-Milieu – schaden bei den Anhängern kaum. Sie sind jener Teil der Bevölkerung, der sich von den »Altparteien« nicht mehr verstanden fühlt. Soziologen nennen sie »Modernisierungsverlierer«: ungelernte Arbeiter, Fachkräfte und Pensionisten ohne höhere Bildungsabschlüsse, die sich von Globalisierung, Migration und Beschleunigung ökonomisch bedroht sehen und kulturell ausgegrenzt von akademisierten, urbanen Eliten.

Ohne diesen letzten – soziokulturellen – Aspekt ist der Erfolg der FPÖ nicht zu erklären. Sie wettert gegen Rauchverbote, Radwege, »Gender-Wahn« und »Tugendterror« und kämpft für höhere Tempolimits auf Autobahnen und Schweinefleisch in Schulkantinen. Sie ist für jene da, die ohne schlechtes Gewissen das »N-Wort« benützen wollen, denn »es gibt Menschen in diesem Land, die das Wort verwenden, nicht bösartig, und das sollten Sie auch zur Kenntnis nehmen«, wie mir Strache einst in einem Interview erklärte. Und weil die FPÖ ihren Wählern keine Vorwürfe macht, dass sie so leben wollen, wie sie leben, sind diese auch großzügig bei Fehltritten ihrer Vertreter. Viel mehr noch: Brachial-populistische Bewegungen wie die FPÖ (oder Trump, Orbán, Johnson, Le Pen, Salvini und ihre Parteien) werden von vielen Menschen nicht trotz ihrer Entgleisungen, Tabubrüche oder Lügen gewählt, sondern weil sie sich genau so verhalten. Für nicht wenige – mehrheitlich männliche – Wähler scheinen ihre Führer eine Art Entlastungsfunktion zu erfüllen: Stellvertretend für den ohnmächtigen Wutbürger widersetzt sich der »starke Mann« dem angeblichen Diktat politischer Korrektheit und abgehobener Eliten.

Zwei Jahre nach Ibiza hat die FPÖ wieder einen »starken Mann«. Fraktionschef Herbert Kickl, ein intellektuell angehauchter Demagoge ohne Berührungsängste zum extrem rechten Rand und ohne erkennbare Skrupel im öffentlichen Auftritt, ist während der Pandemiemonate zum umjubelten Stargast auf »Querdenker«-Demos geworden. Im rasch wachsenden Lager der Coronaskeptiker und Verschwörungsgläubigen hat der 52-Jährige ein neues Hoffnungsgebiet für die Freiheitlichen erschlossen. Jahrzehntelang war Kickl der wichtigste Mann hinter Jörg Haider und Heinz-Christian Strache gewesen, der unverzichtbare Stratege und Spin-Doktor im Hintergrund. Doch im Jubel der Demonstranten für seine Brandreden gegen »Plandemie«, »Coronadiktatur« und »Impfapartheid« hat der Regisseur sein Potenzial als Hauptdarsteller entdeckt. So sehr, dass er im Frühling 2021 den vergleichsweise moderaten Strache-Nachfolger Norbert Hofer vom Parteivorsitz weggemobbt hat.

Kickl wird die FPÖ führen wie einst Haider und Strache, bevor sie sich als Regierungspolitiker im Auftritt etwas mäßigen mussten: als aggressiv-rechte, ausländerfeindliche Wutbürger-Front. Das ist in Österreich, wie die vergangenen Jahrzehnte zeigen, für zwanzig bis dreißig Prozent der Wählerstimmen gut. Trotz des vermeintlichen politischen Super-Gaus »Ibiza« könnte die FPÖ bald wieder zu einer der stärksten Rechtsaußen-Parteien in Europa werden.

Es ist fast paradox, aber der skandalöse Abend auf der Baleareninsel könnte letztlich der ÖVP und ihren Spitzenfunktionären im Visier der Justiz mehr Probleme machen als den Nachfolgern von Strache und Gudenus. Nur der Weg zurück in eine Regierung ist den Freiheitlichen für die nächsten Jahre verbaut. Unter dem verbindlichen Parteichef Norbert Hofer wäre eine weitere »türkis-blaue« Koalition nach allfälligen Neuwahlen nicht undenkbar gewesen – trotz Ibiza. Doch mit dem neuen starken Mann der FPÖ will niemand gemeinsam regieren, selbst Sebastian Kurz nicht mehr.

Auch wenn Herbert Kickl noch nie auf Ibiza war.

PROLOG

Ibiza,
am Abend des
24. Juli 2017.

Eine Villa auf einem der Hügel von Ibiza, in der Nähe des Örtchens Sant Rafel de Sa Creu. Vor dem weiß getünchten Gebäude liegt ein Pool, der auf den Werbebildern im Internet ferienblau leuchtet, dahinter ein Gästehaus. Mehrere Terrassen gruppieren sich um die Gebäude und den gepflasterten Innenhof; um das Schwimmbecken und sogar auf dem Dach des Haupthauses stehen Liegestühle bereit – mit dem wohl besten Blick auf die bewaldeten Anhöhen. Die Villa hat drei Schlafzimmer, drei Bäder, eine Küche und einen Kamin, in allen Zimmern stehen Designermöbel, an den Wänden, in Nischen und Ecken sind Kunstwerke.

Ein grobmaschiger Zaun, teils mit Bambusmatten verkleidet, und ein rostfarbenes Tor schützen das dreieckige Grundstück vor fremden Blicken und ungebetenen Gästen. Ein Concierge-Service ist im Preis inbegriffen, außerdem ein Solarium, natürlich WLAN, eine Audioausrüstung von Bose und eine Außendusche.

Es ist keine billige Unterkunft: Die Mieter, die an diesem Abend Gäste aus Österreich erwarten, haben die »Architect

Country Villa« über ein Internetportal gebucht, sie werden für drei Nächte 2936 Euro bezahlen.

Hierher liefert ein Sushi- und Fusion-Cuisine-Restaurant aus einem Dorf ein paar Kilometer entfernt kurz nach 19 Uhr das Abendessen. In einer Art Parkbucht auf der Schotterstraße vor dem Anwesen, gegenüber der Einfahrt, stehen zu dieser Zeit ein sportlicher BMW M4 und eine elegante Maybach-Limousine. Jemand nimmt die Lieferung in Empfang, es macht genau 374 Euro für Sashimi, Gelbschwanzmakrelen-Carpaccio, Garnelensalat, Thunfischtartar, Doradentartar, gefrorenen Algensalat und Wolfsbarsch-Carpaccio.

In der Küche stehen Gläser und Eiswürfel bereit, im Kühlschrank warten Champagner, Weißwein, Wodka und Red Bull – sogar zuckerfrei.

Irgendwo im Haus läuft Popmusik, die Schritte von hochhackigen Schuhen sind zu hören. Alles ist vorbereitet.

Dann, gegen 20 Uhr an diesem Abend, hält ein Wagen vor dem Anwesen. Aus dem Fahrzeug steigt der österreichische Spitzenpolitiker Heinz-Christian Strache, begleitet von seinem Parteifreund Johann Gudenus und dessen Ehefrau Tajana. Am Steuer sitzt ein Fahrer, der den Wagen später wieder die Hügel hinunterfährt.

Strache ist zu der Zeit der Chef der Freiheitlichen Partei Österreichs (FPÖ), und der Spitzenkandidat der drei Monate später anstehenden Nationalratswahl. Bald beginnt die heiße Phase des Wahlkampfes. Für die rechtspopulistische FPÖ bietet sich nach allen Umfragen die Chance, zweitstärkste oder gar stärkste Partei im österreichischen Parlament zu werden. Wenn es perfekt läuft, könnte Strache im Herbst österreichischer Bundeskanzler werden.

Johann Gudenus ist zu dieser Zeit amtierender Vizebürgermeister von Wien. Er ist, seit vielen Jahren, einer von Straches engsten politischen Weggefährten.

Strache und Gudenus fahren oft nach Ibiza in den Urlaub. Heinz-Christian Strache – den die meisten HC nennen – besuchte die Baleareninsel zum ersten Mal Mitte der Achtzigerjahre, nach seinem Hauptschulabschluss, seither kommt er immer wieder. Ibiza sei sein »Kraftort«, sagt er in einem Interview nur ein paar Wochen zuvor, sein »Ruhepol«. Seit Jahren ist Österreich an die sommerlichen Meldungen gewöhnt, dass sich Strache auf Ibiza von den politischen Strapazen erholt. Im Juli 2017 fliegt er, so wird es seine Ehefrau später in einem *Bunte*-Interview erzählen, mit seiner Mutter und den Kindern aus erster Ehe auf die Insel.

An diesem Abend unterbricht er seinen Urlaub jedoch für ein Treffen, bei dem es dezidiert um Politik gehen wird. Heinz-Christian Strache und das Ehepaar Gudenus, das zur gleichen Zeit auf Ibiza urlaubt, treffen nämlich eine Frau, die Gudenus im Vorfeld bei Begegnungen in Wien als schwerreiche Nichte eines Putinnahen Oligarchen vorgestellt wurde. Mit ihr haben die beiden Politiker, das wird sich herausstellen im Laufe des Abends, große Pläne.

An der Seite der Russin ihr Begleiter, ein Deutsch sprechender Mann: blaues Hemd, weiße Jeans, Lederslipper. Er erzählt Strache, er kenne die Russin seit etlichen Jahren, weniger geschäftlich, eher freundschaftlich.

Johann Gudenus, in Jeans, T-Shirt und Sneakers, und seine Frau, weißer Minirock, goldenes Oberteil, dunkle Jacke und schwarze Riesensonnenbrille, setzen sich auf eine Polsterbank auf der überdachten Terrasse. Der Vertraute der Russin bringt Weißwein und vier Gläser, die er auf einem niedrigen weißen Loungetisch vor der Polsterbank verteilt. »Sehr gut«, sagt

Gudenus, »brauchst du Hilfe?« Der Mann lehnt dankend ab und verschwindet wieder im Haus. Gudenus nimmt die Flasche und schenkt ein.

Dann tritt die angebliche russische Oligarchennichte aus dem Haus – in High Heels und schwarzem Kleid, die langen Haare zum Pferdeschwanz gebunden. »Hallo!«, rufen die beiden Frauen, umarmen und küssen sich zur Begrüßung, als würden sie einander kennen. Auch von Johann Gudenus gibt es für die Russin Küsschen zur Begrüßung. Die Russin setzt sich gegenüber von Gudenus und seiner Frau auf einen Sessel, ihr Begleiter kommt zurück, holt sich einen Stuhl und nimmt zu ihrer Rechten Platz. Der Sessel am Kopfende des Tisches bleibt frei. Gudenus und die Russin beginnen, sich auf Russisch zu unterhalten.

Man stößt an, dann verschwindet der Begleiter der Russin wieder im Haus. Johann Gudenus sieht, dass Heinz-Christian Strache, der wahrscheinlich noch telefoniert hat, über den Hof zur Terrasse kommt. Gudenus erhebt sich, und auch die Russin steht auf – die Hauptperson ist da. Johann Gudenus stellt die beiden einander vor. »Hello Aljona, nice to meet you«, sagt Strache, leger im weit ausgeschnittenen grauen T-Shirt und in Jeans, am Arm ein geschätztes Dutzend Freundschaftsbänder, und stellt sich vor, »Christian«, sagt er, englisch ausgesprochen.

»Der Parteichef«, sagt Gudenus und deutet auf Strache.

Der Begleiter der Russin kommt mit einem weiteren Glas zurück auf die Terrasse und stellt es auf den Tisch. Heinz-Christian Strache setzt sich ans Kopfende des Tisches, Gudenus und dessen Frau links neben ihn, die Russin und ihr Begleiter rechts. Er zündet sich die erste Zigarette an.

Der Abend kann beginnen. Er wird sehr lang werden, und nicht nur die fünf Beteiligten werden ihn nicht wieder vergessen. Sondern ein ganzes Land. Was an diesem Abend gesprochen und versprochen wird, wird in Österreich die größte politische Krise seit dem Zweiten Weltkrieg auslösen.

Die angebliche Oligarchennichte nämlich ist nur ein Lockvogel und die Villa samt Terrasse verwanzt. Ein halbes Dutzend Kameras wird jede Bewegung aufzeichnen, und vor allem: fast jedes gesprochene Wort.

Das Treffen in der Villa ist eine Falle.

15 MINUTEN

Ein Hotel irgendwo
in Deutschland,
Sommer 2018, abends.

Auf dem Weg zu dem geheimen Ort fragen wir uns, ob es eine gute Idee war, uns auf dieses Treffen einzulassen. Unser Kontakt hat uns immer weiter vertröstet, inzwischen ist es deutlich nach 22 Uhr. Wir wissen nicht, wen wir treffen. Wir wissen nicht, worum es genau geht. Wir wissen nicht, was man von uns will. Und den Namen des Hotels, in dem wir uns treffen, haben wir erst vor ein paar Minuten erfahren.

Trotzdem haben wir das Gefühl, wir sollten da jetzt hin.

Im Vertrauen auf eine große Geschichte? Sicher nicht. Eher gespannt darauf, was wir erfahren werden, und neugierig, ob daraus eine Geschichte werden könnte. Mit dieser Hoffnung gehen wir durch die Tür des Hotels.

Manche Recherchen fangen mit einem Paukenschlag an: ein Paket voller Akten vor der Tür, ein Stick voller Daten, ein Insider, der auspackt. Oder ein leises »Ping«, wie man es vom Eingang einer elektronischen Nachricht kennt. So war es bei den Panama Papers, als sich der Whistleblower mit dem Künstlernamen »John Doe« bei uns meldete.

Die Vorgeschichte zu dem Treffen in diesem Hotel begann

mit einer etwas verschwurbelten Vorwarnung. Jemand, den wir schon seit Jahren kennen und dem wir vertrauen, sendete uns eine Nachricht, die seltsam wirkte: Es werde sich bald jemand melden, auf einem sicheren Kanal. Wir sollten uns das auf jeden Fall anhören. Vielleicht stecke dahinter eine gute Geschichte – es gehe um einen Mann an der Spitze eines europäischen Landes.

Welcher Journalist würde eine solche Geschichte nicht hören wollen? Also warteten wir, auch wenn dieser Umweg seltsam anmutete, weil wir uns fast alles erst mal anhören. Das ist Teil unseres Jobs. Aber nicht allen Spuren können wir nachgehen. Einige der Geschichten, die uns angetragen werden, sind schlicht unrecherchierbar – etwa, wenn uns jemand am Telefon von einem Bestechungsfall erzählt, der schon Jahre zurückliegt, ohne Dokumente, ohne Zeugen und Belege. Bei so etwas kommen wir nicht weiter. Manche Tipps basieren nur auf Gerüchten, andere stellen sich nach kurzer Recherche als falsch heraus. Und sehr viele Hinweise können wir nicht verfolgen, weil wir schlicht nicht die Ressourcen dafür haben. Das gilt vor allem für die Schilderungen von Einzelfällen. Wenn jemand beim Hausbau von seinen Handwerkern gelinkt wird, oder der langjährige Finanzberater der Großmutter plötzlich der Adoptivsohn ist und ordentlich erbt, ist das sicherlich ärgerlich, oft tragisch für die Betroffenen. Es ist aber nichts, was wir bei der *Süddeutschen Zeitung* (SZ) mit einer guten Handvoll Reporterinnen und Reportern in unserem Ressort »Investigative Recherche« aufklären könnten.

Und klar: Manches ist einfach Unsinn. Die Erfahrung nach etlichen Jahren besagt: Je länger die Briefe, je mehr Fettungen und grellgelbe Markierungen, je mehr unterstrichene Zeilen – umso größer die Wahrscheinlichkeit, dass es keine Geschichte für die

Zeitung ist. Aber auch dafür gibt es keine Garantie, und deswegen ist das oberste Gesetz immer: erst mal anhören.

Dafür muss jedoch jemand kommen, der reden möchte. Es vergingen einige Tage, und wir hatten die Vorwarnung fast wieder vergessen, als sich tatsächlich jemand bei uns meldete – und wir wenig später über eine sichere Leitung sprechen konnten.

Nur: Es war alles vage. Es gehe um jemanden, der höchste Regierungsverantwortung trage – aber die Position könne man nicht sagen. Jemanden, der sehr wichtig sei. Gegen den man einiges in der Hand habe, der anfällig für Korruption sei – aber sehr mächtige Verbündete und Geldgeber habe. Jemanden, vor dem man Angst habe. Und es sei nicht nur einer, sondern sogar zwei. Aber dazu könne man jetzt tatsächlich nicht mehr sagen.

Kurzum: Es war mühsam. Es war seltsam. Aber es klang interessant. Und immerhin erfuhren wir irgendwann, kurz bevor das Gespräch zu Ende war, das Land, um das es ging.

Österreich.

Das war eine ziemlich gute Nachricht, jedenfalls aus Sicht der *Süddeutschen Zeitung*. Noch lieber wäre uns natürlich Deutschland gewesen. Aber immerhin: Österreich liegt dem durchschnittlichen *SZ*-Leser wahrscheinlich näher als die meisten anderen europäischen Länder.

Natürlich ist ein Skandal, der bis hoch in die Regierungsspitze reicht, in jedem europäischen Land interessant für uns. Aber, nicht ganz unwichtig für ein deutsches Medium: In Österreich sprechen die Menschen deutsch, sie können also die *SZ* lesen. Wenn wir etwas aufdecken, muss nichts übersetzt werden. Wir schreiben für unsere eigenen Leser.

Und, das geben wir an dieser Stelle gern zu: Auch wir haben zu Österreich eine engere Beziehung als zu anderen europäischen Ländern. Wir sind beide in der Nähe der österreichischen

Grenze aufgewachsen, als Kinder waren wir zum Fußballtrainingslager am Neusiedler See, als Jugendliche fuhren wir über die Grenze, um das damals in Deutschland noch verbotene Red Bull zu kaufen, als Erwachsene machen wir regelmäßig Urlaub in Österreich, im Salzburger Land, Kärnten und immer wieder in Wien. Kurzum: Das Land war uns immer nah und ist es bis heute, deswegen beobachten wir genauer als in anderen Ländern, was die Menschen bewegt.

Von der Affäre um die vermuteten Kriegsverbrechen des österreichischen Präsidenten Kurt Waldheim bis zu Jörg Haiders unheimlichem Siegeszug – aus Deutschland schauen wir seit langer Zeit sehr genau auf die österreichische Politik. Auch weil sie möglicherweise einen Fingerzeig auf das gibt, worauf wir uns in Deutschland einstellen müssen.

Österreich wird zur Zeit des Treffens von einer Koalition der konservativen Österreichischen Volkspartei (ÖVP) und der rechtspopulistischen Freiheitlichen Partei Österreichs (FPÖ) regiert, unter Führung von Bundeskanzler Sebastian Kurz (ÖVP) und Vizekanzler Heinz-Christian Strache (FPÖ). Die Koalition setzt sich seit einiger Zeit betont von den westlichen Nachbarländern ab, was Themen wie Migration und offene Grenzen angeht. Die FPÖ ist, dazu dürfte es keine zwei Meinungen geben, auch deswegen in der Regierung, weil sie mit fremdenfeindlichen Sprüchen wie »Daham statt Islam« Proteststimmen abholt.

Wir rätseln, um wen es gehen könnte. Um Kurz oder Strache selbst – oder nur um jemanden aus der zweiten Reihe? Und: Was würde ein Skandal bedeuten?

Aber erst einmal können wir nichts tun. Die Quelle hat uns am Ende des Telefonats keine weiteren Hinweise gegeben. Wir müssen warten.

Bald nach dem ersten Gespräch meldet sich unser Kontakt – oder unsere Kontaktleute, das wollen wir in diesem Buch bewusst offenlassen, um unsere Quellen zu schützen – wieder zurück, und wenig später steht der Vorschlag für ein Treffen im Raum.

Wobei »Vorschlag« beinahe zu präzise klingt. Der »Vorschlag« lautet: Man würde uns einen Tag nennen. An dessen Vorabend dann: eine bestimmte Stadt in Deutschland. Dort sollten wir dann gegen Abend sein. Vor Ort würde man uns den Treffpunkt mitteilen: ein gut erreichbares Hotel.

Solche mysteriösen Verabredungen kennen wir vor allem aus Filmen und Serien. Selbst wenn die »heiße Story«, wie Geschichten im Fernsehen immer heißen, alles andere als heiß ist, müssen die Reporter unbedingt nachts jemanden in einer Tiefgarage treffen. So wie bei »Deep Throat«, dem wohl berühmtesten Whistleblower der Geschichte des Journalismus, der 1972 durch die Weitergabe von geheimen Informationen an die *Washington Post* den Watergate-Skandal ins Rollen gebracht hat. Normalerweise verabreden wir uns mit Informanten in einem Café, einer Anwaltskanzlei oder sogar in der Redaktion der *Süddeutschen Zeitung.*

Aber die Quelle ist König. Also zucken wir mit den Schultern und sagen: Okay. Wir haben auch schon Quellen im Park getroffen und einen Kinderwagen als Tarnung mitgebracht. Wir saßen im Dunklen unter Deck in einem schunkelnden Boot in Malta, in Oben-ohne-Bars im Ruhrpott und in einem bayerischen Ausflugslokal beim Kuchen. Warum also nicht mal eine Last-Minute-Verabredung?

Wir würden eine Menge Fragen mitbringen zum Treffpunkt, das war klar, und eine der ersten würde lauten: Warum wir?

Österreich ist gesegnet mit einer Unzahl von Qualitätsmedien, und etliche von ihnen leisten sich hartnäckige Investigativjournalisten. Da wir beide in den vergangenen Jahren selten über österreichische Themen geschrieben haben, wird es mit schon veröffentlichten Artikeln nichts zu tun haben.

Die Frage muss wohl eher lauten: Warum deutsche Journalisten?

Vielleicht, weil Österreich ein kleines Land ist, in dem sich fast alles von nationaler Bedeutung in Wien abspielt – wo man sich kennt und viel und gern redet? Diese Erklärung mutet ein wenig einfach an, zugegeben. Vielleicht stimmt sie trotzdem.

Gut möglich aber auch, dass wer-auch-immer diese Geschichte schon der gesamten österreichischen Medienlandschaft angetragen hat – und keiner sie wollte. Oder dass irgendwo ein Problem begraben liegt, das wir, die deutschen Journalisten, unkundig in den nationalen Besonderheiten, möglicherweise übersehen? Darauf werden wir achten müssen.

Neben den inhaltlichen Fragen stellen wir uns vor einem solchen Treffen – unbekannter Ort, ausgesucht von unbekannter Quelle – natürlich auch diese: Kann es gefährlich sein?

Nun mag man spotten: Österreich? Gefährlich?

Aber bis vor Kurzem hätten wir auch nicht gedacht, dass das EU-Land Malta – ein beliebtes Urlaubsziel – für Journalisten gefährlich sein könnte. Doch dann wurde im Oktober 2017 unsere Kollegin Daphne Caruana Galizia mit einer Autobombe in die Luft gesprengt – vermutlich wegen ihrer Recherchen zu Korruption im Land. Und Österreich wird immer wieder von Korruptionsskandalen erschüttert, die mitunter brutal enden können. Erst 2012 wurde ein Anwalt, der für russische Klienten im großen Stil Geld gewaschen hatte, tot in einem Wald im Wiener Umland gefunden.

Davon vollkommen abgesehen: Es kann immer gefährlich

sein, wenn man sich zu den Bedingungen anderer zu einer bestimmten Zeit an einem bestimmten Ort trifft. Aber oft heißt es: so oder gar nicht. Wenn der Ort des Treffens von einem konspirativen Hauch umweht wird, kann es dafür gute Gründe geben. Etwa, dass Menschen in Gefahr sind, oder sich in Gefahr wähnen. Oder dass es reine Wichtigtuerei ist, und das ist – ehrlich gesagt – meistens der Fall.

Es kann aber auch eine Falle sein, für uns Journalisten.

Seit den Panama Papers gibt es ein paar Menschen, die auf uns nicht gut zu sprechen sind – Menschen aus Wladimir Putins Umfeld zum Beispiel, oder radikale Fans des pakistanischen Expräsidenten Nawaz Sharif, gegen den wegen der Panama Papers ein Verfahren eingeleitet wurde und der inzwischen im Gefängnis sitzt. Etliche der Kolleginnen und Kollegen, mit denen wir die Panama Papers recherchiert haben, erhielten seither Morddrohungen. Aber würden sich solche Leute so viel Mühe geben, sich über einen Vertrauensmann melden, eine Geschichte erzählen, einen konspirativen Treffpunkt auswählen? Würden sie uns nicht einfach hier in München Plutonium ins Bier mischen?

Während wir noch über solche und andere Fragen nachdenken, erfahren wir, in welcher Stadt wir unseren Kontakt treffen können – und dass das Treffen am nächsten Tag stattfinden soll, am frühen Abend.

Und so sind wir am ausgemachten Tag vor Ort, wo wir am späten Nachmittag per Kurznachricht auf einem verschlüsselten Kanal den Namen des Hotels erfahren. Es ist ein größeres Haus, das wir leicht finden werden.

Eine gute halbe Stunde, bevor wir dorthin aufbrechen wollen, wird das Treffen um eine Stunde nach hinten verschoben. Dann noch einmal, und noch einmal. In der Zwischenzeit beantworten wir E-Mails, schauen auf Twitter nach den Nachrichten des Tages und lenken uns ab. Es wird zwar später und später, aber dann, kurz nach 22 Uhr, kommt endlich die Nachricht, dass es jetzt losgehe; mit einem leicht mulmigen Gefühl machen wir uns auf den Weg. Je näher wir dem Ziel kommen, umso mehr weicht das Gefühl einer konzentrierten Anspannung.

In der Hotellobby werden wir angesprochen, unsere Gesichter kann man googeln, und sitzen wenig später in der Hotelbar bei Bier, Oliven und Nüssen einer oder mehreren Personen gegenüber – die Anzahl der Menschen nennen wir bewusst nicht.

Wir sind davon ausgegangen, dass wir uns zum Abendessen treffen, und da die Verschiebungen immer kurzfristig kamen, haben wir noch nichts gegessen. Die Oliven und Nüsse sind schnell weg.

Nach ein wenig Small Talk sagen wir, wie wir arbeiten. Wir – also die *SZ* – schauen uns alles an. Wir können aber nur berichten, wenn wir etwas in die Hand bekommen, was die Geschichte belegt, seien es Aufzeichnungen, Rechnungen, Verträge oder andere Dokumente. Aber auch dann behalten wir die Hoheit darüber, ob wir berichten, was wir berichten, wie groß wir berichten und wann wir berichten. Alle redaktionellen Entscheidungen treffen wir selbst, das ist nicht verhandelbar. Das mag selbstverständlich klingen, für viele Menschen, die nicht mit Medien arbeiten, ist es das aber nicht, das haben wir in den vergangenen Jahren gelernt. Und noch etwas ist wichtig: Wir bezahlen nicht für Informationen. Andere Medien mögen das tun. Wir nicht – nicht nur in diesem Fall nicht, sondern: nie.

Damit, finden wir, könnte es jetzt losgehen.

Das Gegenüber muss jedoch erst einmal nachdenken, wie es weitergehen soll.

Nach einer kurzen Unterbrechung werden wir schließlich auf ein Hotelzimmer geleitet – und die Show beginnt. Alle Telefone werden ausgeschalten, eingesammelt und ins Badezimmer gebracht. Wir werden abgetastet, vermutlich nach Mikrofonen. Offenbar ist die Angst, dass jemand zuhören könnte, groß. Wir sprechen anfangs kaum, die Anspannung im Raum wird dadurch nicht kleiner. Aber wir haben das Gefühl, dass die andere Seite wesentlich nervöser ist.

Dann erfahren wir, warum: Der Mann, um den es gehen wird, ist tatsächlich der österreichische Vizekanzler Heinz-Christian Strache. Er ist, das kann man mit einiger Berechtigung sagen, der zweitmächtigste Mann im Land.

Auf einem Tisch in dem Hotelzimmer stehen allerlei technische Geräte, Kabel, Laptops und Tablets. Eines davon wird nun vorbereitet, denn darauf, erfahren wir, sei das besprochene Material. Es gehe hauptsächlich um ein Video.

Während Steckdosen gesucht und Kabel gesteckt werden, hoffen wir, dass es nicht um Straches Vergangenheit in der rechten Szene geht. Seit Längerem kursieren Videos und Bilder aus Straches frühen Jahren: Damals traf er sich mit Gleichgesinnten zu Wehrsportübungen im Wald und fuhr zu mindestens einer Neonaziveranstaltung in Deutschland. All das ist lange her und darüber wurde oft berichtet. Es wäre, wie man im Journalismus sagt: »more of the same«. Neue Details zu einer alten Geschichte – die Strache allerdings vehement bestreitet. Er sagt: »Ich war nie ein Neonazi.«

Hier gehe es nicht um Strache als Neonazi, erklärt man uns, es gehe um Strache als FPÖ-Chef und um möglicherweise strafbares Verhalten. Es sei wie folgt: Jemand habe Strache und den FPÖ-Klubobmann – was in Deutschland dem Fraktionsvorsitzenden entspricht – Johann Gudenus in eine Falle gelockt. Man habe ihnen, schon 2017, im Wahlkampfsommer vor den österreichischen Nationalratswahlen, eine Frau als steinreiche Russin vorgestellt, als Nichte eines Oligarchen, der angeblich Wladimir Putin nahestehe. Diese Frau habe erklärt, sie wolle sehr viel Geld nach Österreich bringen, das nicht auf eine Bank dürfe, also Schwarzgeld sei. Bei einem Treffen der Frau mit Strache und Gudenus auf Ibiza sei die Sache dann eskaliert. Die Russin habe Wahlkampfhilfe zugesagt, indem sie die *Kronen-Zeitung*, Österreichs bei Weitem mächtigstes Medium, zur Hälfte kaufen und auf FPÖ-Kurs bringen würde. Und Heinz-Christian Strache habe im Gegenzug Dinge in Aussicht gestellt, die entweder illegal oder zumindest hochbrisant seien.

Und all das, erklärt man uns, habe man hier auf Video.

Das wäre in der Tat eine gute Geschichte.

Wie viel Videomaterial gibt es denn?, fragen wir.

Kommt drauf an, wie man es zählt, lautet die Antwort. Es sei zum Teil doppelt aufgezeichnet worden, aus verschiedenen Perspektiven. Deswegen liege nun sehr viel Material vor, insgesamt mehr als zwanzig Stunden.

Was man jetzt zeigen wolle, sei ein etwa viertelstündiges »Best-of-Strache«.

Wir werden vorsichtig. Was hier, in diesem schummrigen Hotelzimmer, geschieht, ist kein normales Gespräch zwischen Journalisten auf der einen und einer Quelle oder einem Whistleblower auf der anderen Seite. Hier hat jemand offenbar mit bedenkenswerter Energie und mindestens kreativen Methoden gearbeitet.

Natürlich: Auch Journalisten setzen manchmal ähnliche Mittel ein, wenn sie undercover recherchieren. Allerdings ist die Haltung der *SZ* dazu sehr klar: Wir gehen nicht undercover. Wir filmen niemanden heimlich, wir legen niemanden herein und locken niemanden in eine Falle.

Das bedeutet nicht, dass es journalistisch grundsätzlich verwerflich wäre, im Gegenteil: Es gibt zahlreiche Undercover-Recherchen, die wichtig sind für die Gesellschaft. In Deutschland vor allem die Recherchen von Günter Wallraff. Ihm ist es zu verdanken, dass die Methoden der *Bild-Zeitung* einer breiten Öffentlichkeit bekannt wurden. Wallraff hatte sich 1977 in Hannover in die Boulevardzeitung eingeschleust und die menschenverachtende Praxis des Redaktionsalltags detailliert nachgezeichnet. Ein Super-Gau für den Springer Verlag, der wenig überraschend gegen Wallraff vor Gericht zog. Das Bundesverfassungsgericht entschied im sogenannten Wallraff-Beschluss, dass die »Veröffentlichung rechtswidrig beschaffter oder erlangter Informationen« vom »Schutz der Meinungsfreiheit (Art. 5 Abs. 1 GG) umfasst« wird. Wäre es anders, »könnte die Kontrollaufgabe der Presse leiden, zu deren Funktion es gehört, auf Missstände von öffentlicher Bedeutung hinzuweisen«. Aber: Auf der anderen Seite ist »auch das Mittel von wesentlicher Bedeutung, durch welches ein solcher Zweck verfolgt wird«. Zulässig sind Undercover-Einsätze, wie sie Günter Wallraff bekannt gemacht hat, deshalb nur, wenn, und das ist wichtig, »... die Bedeutung der Informationen für die Unterrichtung der Öffentlichkeit und für die öffentliche Meinungsbildung eindeutig die Nachteile überwiegt«.

Solche Recherchen erfordern also immer eine Abwägung. Leitplanken für solche Recherchen liefert neben der Rechtsprechung der deutsche Pressekodex: Demnach sind verdeckte Recherchen nur erlaubt, »wenn damit Informationen von besonderem Interesse beschafft werden, die auf andere Weise nicht zugänglich sind«.

Dass die Undercover-Recherche in Deutschland rechtlich abgesichert ist, macht die Arbeit von Journalisten oft erst möglich. Ein unter dem Pseudonym »Thomas Urban« veröffentlichender Kollege etwa schlich sich immer wieder bei Konzerten von Neonazis ein und filmte mit, wie im Publikum die Hände zum Hitlergruß nach oben gingen. Der legendäre *Stern*-Reporter Gerhard Kromschröder trat dem Ku-Klux-Klan bei, fuhr mit rechten Rockern übers Land und gab vor, illegal Giftmüll zu verschieben – er belegte damit, dass sich auf gewöhnlichen Hausmülldeponien niemand darum scherte, was dort vergraben wurde.

Eine zentrale Frage bei Undercover-Recherchen lautet: Bildet die Recherche die Wirklichkeit ab – oder beeinflusst sie die Wirklichkeit? Wenn der Reporter selbst zum Hitlergruß auffordert, ist die Geste natürlich noch immer verboten und belegt, wes Geistes Kind die Gefilmten sind. Aber es ist eine Begebenheit, die sich ohne das Zutun des Reporters womöglich nie zugetragen hätte.

In einem solchen Fall gibt es rechtlich vieles zu bedenken, jede heimlich gefilmte Szene greift in Rechte derer ein, die gefilmt werden, ihr Recht am eigenen Bild, möglicherweise ihr Recht am eigenen gesprochenen Wort, vielleicht in die Privatsphäre. Solche Verletzungen können durch ein höheres Gut gerechtfertigt werden, aber erst einmal sind sie da.

Noch bevor wir eine einzige Szene anschauen, ist klar: Der Inhalt des Videos müsste von herausragender Bedeutung sein, von besonders hohem Interesse sein, um das Vorgehen – die Falle – zu rechtfertigen. Und uns das Recht zu geben, etwas darüber zu veröffentlichen.

Dann bekommen wir Kopfhörer in die Hand, und der Kontakt drückt auf »Play«.

Das Video beginnt.

SUSHI, WODKA UND RED BULL

Sant Rafel de Sa Creu,
24. Juli 2017,
kurz nach 20 Uhr.

Allmählich neigt sich der Abend über die Hügel und Täler, die man erreicht, wenn man ein paar Kilometer von Ibiza-Stadt ins Landesinnere fährt. Der Wettermonitor für die Insel meldet leichten Wind, die sanfte Brise verscheucht die Hitze des Tages, und auf der Terrasse der »Architect Country Villa« klingen die Gläser. Um einen weißen Loungetisch sitzen FPÖ-Chef Heinz-Christian Strache, zu seiner Linken auf einer Bank mit weißem Polster der Wiener Vizebürgermeister Johann Gudenus und seine frisch angeheiratete Frau Tajana; ihnen gegenüber die vermeintliche russische Oligarchennichte und ihr Begleiter.

Gudenus nippt an einem Weißwein und erzählt von seinen letzten Reisen. Dann kommt man auf gemeinsame Bekannte zu sprechen und schließlich auf Restaurants.

Strache erzählt von einem Restaurant auf der Insel, das er und Gudenus – Spitzname: Joschi – kürzlich besucht hätten, das immer voll sei, aber exzellent, nur das »Saufen« sei »sauteuer«. Als er dann aufzählt, was sein Tisch alles bestellt habe, nämlich drei Liter Rosé, Champagner und Wodka dazwischen, Kaviar und Austern und Fisch für zwölf Leute, da fällt ihm, der sich in Österreich als Anwalt der »kleinen Leute« verkauft, doch auf: »So teuer wars ned – 1600 für 12 Leut'.«

Heinz-Christian Strache ist von der ersten Minute an die dominierende Person am Tisch, er witzelt, er belehrt, er gibt seine Einschätzung der Weltlage und seine Erlebnisse in der Politik zum Besten. Er sitzt noch keine halbe Stunde auf der Terrasse der Villa, da hat Heinz-Christian Strache der Runde schon von dem angeblich größten israelischen Diamantenhändler erzählt, den er kennengelernt habe, von einem Freund, der eine Diamantenmine in Afrika gekauft habe, und davon, dass einige Russen wegen der Sanktionen ihr Geld nicht aus dem Land bekämen. Wie nebenbei schildert Strache seine Bekanntschaft mit einem hoch umstrittenen antizionistischen Geschäftsmann (»ein lustiger Lieber«), schiebt antisemitische Anspielungen eines FPÖ-Parteifreundes zur Seite, die einige Tage zuvor für Schlagzeilen gesorgt hatten (»Er kritisiert die Freimaurer – des ist ned antisemitisch«), und behauptet, es gebe eine Gruppe von einflussreichen Spendern – alles bekannte Namen –, die bereits »über 20 Millionen« für seinen damaligen Widersacher aufseiten der konservativen ÖVP, den späteren Bundeskanzler Sebastian Kurz, »in den Topf« geworfen hätten. *[Laut ÖVP hat seit 2012 keine der von Strache genannten Personen beziehungsweise Firmen an die ÖVP oder ÖVP-nahe Vereine gespendet – auch die genannten Personen bestreiten dies.]*

Aber es gebe doch ein Limit für Wahlkampfspenden, wirft der Begleiter der Russin ein.

»Die umgehen das mit Vereinen«, sagt Johann Gudenus, Strache dagegen behauptet: Diese Spender würden 20 Millionen zahlen, es irgendwann dem Rechnungshof melden und dann 600.000 Euro Strafe zahlen.

Gelächter am Tisch.

»It's crazy«, sagt Strache vergnügt. Verrückt.

Eine Kamera, die direkt auf Johann Gudenus und, je nachdem ob er sich nach vorne oder nach hinten beugt, auf Strache gerichtet ist, filmt all das. Dann erzählt Strache von »Logen« und jüdischen Industriellen, die die SPÖ unterstützten, und von israelischen Wahlkampfberatern, sie alle hätten seinen Respekt. Selbst die, die andere Parteien finanzierten – auch wenn sie »natürlich immer« daran interessiert seien, dass diese Unterstützung am Ende ihren Geschäften nutze. Und weil einer dabei sei, der »dirty campaigning«, also politische Schmutzkampagnen, betreibe, habe Strache nun Leute, die »den ein bisserl neutralisieren«. Außerdem gebe es noch einen anderen israelischen Berater, der erst Trump beraten habe und dann die Brexit-Kampagne, der sei wirklich gut, wenn auch sehr teuer. Der werde jetzt zugekauft.

Dann kommt Strache auf den Mann zu sprechen, auf den in seiner Partei alles zulaufe. Der Mann, von dem in Wahrheit alles abhänge und der am Ende immer die letzten Entscheidungen treffe. Damit meint er sich selbst, HC Strache, damals bereits seit zwölf Jahren FPÖ-Parteichef. »Du kannst davon ausgehen: Solange ich nicht tot bin, habe ich die nächsten 20 Jahre noch das Sagen«, sagt er, »in welcher Position auch immer.«

Er lacht sein typisches leicht meckerndes, lautes Lachen.

Straches Aufstieg ist ungewöhnlich. Er wächst in den Siebzigerjahren als Kind einer alleinerziehenden Drogistin im dritten Wiener Bezirk auf, keine arme Gegend, aber doch mit erschwinglichen Mieten damals. Sein Vater, ein Künstler und Weltenbummler, verlässt die Familie, als Strache gerade mal drei Jahre alt ist. Nach der Grundschule geht der junge Heinz-Christian, Spitzname »Bumsti«, aufs Internat und macht später eine Ausbildung zum Zahntechniker. Um das Jahr 1990 tritt er in die

FPÖ ein, dort hat gerade Jörg Haider den Vorsitz übernommen. Strache wird mit 21 Jahren der jüngste Bezirksrat in Wien, drei Jahre später ist er schon Bezirksobmann seiner Partei, 2005 wird er Parteichef, und bis Mitte 2019 ist tatsächlich niemand in Sicht, der ihm diese Position streitig machen würde.

Als die Sonne untergegangen ist und die ersten Weingläser geleert sind, wechselt die Runde ein paar Meter weiter auf eine andere Terrasse. Dort ist auf einem massiven Holztisch das Essen angerichtet, das Sushi, das kurz nach 19 Uhr gebracht worden ist. Der Vertraute der Russin schenkt dort schon den Champagner in hohe Gläser, bevor er die anderen dazubittet.

Heinz-Christian Strache setzt sich wieder an das Tischende, es ist die gleiche Sitzordnung wie gerade eben: sein Parteifreund Gudenus mit seiner Frau Tajana zu seiner Linken, die angebliche reiche Russin und ihr Begleiter wieder zu seiner Rechten. Die Russin sei schließlich »die Chefin«, schmeichelt Strache ihr, obwohl er ja selbst am Kopfende sitzt, dem traditionellen Chefplatz.

Dann zeigen die Gastgeber den Aperitif herum, eine Flasche Wodka: Beluga, eine der exklusivsten Marken des russischen Nationalgetränks. Dazu gibt es Red Bull – die Gastgeber wissen, was Heinz-Christian Strache mag: »I'm the Red Bull brother from Austria«, sagt er.

»Nastrowje« – die Runde stößt an. Auch beim Essen filmt eine Kamera mit – sie ist direkt auf Heinz-Christian Strache gerichtet. Nur wenn Tajana Gudenus sich nach vorn beugt, sieht man ihn nicht, dann verdecken ihre Haare den Parteichef.

Die Gastgeberin wurde im Vorfeld dieses Treffens als Aljona Makarowa eingeführt – Nichte von Igor Makarow, einem schwerreichen russischen Oligarchen. In der Sowjetunion war Igor Makarow Radrennfahrer, er fuhr sogar in der Nationalmannschaft, nur für Olympia reichte es nicht. Zur Zeit der Perestroika verdiente er laut Medienberichten sein Geld zunächst als Souvenirverkäufer, dann mit dem Verkauf von Jeans. Das große Geld aber brachten ihm schließlich, nach dem Ende der Sowjetunion, seine guten Kontakte zum turkmenischen Autokraten Saparmurat Nijasow. Als Zwischenhändler verkaufte er für den »Führer der Turkmenen«, wie sich Nijasow selbst nannte, Gas in die Ukraine und machte damit ein Vermögen.

Igor Makarow ist also tatsächlich außerordentlich wohlhabend, aber was viel wichtiger ist: Igor Makarow ist Einzelkind, wie er dem Wirtschaftsmagazin *Forbes* sagte. Er kann also keine Nichte haben.

Hätten die beiden FPÖ-Politiker das gewusst, wäre der laue Sommerabend auf der Terrasse auf Ibiza sicherlich anders verlaufen. Aber weder Johann Gudenus, der das Treffen angebahnt hat, noch Heinz-Christian Strache scheinen die Familienverhältnisse der angeblichen Oligarchennichte überprüft zu haben, zumindest nicht gründlich. Allein schon eine einfache Google-Suche hätte jeden Rechercheur nachdenklich stimmen müssen – weil er keinen einzigen Treffer bekommen hätte zu ihrer Person.

Auch an diesem Abend fragt Strache nicht weiter nach. Im Verlauf des Gesprächs erkundigt er sich, wo und wann sich sein Parteifreund und die Nichte kennengelernt hätten. Gudenus nuschelt »vor ein paar Monaten« und schon ist Strache zufrieden. Anscheinend vertraut er dem Urteil seines engen Parteifreundes.

Der damalige Wiener Vizebürgermeister spricht an diesem Abend nicht zum ersten Mal mit der angeblichen Oligarchennichte. Mindestens zweimal ist er mit ihr und ihrem Begleiter zuvor in Wien zusammengetroffen, mit dem Vertrauten noch öfter.

Zu einem Essen im Fünf-Sterne-Hotel Grand Hotel Wien an der Ringstraße ließ sich Makarowa im März 2017 in einem Mercedes Maybach vorfahren, gespeist wurde im Sternerestaurant »Le Ciel« im siebten Stock des Hotels – das erfahren wir von unserem Kontakt, später wird es Gudenus in Interviews bestätigen.

Die Geschichte, die Johann Gudenus bei den Treffen in Wien offenbar erzählt wird, ist diese: Sie habe sich mit ihrem Onkel, dem Oligarchen, überworfen. Jetzt sitze sie auf einem Haufen Geld, mehrere Hundert Millionen Euro, die sie außer Landes bringen möchte. Auch wolle sie selbst mit ihrer Tochter nach Wien ziehen.

Das Geld plane sie nun in Österreich anzulegen, zum Beispiel in Immobilien. In der Tat eignen sich Immobilien gut zur Geldwäsche: Sie steigen in der Regel im Wert und niemand schaut, bei entsprechend hohem Angebot, genau hin, wo das Geld herkommt.

Wie es der Zufall will, besitzt Johann Gudenus damals ein Grundstück, das sich bestens für Makarowas Zwecke eignet: ein Jagdgrundstück in Albrechtsberg im niederösterreichischen Kremstal. Es ist schon seit vielen Jahren im Besitz der Familie Gudenus, die von Kaiser Franz Joseph Anfang des 20. Jahrhunderts in den Grafenstand erhoben wurde.

Nach dem Treffen im Grand Hotel und einer weiteren Zusammenkunft in einem Wiener Hotel reist Makarowa also ins Kremstal, um das Grundstück zu besichtigen – so berichten später deutsche und österreichische Medien. Und Gudenus beißt an. Was auch daran liegen dürfte, dass die Russin mit Fantasiepreisen lockte. Sie wolle ihm nämlich, so erzählt Gudenus an diesem Abend in der Villa in einem Moment, in dem er mit Strache allein ist, das Grundstück zum fünffachen Preis abkaufen.

Nach den Treffen halten Gudenus und der Vertraute der Russin Kontakt, und es entsteht die Idee, sich auf Ibiza zu treffen, mit dem Chef: HC Strache.

Johann Baptist Björn Gudenus ist noch ein Teenager, als ihm von einem altgedienten FPÖ-Mitglied der sieben Jahre ältere Heinz-Christian Strache vorgestellt wird. Die beiden werden Freunde, schon bald wird auch Gudenus Mitglied in der deutschnationalen Burschenschaft Vandalia (Leitspruch: »Deutsch, einig, treu – ohne Scheu«). Er nennt sich dort »Wotan« und wird Straches »Leibfuchs«: sein untergebener Verbindungsbruder. Strache weist ihn in die Bräuche der schlagenden Verbindung ein und spricht für ihn bei den Mitgliederversammlungen, den »Convents«: dort nämlich haben Neulinge in der Regel nichts zu melden.

Auf dem Wiener Gymnasium Theresianum lernt Gudenus Russisch, später studiert er Jura, absolviert die renommierte Diplomatische Akademie in Wien und belegt Sommerkurse an der Moskauer Lomonossow-Universität. Gudenus – dessen Vater der FPÖ-Veteran und Holocaust-Leugner John Gudenus ist – wird zu einem glühenden Russlandfan. In seiner Zeit rückt die FPÖ näher gen Moskau. Ursprünglich hat sich die FPÖ als Bollwerk gegen den Kommunismus verstanden. Strache selbst hat noch kurz vor der Wende an der deutsch-deutschen Grenze gegen die Sowjetunion demonstriert. 1992 forderte er als Wiener FPÖ-Bezirksrat »die ehestmögliche Entfernung des stalinistischen Denkmals auf dem Schwarzenbergplatz« in der Hauptstadt.

Lang ist es her. Er sei schon »oft in Moskau« gewesen, erzählt Strache mehr als 25 Jahre später auf Ibiza, er habe jede Menge russische Freunde, »alles gute Typen, die haben ja Kohle ohne Ende, (...) die kennen uns ja und die lieben uns«. Er habe schon

2005 Maxim Schewtschenko – den damaligen »persönlichen Berater von Putin« – kennengelernt. Der Fernsehjournalist, der fließend Deutsch sprechen soll, sei zu ihm gekommen – »er wollte einen Termin«, erklärt Strache. Also habe er – damals ja bereits Parteivorsitzender der FPÖ – »einen strategischen Plan« ausgearbeitet, wie man mit der Kreml-Partei »Einiges Russland« zusammenarbeiten könne. *[Maxim Schewtschenko bestritt auf Anfrage, sich 2005 mit Strache getroffen zu haben; er habe diesen erst 2008 in Wien kennengelernt und ihn seither mehrmals getroffen. Anders als von Strache behauptet, sei er auch niemals Berater von Putin oder einem anderen Kreml-Politikers gewesen.]*

Als Putin dann 2007 zu einem Staatsbesuch nach Wien kommt, wird er von Strache herzlich willkommen geheißen. Der russische Präsident sei »mit mindestens dem gleichen Respekt zu behandeln wie der amerikanische Präsident Bush«, fordert er. Kurz darauf fliegt Strache nach Moskau, er wird vom damaligen Moskauer Bürgermeister Juri Luschkow empfangen, außerdem führt er in der Duma Gespräche mit Vertretern der Partei »Einiges Russland«.

Einige Jahre später schließt die FPÖ einen offiziellen Kooperationsvertrag mit der Partei – und Strache grüßt per Selfie vom Roten Platz in Moskau.

Es dürfte also kein Zufall sein, dass die Fallensteller dem Lockvogel eine russische Identität angedichtet haben.

»You come from Russia?«, fragt Strache die angebliche Investorin später an diesem Abend in holprigem Englisch, und sie bejaht. Im Vorfeld wurde Gudenus erklärt, sie habe sowohl die lettische als auch die russische Staatsbürgerschaft.

»We like Russia«, sagt Strache und freut sich sichtlich.

Schon seit Jahren wird der FPÖ – ähnlich wie der AfD in Deutschland – eine große Nähe zu Russland vorgeworfen. Ähnlich geht es den FPÖ-Verbündeten im europäischen Ausland. Die französischen Rechtsextremisten haben sogar Millionenkredite aus Russland erhalten, und im Juli 2019 scheinen geheime Aufnahmen zu belegen, dass auch die italienische Lega Nord mit den Russen im Gespräch darüber war, wie Putin sie mit Millionen unterstützen könnte. Die FPÖ aber bestreitet – wie übrigens auch die AfD –, mit russischem Geld gefüttert zu werden.

Strache selbst erklärt seine Russlandpolitik gern staatsmännisch mit seiner »Verantwortung für den Frieden« und beteuert: »Wir kriegen kein Geld.«

Auf Russland, das wird auch auf Ibiza klar, lassen Gudenus und Strache nichts kommen.

Als die Rede auf Homosexualität kommt, erklärt Strache unvermittelt, im Osten Europas seien die Menschen noch normal. »Wir haben die Dekadenz im Westen, im Osten sind sie normal«, sagt er.

Er betont dabei überdeutlich beide Silben: NOR-MAL.

Gudenus übersetzt eifrig für die Russin. Zwischendrin erzählt er ihr von seiner Hochzeit, den 250 Leuten, die gekommen seien – und dass zu seiner Freude Zeitungen darüber berichtet hätten. Sogar auf der Titelseite.

Strache wirkt an diesem Abend wie der Stereotyp des Ibizaurlaubers: Braunrot gebrannt, in der Hand abwechselnd eine Zigarette oder ein Glas Wodka Bull. Ein Mittvierziger mit Bauchansatz, zufrieden mit sich selbst, doziert vor der angeblichen Russin über seinen Erfolg, die Wirtschaft, die Politik und die Welt an sich.

Während es langsam dunkel wird, sagt er die Zukunft Europas voraus. Der Kontinent werde islamisiert werden, sagt der Mann, der in Österreich mit fremdenfeindlichen Slogans wie »Willst du den Islam, les ihn doch daham« Wahlkampf gemacht hat.

Der Osten Europas sei jetzt »die einzige Rettung«, deswegen müsse man sich öffnen: Richtung Russland, Ungarn, Osteuropa.

Wie hat er einst »gescherzt«? »Wisst's, was eine Maul- und Klauenseuche ist? Wenn osteuropäische Arbeiter im Westen arbeiten müssen, dann maulen sie. Und wenn sie nicht arbeiten, dann klauen sie.« Osteuropäer scheinen ihm deutlich sympathischer zu werden, wenn sie Millionäre oder Autokraten sind.

Der ungarische Ministerpräsident Viktor Orbán? »Wenn ich was brauch, dann kann ich einfach anrufen. Da hebt er ab«, schwärmt Strache. Der ungarische Geheimdienstchef sei ein guter Freund, der spreche perfekt Deutsch. Überhaupt, der Orbán, der wisse schon, wie man es mache. Zwar sei dessen Partei nicht Mitglied der EU-Parlamentsfraktion »Europa der Nationen und der Freiheit«, in der sich neben der FPÖ noch allerlei andere rechtspopulistische bis rechtsextreme Parteien versammelt haben, aber – das ist vor allem Gudenus wichtig – »inoffiziell ist er mit uns sehr gut, weil er eigentlich die Politik macht, die wir gut finden«.

Zum Beispiel die Sache mit George Soros, dem ungarischstämmigen US-Milliardär, der für Europas Rechte eine Art Antichrist ist: Gegen den gehe Orbán – der selbst einst mithilfe eines Soros-Stipendiums in Oxford studiert hat – »voll« vor, und zwar »zu Recht«, sagt Strache. Soros spendete in den vergangenen Jahrzehnten große Teile seines Vermögens, vor allem an Projekte und Organisationen, die sich für Freiheit und Demokratie einsetzen. Soros' Open Society Foundation unterstützt Nichtregierungsorganisationen weltweit – übrigens auch das *International Consortium of Investigative Journalists* (ICIJ), in dem wir beide Mitglied sind – und will damit nach eigenen Angaben eine lebendige Zivilgesellschaft fördern. Strache aber, das macht der FPÖ-Mann an diesem Abend klar, vermutet einen größeren

Plan dahinter: Soros, so erklärt er, finanziere »die Konterrevolution«. Was genau er damit meint, bleibt unklar.

Im Zusammenhang mit Ungarn sagt Strache einen bemerkenswerten und besorgniserregenden Satz: »Wir wollen eine Medienlandschaft ähnlich wie der Orbán aufbauen.« Der ungarische Ministerpräsident höhlt seit Jahren Schritt für Schritt die Demokratie aus. Der staatliche Rundfunk wurde auf Regierungslinie gebracht, viele private Medien wurden von Orbáns Gefolgsleuten aufgekauft. Inzwischen dominiert ein regierungskonformer Ton in der Berichterstattung.

Kritischen Journalismus betreiben nur noch sehr wenige – und vor allem kleine – Medienhäuser, wie das Portal *Direkt36*, das unser Freund und ICIJ-Kollege András Pethö vor einigen Jahren gegründet hat. Auf dem Pressefreiheitsindex von »Reporter ohne Grenzen« ist Ungarn um 64 Plätze nach unten gerutscht, seit Orbán an die Macht gekommen ist.

In seinen Ausführungen über die Lage der Welt kommt Strache nach einer Weile auf Serbien zu sprechen – da sei er »ganz beliebt«. In dem Land habe es eine Umfrage gegeben, wer der beliebteste ausländische Politiker sei. Nummer eins, das sei Putin gewesen, Nummer zwei der frühere italienische Premier Silvio Berlusconi und dann, an dritter Stelle, sei da schon er gewesen: HC Strache.

Schon 2008 reist Strache nach Serbien, um dort Tomislav Nikolić zu treffen, damals noch Chef der extrem nationalistischen Serbischen Radikalen Partei (SRS), und von 2012 bis kurz vor dem Treffen auf Ibiza Präsident Serbiens. Strache tritt sogar als Ehrengast bei einer Wahlveranstaltung der SRS auf. »Kosovo ist Serbien«, ruft er jubelnden Menschenmassen auf Serbisch zu, wie seine Biografinnen Nina Horaczek und Claudia Reiterer später beschreiben. Große Teile der serbischen Bevölkerung sind begeistert, ebenso vermutlich die Führung in Russland. Schließlich gehört die Ablehnung der Unabhängigkeit des Kosovo zur Staatsdoktrin Russlands. Die Sympathie vieler Serben zahlt sich am Ende für seine Partei aus: Bei den Nationalratswahlen 2008 wählen auffällig viele Österreicher mit serbischen Wurzeln die FPÖ.

Ein Hoch also auf den Osten.

Wenige Monate nach dem Treffen auf Ibiza wird Strache der serbischen Tageszeitung *Politika* erklären: »Kosovo ist zweifellos ein Teil Serbiens.« Der Staat Österreich hat die Unabhängigkeit des Kosovo allerdings bereits 2008 anerkannt.

Inzwischen sitzen die Russin, ihr Begleiter und ihre österreichischen Gäste schon mehr als eine Stunde zusammen. Und Strache kommt jetzt richtig in Fahrt. Gudenus hat längst aufgehört, für die Russin Wort für Wort zu übersetzen, er beschränkt sich auf Bruchteile. Die vermeintliche Oligarchennichte hört zu, ihr Begleiter ebenso. Und Gudenus' Frau – immerhin gebürtige Serbin und damit die wohl kundigste Person am Tisch, was Serbien angeht – schweigt die meiste Zeit.

Der frühere serbische Präsident Tomislav Nikolić sei ein guter Freund gewesen, erzählt Strache weiter, und der neue – Aleksandar Vučić – ja sowieso. »Der empfängt uns permanent.« Und überhaupt würden in Serbien die Hauptnachrichten zwei Minuten ungekürzt berichten, wenn HC auf Besuch sei. Und das »unkritisiert«, ergänzt Gudenus schwärmend, während er seinen Fisch isst. »Das ist normal.«

Der serbische Berufskriminelle und spätere Warlord Željko Ražnatović, bekannt als »Arkan«, dem massive Kriegsverbrechen vorgeworfen wurden? Für Strache ein »geiler Typ«.

Dessen politischer Weggefährte Dragan Marković? Habe Gudenus erst kürzlich zu einem Boxkampf geladen.

Nur, dass Ana Brnabić jetzt Premierministerin ist, das sei schon »sehr komisch«, sagt Gudenus, immerhin sei sie doch: eine »Lesbin«.

Die sei, räsoniert Gudenus, auf Druck der EU installiert worden.

»Typisch«, murmelt Strache.

Die vermeintliche reiche Russin hört geduldig zu, ab und an wechselt sie mit Gudenus ein paar Worte, hauptsächlich ist es aber Straches Show.

Davon hat sie nun offenbar genug. »Können wir anfangen, offen zu sprechen«, fragt sie auf Russisch, und dann auf Englisch: »Wir haben nicht so viel Zeit.«

Sie will endlich zur Sache kommen, zum Geschäftlichen.

Dafür wiederum solle man vielleicht ins Haus gehen, schlägt der Begleiter der Russin vor, »ist vielleicht intelligenter«, sagt er. Man wisse ja nie, wer zuhöre.

Er erntet Zustimmung – und schaltet demonstrativ sein Handy aus.

Heinz-Christian Strache, Johann Gudenus, seine Frau, die angebliche Oligarchennichte und ihr Vertrauter nehmen die Gläser, Zigarettenschachteln und Telefone, Strache noch eine Dose Red Bull, und sie wechseln ins Wohnzimmer. Die Szenerie drinnen: eine graue Couch, ein Glastisch, der auf einer breiten Holzwurzel ruht, ein Schrank mit Glaseinsätzen und eine Stehlampe.

Dort filmen zwei Kameras, eine wahrscheinlich getarnt als Lichtschalter, die andere offenbar in einem Handyladegerät. Vor allem die zweite Kamera wird die Bilder liefern, die fast zwei Jahre später auf allen Fernsehsendern laufen werden.

PLAY

Ein Hotel irgendwo in Deutschland, Sommer 2018, spätabends.

Als das Video beginnt, sind wir schon nach ein oder zwei Minuten versucht, alles zu stoppen. Es erscheint sinnlos. Der Ton ist miserabel. Und auf dem Bildschirm sehen wir zwar zwei Männer und eine Frau, die auf einer Couch und einem Lederstuhl sitzen, und einen Glastisch, auf dem Flaschen und Zigarettenschachteln verteilt sind. Und ja, einer von ihnen könnte Heinz-Christian Strache sein, österreichischer Vizekanzler zu der Zeit, als wir das Video ansehen. Aber es könnte auch irgendjemand sein, der ihm ähnelt. Wie oft haben wir Heinz-Christian Strache zuvor bewusst angeschaut? Es müsste noch nicht einmal ein besonders überzeugender Doppelgänger sein.

Wir pressen die Kopfhörer auf die Ohren, aber es ist schwierig, die Menschen im Video zu verstehen. Der Ton ist mal gut, mal unverständlich, immer wieder reden alle durcheinander und das österreichische Deutsch macht es uns nicht leichter. Dazu wird immer wieder Englisch gesprochen und ab und an Russisch.

Wir stoppen und setzen die Kopfhörer ab. Geht das lauter?

Hilft wahrscheinlich wenig, ist die Antwort.

Kopfhörer wieder auf. Play.

Aber es wird besser. Minute für Minute hören wir uns an, immer wieder lassen wir zurückspielen, um etwas Gesagtes besser zu verstehen. Beim vierten oder fünften Mal sind wir uns langsam sicher, und immer wieder erklärt der Kontakt, was Strache oder sein Begleiter Johann Gudenus gerade gesagt hätten.

Dann hören wir es erneut, aber kann man dem eigenen Ohr dann noch trauen? Hört man dann nicht einfach, was man vorgesagt bekam?

Mit dem akustischen Verständnis wächst Minute für Minute – und dieses Video dauert nur eine Viertelstunde – das Gefühl für die Geschichte.

Mit der Zeit können wir immer besser dem folgen, was der Mensch, der wahrscheinlich Heinz-Christian Strache ist, mit den anderen diskutiert: Es geht immer wieder um Investitionsmöglichkeiten für eine Russin in Österreich, einmal fällt das Wort »Kasernen«, einmal der Begriff »staatliche Kunstsammlungen« und einmal geht es offenbar um die Privatisierung von Wasser. Was in Österreich, klärt man uns auf, ein hochbrisantes Thema sei. Und tatsächlich: Österreich ist eines der wasserreichsten Länder Europas, eine Privatisierung ließe die Wirtschaft vermutlich jubeln. Die FPÖ selbst jedoch hat 2017, als das Video entstand, noch lauthals gefordert: »Kein Ausverkauf des heimischen Wassers!«

Und dann geht es in dem heimlich aufgenommenen Gespräch offenbar um Autobahnbau, und da sagt Heinz-Christian Strache etwas, das uns sofort aufhorchen lässt: Wenn die Russin ihn mit der *Kronen-Zeitung* vor der Wahl 2017 unterstütze, würde er dafür sorgen, dass eine andere Firma keine Staatsaufträge mehr bekomme. Diese würden dann an die Russin gehen, sobald sie eine Firma dafür gründe.

Wir stoppen und hören es nochmals an. Und nochmals. Das

ist ein starkes Stück. Allein dieser Satz müsste eigentlich für jeden Politiker in einem demokratischen Rechtsstaat das Ende der politischen Karriere bedeuten.

Dieses konspirative Treffen im Hotelzimmer an diesem Abend könnte also in eine wichtige Recherche münden. Denn wer so etwas sagt, muss wissen, dass er Korruption anbietet. Staatsaufträge kann nicht ein Einzelner nach Gusto in Aussicht stellen. Jedenfalls nicht in einem Rechtsstaat.

Immerhin, eine Sorge ist kleiner geworden: Die Frage, ob das öffentliche Interesse groß genug ist, um über ein heimlich gefilmtes Video berichten zu können. Noch lässt sich diese Frage nicht endgültig beantworten, aber wenn sich das, was wir meinen, verstanden und gesehen zu haben, wirklich so abgespielt hat, wenn die Dinge wirklich so gesagt wurden, von Heinz-Christian Strache und Johann Gudenus – dann müssten wir uns um das öffentliche Interesse wohl nicht sorgen.

Aber noch mal: Was wir da spätnachts in einem Hotelzimmer sehen, und was wir verstehen oder zu verstehen glauben, reicht nur für ein bruchstückhaftes Verständnis der Geschehnisse. Wir sehen ein Best-of, einen zusammengeschnittenen Ausschnitt eines in Wirklichkeit viel längeren Videos. Eine Viertelstunde von angeblich mehr als zwanzig Stunden.

Wie wir es denn finden?, fragt der Kontakt.

Wir sind nicht wirklich sicher, was wir davon halten sollen. Es ist brisant und absolut relevant. Aber auch höchst problematisch.

Eine Menge Fragen treiben uns um: Ist es wirklich Strache? Was passiert vor und nach den gezeigten Szenen, die wir sehen durften, und dazwischen? Und noch viel banaler: Woher sollen wir wissen, ob das Video manipuliert wurde?

Während wir versuchen, eine vorsichtige Antwort zu geben,

fragen wir uns, ob auch uns jemand filmt, genau in diesem Moment. Wie wir da sitzen, mit Kopfhörern auf den Ohren auf diesen Bildschirm starrend, und offensichtlich faszinierend finden, was wir sehen.

Keine Frage: Das Material ist packend. Man kann kaum wegsehen. Allein wie Strache da im Sofa hängt, rauchend die Welt erklärt, mit einem Glas Wodka Red Bull in der Hand.

Kann das echt sein?

Oder sind das Video und das Treffen in diesem Hotelzimmer eine Falle, die in diesem Moment *uns* gestellt wurde? Es könnte das Satiremagazin *Titanic* sein, das in der Vergangenheit schon »Wetten, dass ..?« und die *Bild-Zeitung* hereingelegt hat. Womöglich, und das wäre weit dramatischer für uns, will aber der Rechtspopulist Strache beweisen, wie freudig die *Süddeutsche Zeitung* auf einen leicht durchschaubaren Fake hereinfällt? Vielleicht traf unser Kontakt in den vergangenen Tagen noch andere Reporter, und in wenigen Wochen gibt es im Internet ein »Best-of-Fake-News-Medien«-Video? »Und wie sie alle drauf ansprangen, auf dieses klar gefälschte Video!«

Und ist es nicht wirklich viel zu klischeehaft? Wie dämlich können wir sein, zu glauben, das alles sei echt? Die angebliche Russin scheint doch ein wenig zu sehr dem Russinnenklischee zu entsprechen, mit ihren Stilettos, dem kurzen Kleid, dem ganzen Auftreten.

Und ausgerechnet ein FPÖ-Mann: ein Rechter, die doch sonst immer und überall Verschwörungen wittern? Als ob Strache noch nie darüber nachgedacht hätte, dass ihn jemand reinlegen könnte.

Das kann nicht wahr sein, oder?

Wir können es nicht glauben. Noch dazu, wo Heinz-Christian Strache genau der Typ von Politiker ist, der bei unseren Leserinnen und Lesern wegen seiner fremdenfeindlichen, rechtsnationalen Politik verhasst ist. Der Beifall von allen links der Mitte, wahrscheinlich von den meisten bis auf den rechten Rand, wäre uns gewiss. Das alles macht uns nervös. Es ist zu einfach.

Eines sei an dieser Stelle ganz deutlich gesagt: Ein Spitzenpolitiker, der Korruption in Aussicht stellt – das ist eine Geschichte, vollkommen egal, von welcher Partei er ist. Wenn es nicht Strache, der Rechtspopulist, wäre, sondern ein Grüner, ein Konservativer oder ein Sozialdemokrat – wir wären mindestens genauso elektrisiert.

Wir fangen jedenfalls an, Fragen zu stellen: Warum wurde das Video im Sommer 2017 gemacht und bisher nicht veröffentlicht? Wer sind die beiden Lockvögel, die wir in diesem Best-of kaum sehen können? Gibt es einen oder mehrere Auftraggeber? Wer hat die Falle bezahlt? Wer weiß davon? Was sind die Pläne? Wer kam auf diese irrsinnige Idee und warum?

Es wird ein langer Abend in dem Hotelzimmer. Wir bekommen Antworten auf alle unsere Fragen, manche fallen länger aus, andere kürzer. Manche sehr kurz. Aus Quellenschutz können wir die Antworten nicht wiedergeben.

Aber wir bekommen auch nur das: Antworten. Keine Beweise. Es sind Antworten, die wir für den Moment glauben können oder eben nicht. Befriedigend überprüfen lassen sie sich jedenfalls nicht. Nicht, wenn wir die Aufdeckung der Quelle nicht riskieren wollen.

Auf eine Frage bekommen wir keine klare Antwort: Würden wir dieses Video in die Hand bekommen, um es selbst auswerten und überprüfen zu können?

Sicherheitshalber – auch für die Kameras, die uns gerade möglicherweise filmen – erklären wir zum wiederholten Mal an diesem Abend, wie wir arbeiten. Dass wir das gesamte Video zur

Verfügung haben müssen, und zwar ganz egal, wie lang es ist, und unmanipuliert. Dass wir es dann so oder so werden untersuchen lassen, von einer unabhängigen Stelle, und dass wir erst danach die Entscheidung treffen können, ob wir damit an die Öffentlichkeit gehen. Und noch mal: dass wir nicht versprechen, innerhalb einer bestimmten Zeit zu drucken, dass wir und nur wir alle redaktionellen Entscheidungen treffen. Und dass wir nichts bezahlen. Nada. Niente.

Wir haben nicht das Gefühl, damit auf Unverständnis zu stoßen. Eher auf einen gewissen Respekt. Und so verbleiben wir: Man würde über das Gesagte nachdenken, über unsere Bedingungen, wenn man so will, und sich dann wieder melden. Kurz vor ein Uhr nachts verlassen wir das Hotelzimmer wieder. Wir haben etwa zweieinhalb Stunden dort verbracht und davon bestimmt eine Dreiviertelstunde das 15-minütige Video geschaut, immer wieder Szene um Szene, vor und zurück. Und haben ansonsten geredet, geredet, geredet. Unser Kontakt wusste ein wenig über uns, die Panama Papers waren offenbar ein Argument für uns. Als Vertrauensbeweis, dass wir nicht vor einer Geschichte zurückschrecken würden, selbst wenn schon auf den ersten Blick klar ist, dass sie Ärger bringt und womöglich Klagen.

Aber als wir in den Fahrstuhl steigen, wieder mit dem Telefon in der Tasche, haben wir nicht den kleinsten Videoschnipsel dabei. Und wir können, aus Gründen des Quellenschutzes, niemandem davon erzählen außer unserem Chefredakteur – das haben wir uns ausbedungen.

Es wird uns wahnsinnig schwerfallen, zu schweigen, obwohl wir uns ja längst daran gewöhnt haben. Bei den Panama Papers konnten wir mehr als ein Jahr niemandem davon erzählen. Aber diese Geschichte ist eine, die sich wahnsinnig gut erzählen ließe, bei jeder Party, bei jeder Abendesseneinladung, wo auch immer. Alles ist so viel näher, so viel unmittelbarer als Briefkastenfirmen in Panama. Herrgott, es ist Österreich!

Wir verlassen das Hotel mit dem seltsamen Gefühl, keine Ahnung zu haben, worein wir hier geraten sind. Wir wissen nur sehr wenig über unseren Kontakt. Wir wissen nicht, was er über unsere Bedingungen denkt. Ob er sich darauf einlässt. Mit wem er sonst redet. Ob er sich überhaupt wieder meldet. Wir hoffen es.

Denn da ist jemand mit einem langen Video, das einen großen Skandal auslösen könnte.

ZACK, ZACK, ZACK

Sant Rafel de Sa Creu,
24. Juli 2017, kurz nach
Sonnenuntergang.

Kaum sind die Drinks auf dem gläsernen Loungetisch im Wohnzimmer der Villa abgestellt und die Gäste auf dem Sofa und dem Ledersessel verteilt, kommt die Rede auf das »Hauptthema«, wie Johann Gudenus es nennt: die *Kronen-Zeitung.*

»Was ist da schon vorangeschritten?«, will Heinz-Christian Strache, der sich zwischen Tajana Gudenus und der Russin aufs Sofa gesetzt hat, erst mal wissen, »was ist da wirklich konkret?«

Strache erkundigt sich nach folgendem Plan: Die Frau, die die beiden FPÖ-Politiker als Aljona Makarowa kennen, will angeblich die Hälfte von Österreichs Boulevardblatt *Kronen-Zeitung* kaufen, und zwar noch vor der Wahl Ende Oktober 2017, und das Blatt umgehend auf FPÖ-Linie bringen. Gudenus weist Strache stolz darauf hin, dass es mithin seine Idee war: »Wie wir uns das erste Mal getroffen haben und ich gemerkt hab, dass sie allgemein Interesse hat, in Österreich zu investieren, hab ich gesagt (...): *Kronen-Zeitung* wär interessant.«

»Die *Krone*«, wie die *Kronen-Zeitung* genannt wird, ist nicht irgendeine Zeitung. Sie ist in Österreich *die* Zeitung. Mit 700.000 Exemplaren täglich verkauft die *Krone* mehr als die fünf nächstgrößten österreichischen Tageszeitungen zusammen. Das 1959 neu gegründete Boulevardblatt erreicht an jedem Wochentag zwei Millionen Leser, am Sonntag gar 2,5 Millionen. Bei 8,8 Millionen Einwohnern in Österreich ist das eine Reichweite von etwa 30 Prozent.

»Du kriegst mit der Zeitung jeden Einfluss«, wird Heinz-Christian Strache später in der Villa sagen, »du hast die Waffe in der Hand, dass alle dich schalten und walten lassen.«

Das ist wohl kaum übertrieben. Gegen die *Krone*, so heißt es in Österreich, kann man nicht regieren. Mit ihr dagegen wunderbar. Wenn man sie denn bekommt.

Also fängt Makarowa an zu erzählen: Anfangs habe Gudenus in Aussicht gestellt, ihr helfen zu können, einen Teil der Zeitung zu kaufen. Jetzt aber habe sie selbst »eine reale Möglichkeit« gefunden, dies zu tun, erklärt sie auf Russisch.

Dazu muss man wissen: Die Eigentumsverhältnisse bei der *Kronen-Zeitung* sind höchst kompliziert. 50 Prozent gehörten der Familie des Zeitungsgründers Hans Dichand, aufgeteilt auf dessen Witwe und drei Kinder. Die anderen 50 Prozent wurden 1987 von der deutschen Funke-Mediengruppe gekauft, die damals noch Zeitungsgruppe WAZ hieß. Um 2017, also zum Zeitpunkt des Treffens auf Ibiza, ging das Gerücht um, mindestens ein Teil der Funke-Hälfte stünde zum Verkauf. Der wichtigere Anteil ist aber der Dichand-Anteil. Wer diesen Anteil besitzt, kann nämlich faktisch über die inhaltliche Linie des Blattes bestimmen – so ist es vertraglich festgehalten.

Bevor Gudenus und Strache mit der angeblichen Oligarchennichte ins Detail gehen, sprechen sie sich kurz ab. Gudenus erzählt Strache, dass er ihr gesagt habe, am Funke-Anteil arbeiteten »Freunde von uns«. Sie habe nun aber tatsächlich Kontakt zu zwei der vier Erben des verstorbenen Dichand, die beide je

12,5 Prozent halten – also zum wichtigeren Anteil –, »und sie meint, es wird real«, sagt Gudenus. Die Russin könne den entscheidenden Anteil übernehmen, von dem Strache und Gudenus dachten, er sei unerreichbar. Schon in den nächsten Wochen könne der Deal über die Bühne gehen. Verkündet werden solle es nach dem Wahlkampf, das ist der Vorschlag der Russin – so erklärt es ihr Begleiter. »Hätt' ich nicht erwartet«, sagt Strache und zupft nervös an seinen Fingernägeln herum. Der Lockvogel spricht nun auf Russisch mit Gudenus: Niemand, wirklich niemand dürfe davon erfahren, sonst könne der Deal platzen. Und Gudenus übersetzt: »Weder Freunde noch Partei noch Frauen.«

Strache ist elektrisiert, und setzt augenblicklich zu einem seiner Vorträge an: Die *Krone* sei ja die »mächtigste Zeitung Europas nach Bevölkerungszahl«, mit einem »Machtvolumen, das gigantisch ist«. Kurzum: das sei eine »Weltklasse-Geschichte«.

Und das Beste daran, erklärt Gudenus, das Ganze könne noch heute eingetütet werden: »Das sind Ereignisse, die in den nächsten Wochen stattfinden, die sie beeinflussen kann«, erklärt er seinem Chef. »Du musst nur sagen: ja.« Strache schätzt, dass die Russin 240 Millionen Euro zahlen müsse. Gudenus sieht da kein Problem, die Oligarchennichte sei bereit. »Sie lässt Leute daran arbeiten. Sie ist vorbereitet, sie kann's zahlen, sie will's zahlen.«

Heinz-Christian Strache hat den Köder geschluckt. Er rutscht auf dem Sofa hin und her, zieht an der nächsten Zigarette, nimmt einen Schluck Wodka Red Bull. »Ist sie diejenige, die's kaufen wird, oder eine Gruppe von Leuten?«, fragt er. Die Russin zögert kurz nach Gudenus' Übersetzung, spricht vage über eine Firma, einen Menschen ... Ihr Begleiter springt ihr bei, und erzählt von einem Medienberater, der dabei sei. Alles sei »heikel«, und verstoße irgendwie gegen das Gesetz, aber das sei im Prinzip die Idee, auf die sie hinarbeite.

Strache und Gudenus sind aufgeregt, sie reden durcheinander, übereinander, miteinander. Die Parlamentswahl ist keine drei Monate mehr entfernt und plötzlich haben sie die Aussicht, dass diese Frau, die ihnen gerade mit ausladenden Handbewegungen ihre Pläne skizziert, die *Krone* und damit einen Schlüssel zur politischen Macht in Österreich in die Hand geben könnte.

Nun ist die *Krone* ohnehin FPÖ-freundlich. Die Partei und die Zeitung profitieren bereits voneinander: Wie der damalige *Krone.at*-Chefredakteur Richard Schmitt in einem Interview 2016 erklärte: »Wenn Strache einen normalen Bericht von uns auf Facebook teilt, dann merken wir, das haut die Quote auf das 1,5-Fache hoch. Und umgekehrt kriegt er natürlich auch mehr Traffic, wenn wir ihn pushen.«

Könnte man das Blatt vor der Wahl konsequent auf Strache-Linie bringen, wäre das nicht einfach nur ein ungeheurer Vorteil für die Partei. Es wäre ein Raketenantrieb im Wahlkampf.

Aus dem Kanzlerkandidaten könnte der Kanzler werden.

»Was wichtig ist«, erklärt Strache der Russin, »wir haben da einen sehr, sehr engen freundschaftlichen Zugang«, über den komme man an die Anteile der Funke-Gruppe – und zwar über einen Herrn namens Heinrich Pecina. Der so elegante wie umstrittene Unternehmer, der in einem Untreueprozess rund um die Kärntner Landesbank Hypo Alpe Adria im Sommer 2017 zu 22 Monaten Haft auf Bewährung und einer Geldstrafe von 288.000 Euro verurteilt wurde, lebt auf einem herrschaftlichen Anwesen in Niederösterreich und macht auch Geschäfte in Ost- und Südosteuropa. »Der hat für Orbán alle ungarischen Medien der letzten 15 Jahre aufgekauft und für ihn aufbereitet«, führt Strache aus. An dieser Stelle scheint Strache zu übertreiben, Pecina war in den Kauf einiger Medien involviert, aber nicht aller. Es ist allerdings unklar, ob und inwiefern der ungarische Premierminister Viktor Orbán in die Aufkäufe verwickelt war.

Fest steht, dass Heinrich Pecina, der Gründer des Investmenthauses Vienna Capital Partners (VCP), 2014 in den ungarischen Medienmarkt eingestiegen und schnell zum größten Verleger des Landes geworden ist. Er stellte die wichtigste Oppositionszeitung *Népszabadság* 2016 ein und verkaufte den Verlag Mediaworks mit zahlreichen Regionalzeitungen an Orbáns Jugendfreund Lörinc Mészáros. Die Regionalzeitungen hatte Pecina zuvor der deutschen Funke-Mediengruppe abgekauft.

Dieser Heinrich Pecina könne nun also helfen, an die Funke-Anteile an der *Kronen-Zeitung* zu kommen, suggeriert Strache: Pecina habe bei der Funke-Gruppe die Kontrolle. Wenn die Russin die 50 Prozent von Dichand kaufe, könne man jederzeit den Kontakt zu ihm herstellen. Und schwupp, »dann hast du alles!«, schwärmt Strache.

[Heinrich Pecina teilt dazu auf SZ-Anfrage mit, er habe und hatte nie eine Möglichkeit, »die Kronen-Zeitung in welcher Weise auch immer zu kontrollieren oder zu beeinflussen«. Er habe dies nie behauptet. Strache sei ihm zwar bekannt, daraus sei jedoch »keinesfalls« eine Freundschaft abzuleiten. Auf erneute Nachfrage für dieses Buch kommt keine Antwort.]

Es wäre eine perfekte Konstellation für die FPÖ. »Because *Kronen-Zeitung* is the flagship of Austrian media«, sagt Gudenus und ballt seine Faust. »*Krone* still is power.« Wer die *Krone* hat, der hat die Macht.

Es steht also folgendes Geschäft im Raum: Mit russischem Geld aus unklarer Quelle soll die Hälfte der *Kronen-Zeitung* gekauft werden, mit deren publizistischer Macht das Wahlergebnis der FPÖ nach oben getrieben werden könnte. Das alles gibt es aber nicht umsonst, das ist den beiden FPÖ-Politikern klar.

»Sie macht das nicht aus Nächstenliebe zu uns«, sagt Gudenus und die Runde lacht. »Sie fragt: Was ist da für sie möglich?«

Und an die Russin gerichtet: »What do you want?«

Noch mal: Russisches Geld, von dem die FPÖ-Männer zumindest fürchten müssen, dass es Schwarzgeld ist, soll ihrer Partei zu mehr Stimmen bei der anstehenden Wahl verhelfen. Und Gudenus fragt lapidar: »What do you want?«

Was willst du als Gegenleistung?

An dieser Stelle übernimmt der Vertraute der Russin das Reden. Er skizziert ein paar Varianten, sich bei der Russin erkenntlich zu zeigen: Man könne doch staatliche Aufträge zum »Überpreis« – also zu künstlich überhöhten Preisen – an sie vergeben oder die Kunstsammlungen privatisieren. »So etwas in der Richtung schwebt ihr vor.« Das müsse aber alles legal und rechtskonform sein, merkt Gudenus an. Es ist nach zwei Stunden das erste Mal, dass diese Forderung erhoben wird. Aber nicht das letzte Mal. Vielleicht, so druckst der Vertraute der Russin nun herum, gäbe es eine Möglichkeit, am österreichischen Wasser teilzuhaben, sie habe da eine Gesetzesänderung im Kopf. Bevor die Russin und ihr Begleiter ihre Ideen ausführen können, sagt Strache: »Eine Privatisierung fürs Wasser ist undenkbar.« Wenn es um »das weiße Gold« gehe, seien die Österreicher »allergisch«. Was aber durchaus möglich sei, sei eine Struktur, »wo wir das Wasser verkaufen, wo der Staat eine Einnahme hat und derjenige, der das betreibt, genauso eine Einnahme hat«. Man müsse sich dann eben »um die Prozente streiten«. Der private Betreiber würde auf jeden Fall profitieren, sagt Strache – und ergänzt: »Des hat Sex.«

Es ist eine bemerkenswerte Aussage, schließlich hatte der FPÖ-Chef – zumindest in der Öffentlichkeit – eine ganz andere Haltung vertreten: Beispielsweise sagt er in einem FPÖ-Video von 2013, Wasser sei »weder Profitquell für Konzerne noch Spielkapital für Spekulanten«.

Strache wechselt das Thema wieder hin zur *Krone*, und er lässt wenig unversucht, der Russin den Kauf der Zeitung schmackhaft zu machen. Er umschmeichelt die angebliche Investorin, sagt, sie wäre dann die gewiss »schönste Medienbesitzerin« Österreichs. Er verheißt finanziellen Ertrag: »Du bringst die Hütte von 15 Millionen auf 35 Millionen Jahresgewinn.« Und vor allem verspricht er ihr Macht: »Die machen dann alle bei ihr: so« – er imitiert mit den Händen einen Hund, der Männchen macht.

Was man als Eigentümerin der mächtigsten Zeitung Österreichs wohl so alles machen könne? Jetzt fängt der Begleiter der Russin zu schwärmen an: Erst mal müsse man die Journalisten in Kategorien aufteilen: Grün seien die Leute, die auf Linie seien, orange die, die man auf Linie bringen könne – und rot, na ja, rot, das seien die, die man »aufs Abstellgleis« schieben müsse.

Strache nickt. »Journalisten sind ja sowieso die größten Huren auf dem Planeten. Sobald sie wissen, wohin welche Reise läuft, funktionieren sie so oder so … man muss es ihnen nur kommunizieren.«

Um diese »größten Huren« innerhalb der *Krone* in den Griff zu bekommen, soll es also eine Einteilung von Journalisten in genehme und nicht so genehme geben. »Überhaupt kein Problem«, versichert Strache. Eines könne er ihm jetzt schon sagen: Richard Schmitt, der oben zitierte damalige Chefredakteur von *krone.at*, sei »einer der besten Leute, die es gibt«. Erst vorige Woche habe er mit ihm telefoniert. *[Schmitt erklärte auf Anfrage, dass es »gut möglich« sein könne, dass er mit Strache telefoniert habe, »als Journalist mit Hauptgebiet Innenpolitik ließ sich das auch kaum vermeiden«. Er sei aber »nie« Unterstützer der FPÖ oder einer anderen Partei gewesen.]* Der Kolumnist

Tassilo Wallentin, so Strache weiter, hingegen sei »ein Arsch, ein ganz ein falscher Hund«.

Im Laufe des Abends wird die *Krone* wieder und wieder zum Thema werden, am Ende wird Strache der Russin sogar ein regelrechtes »Medienkonzept« versprechen, innerhalb von zwei, drei Wochen sei das fertig. »Sobald sie die *Kronen-Zeitung* übernimmt. Sobald das der Fall ist, müssen wir ganz offen reden, da müssen wir uns zusammenhocken.« Und er spielt gleich mal durch, wie die Machtübernahme aussehen könnte: »Zack, zack, zack«, drei, vier Leute würde er »pushen«, fünf neue hereinholen und aufbauen – na ja, und drei, vier andere müssten eben »abserviert werden«.

Das ist einer der Sätze, die Strache noch lang verfolgen werden. Aber auch einer der Sätze, die einen tiefen und erschreckenden Einblick geben.

Die FPÖ und die Pressefreiheit.

Zack, zack, zack.

KEINE BEWEGUNG

München,
im Spätsommer 2018.

Wenn man Kolleginnen und Kollegen fragt, was einen Journalisten ausmache oder auszeichne, hört man »Hartnäckigkeit«, »Neugier«, »Flexibilität« und vielleicht noch »Unerschrockenheit«.

Eher selten hört man: »Geduld«.

Journalisten sind nicht geduldig. Wir sind, gerade durch die Digitalisierung, gewohnt, schnell zu reagieren, auf neue Entwicklungen, auf die Konkurrenz, auf alles Mögliche. Geschichten müssen so schnell wie möglich raus – wer weiß, wer noch daran sitzt?

Tatsächlich ist Geduld für Investigativjournalisten aber extrem wichtig.

Manchmal drängelt die Quelle. Dann müssen wir bremsen. Eine Recherche ist erst fertig, wenn wir uns sicher sind. Wenn wir die Betroffenen mit den Vorwürfen konfrontiert haben, wenn die Anwälte das Okay gegeben haben und der Chefredakteur. Und manchmal fällt uns erst dann auf, dass ein Aspekt noch fehlt – oder es kommt eine neue Information.

Der Zweifel muss bis zum Schluss ständiger Begleiter sein, und bis zur Sekunde vor der Veröffentlichung muss ein berechtigter Einwand noch jede Recherche stoppen können.

Lieber schieben wir eine Geschichte, lieber haben wir Geduld, als einen großen Fehler zu begehen, der die Existenz anderer Menschen vernichten kann – wenn wir jemandem öffentlich fälschlicherweise schwere Vorwürfe machen. Ein Fehler kann Karrieren beenden, Scheidungen auslösen oder in den Ruin führen. Ein großer Fehler unseres Ressorts kann aber auch zu einem horrenden Schadensersatzprozess führen und dadurch – Achtung, jetzt wird es pathetisch – die Existenz der *Süddeutschen Zeitung* vernichten. Die *SZ* wurde kürzlich von einem Geschäftsmann, der uns fehlerhafte Berichterstattung vorwarf, auf fast 80 Millionen Euro Schadensersatz verklagt. Die *SZ* hat gewonnen. Hätte sie verloren, würde sie vermutlich nicht mehr in der Form existieren, wie wir sie kennen.

Oder nehmen wir die Panama Papers. Ursprünglich wollte John Doe, der Whistleblower, der uns mit 11,5 Millionen Dokumenten versorgt hatte, unbedingt, dass wir vier bis sechs Wochen nach der ersten Lieferung unsere Geschichte veröffentlichen. Am Ende dauerte es deutlich mehr als ein Jahr. Den Whistleblower all die Zeit bei Laune zu halten, war eine der schwierigeren Aufgaben dieser Recherche.

In anderen Fällen drängeln Quellen nicht, sondern bitten im Gegenteil um mehr Zeit. Manchmal um sich in Sicherheit zu bringen, manchmal, weil sie noch bei der Firma arbeiten, über die sie auspacken wollen, manchmal einfach, weil sie noch mit ihrem Entschluss hadern. Manchmal versteht man die Gründe der Quelle, manchmal nicht. Respektieren muss man ihre Bitten aber immer, und man sollte nicht versuchen, sie zu überreden. Quellen brauchen ihr Tempo. Fast immer steht für sie mehr auf dem Spiel als für Journalisten wie uns.

Wir haben eine gute Geschichte oder eine schlechte. Oder eben keine. Für Quellen kann die richtige Geschichte zum falschen Moment das Ende bedeuten, gesellschaftlich, sozial, finanziell. Im schlimmsten Fall: sogar den Tod.

Deswegen brauchen wir Geduld. Und in diesen Tagen haben wir sowieso keine Wahl.

Wir sind nach dem Treffen im Hotel zu unserem Chefredakteur Wolfgang Krach gegangen und haben ihm von dem Video und den Umständen erzählt. Er fand die Geschichte faszinierend, genauso wie wir hatte er viele Fragen und genauso wie wir fand er, dass wir nicht viel tun können.

Klar haben wir aufgeschrieben, was wir an dem Abend gesehen und gehört haben. Die Niederschrift des Abends ist auf der extra gesicherten Festplatte eines unserer Laptops gespeichert. Darauf gibt es jeweils zwei virtuelle Arbeitsplätze, der eine ist der gewöhnliche, samt E-Mail-Programm und was man sonst so zum Arbeiten braucht. Der andere ist besonders abgesichert, auch Behörden und das Militär nutzen so ein System, um geheime Dokumente zu speichern: Es gibt nur eine zugelassene Verbindung nach außen – und die führt über einen sogenannten VPN-Tunnel direkt auf unseren wiederum extra gesicherten Server, auf dem die geheimen Daten liegen, die wir so angesammelt haben. Die Panama Papers, die Paradise Papers, allerhand andere Firmendatenbanken, kleinere Leaks, digitalisierte Akten von VW-Skandal bis zu NSU-Unterlagen.

Aber all das bringt uns jetzt nicht weiter, im Grunde müssten wir uns jetzt ans Telefon setzen, um das Gehörte anhand von zweiten Quellen zu verifizieren. Aber das geht nicht, wir müssen uns an den Quellenschutz halten. Also versuchen wir, wenigstens all das zu überprüfen, was sich ohne Kontakte zu anderen Menschen überprüfen lässt.

Zum Beispiel lässt sich sehr leicht herausfinden, dass sowohl Heinz-Christian Strache als auch Johann Gudenus zu der Zeit, die uns von unserer Quelle genannt wurde, tatsächlich auf Ibiza waren. Damals berichteten etwa der *Kurier* und *Die Presse* über seinen Urlaub auf der Baleareninsel. Das ist zwar nur ein winziges Puzzlestückchen in unserem Faktencheck, aber immerhin ein Anfang.

Wir überprüfen außerdem, ob Strache damals geraucht hat (Antwort: er hat), und ob die Frau, die uns als Gudenus' Ehefrau vorgestellt wurde, wirklich seine Ehefrau ist (Antwort: sie ist es). Tajana Gudenus ist während der Jugoslawienkriege nach Österreich geflüchtet und hat später den aufstrebenden FPÖ-Politiker Gudenus kennengelernt. Kirchlich trauen ließen sich die beiden im Mai 2017 im serbischen Teil Bosnien-Herzegowinas, der Republika Srpska, später wurde noch einmal in Wien »nach österreichischer Tradition« gefeiert, berichtete das Klatschportal *heute.at*.

Alles, was wir finden, passt zu der Geschichte, die unser Kontakt erzählt hat.

Wir überprüfen noch weitere Details, die wir hier nicht nennen können, weil wir die Quelle schützen müssen. Wir finden keine Widersprüche oder Auffälligkeiten.

Am Ende werden wir all diese Kontrollen noch einmal wiederholen, und dann noch einmal. Von Tag zu Tag fällt es uns schwerer, geduldig zu sein, mit dem Wissen, dass im Nachbarland ein Politiker an der Regierung ist, der offenbar empfänglich ist für Korruption. Der sich mit einer angeblichen russischen Investorin mit fragwürdigen Millionen trifft und ihr halb Österreich verscherbeln will. Ausgerechnet ein Vertreter jener Partei, die versucht, mit Parolen wie »Heimat bewahren« Stimmung zu machen oder Wähler mit dem Versprechen zu gewinnen, den »Ausverkauf österreichischer Interessen« zu stoppen. Ausgerechnet Strache, der noch vor einigen Jahren in einem Interview mit der *Presse* getönt hat: »Unter meiner Führung gibt es keine Korruption, keine Freunderlwirtschaft.«

Mehr noch: mit jedem Tag, der vergeht, fragen wir uns, ob es nicht sogar unsere Pflicht wäre, unser Wissen mit der Welt zu teilen. Schließlich geht es hier nicht nur um Österreich.

Heinz-Christian Strache und die FPÖ existieren nicht in einem luftleeren Raum. Die rechtsnationale Politik der FPÖ beeinflusst, was andere rechtsnationale Parteien in Europa planen, wie sie auftreten, wie sie agieren. Als die österreichischen Konservativen 1999 eine Koalition mit der FPÖ eingingen, war der Aufschrei in der EU noch groß. Die anderen EU-Staaten verhängten sogar Sanktionen. Mittlerweile sind Rechtspopulisten in etlichen Ländern auf dem Vormarsch oder längst in der Regierung – viele von ihnen sehen in der FPÖ einen strategischen Partner oder gar ein Vorbild.

Viktor Orbán etwa, der autoritäre Regierungschef Ungarns, schwärmt von der FPÖ als einem »Modell für Europa«, Matteo Salvini, der rechtsnationale Innenminister Italiens, schreibt auf Facebook, Strache und er seien »Freunde zur Verteidigung unserer Völker«, die nicht weniger radikale Marine Le Pen nennt Strache »unseren Verbündeten«, mit dem sie »gemeinsam am Europa der Nationen und der Völker weiterbauen« wolle.

Die Allianz der österreichischen und deutschen Rechten ist besonders bedeutsam, dafür sorgen schon die gemeinsame Sprache und die räumliche Nähe. Für die AfD ist die FPÖ, die es in die Bundesregierung geschafft hat, die Blaupause. »Österreich macht es vor« – so formulieren es AfD-Politiker wie Alexander Gauland. Das gilt nicht nur für das Ziel, irgendwann in die Regierung einzutreten, sondern auch für konkrete Forderungen der FPÖ, die auf Deutschland übertragen werden sollen, wie das Kopftuchverbot in Schulen. Seit Jahren arbeiten

AfD und die FPÖ, die AfD-Spitzenmann Jörg Meuthen »unsere Schwesterpartei in Österreich« nennt, eng zusammen, sie vertreten ähnliche Positionen, sie besprechen Strategien, sie treten zusammen auf und unterstützen einander im Wahlkampf.

Es gibt zahllose Fotos, die Politiker und Politikerinnen von AfD und FPÖ gemeinsam zeigen, in verschiedensten Konstellationen. Einer der eindrücklichsten Auftritte eines FPÖ-Mannes in Deutschland ist sicher die Rede von Heinz-Christian Strache bei einer AfD-Veranstaltung im bayerischen Osterhofen. Strache, der dort vorgestellt wurde mit den Worten, er werde wahrscheinlich Kanzler, erzählte folgenden Witz: »Wie nennt man das, wenn sich viele Menschen einer Volksgruppe in einem Ort einer fremden Stadt niederlassen? Bei Italienern ›Little Italy‹, bei Chinesen ›Chinatown‹ und Moslems ›No-go-Area‹.«

Nicht die einzige rassistische Bemerkung. Strache sagte noch, der Halbmond sei am Himmel schön und als »Vanillekipferl«, »aber nicht als Symbol für Europa« – und dichtete: »Willst du eine Sozialwohnung haben, musst du ein Kopftuch tragen.«

Natürlich wählen viele Strache gerade wegen solcher Sprüche. Aber für viele repräsentiert er tatsächlich den unbestechlichen, unkorrumpierbaren Law-and-Order-Mann: den, der endlich mal aufräumt.

Wenn wir über das Video berichten würden, wäre dieses Bild beschädigt. Aber: Wir können nicht über die – soweit wir sie kennen – ernstzunehmenden und nachvollziehbaren Bedenken unserer Quelle hinweggehen. Und nur zur Klarstellung: Selbst, wenn wir das wollten, könnten wir nicht veröffentlichen. Das bestätigt uns einer unserer Anwälte, dem wir nur die Situation mit dem Video, nicht aber dessen Inhalt bei einem kurzen Gespräch auf dem Redaktionsflur erklären.

Unser Hauptproblem ist: Wir haben nichts in der Hand. Kein

Video, kein Screenshot, keine Audiodatei. Wir können uns nicht sicher sein, dass wir uns an jenem Abend nicht verhört haben. Wir können nicht prüfen, ob die Aufnahmen manipuliert wurden. Und wir könnten nichts veröffentlichen, was den Vizekanzler Österreichs (oder sonst jemanden) derart massiv angreift, wenn wir nichts haben, was wir vor Gericht vorlegen könnten. Strache würde uns verklagen, wir würden verlieren.

Nicht nur Strache, auch die Öffentlichkeit würde uns auseinandernehmen. Und zwar völlig zu Recht.

Alles, was wir tun können, ist, mit unserem Kontakt in Verbindung zu bleiben, immer wieder zu beweisen, dass wir verlässlich sind und bereit. Aber da geht es schon los. Wie können wir bereit sein, wenn wir niemandem außer dem Chefredakteur davon erzählen können? Sollen wir die Redaktion vorsichtig vorwarnen?

Einen zaghaften Versuch unternehmen wir: Wir fragen eine österreichische Kollegin, die mit uns bereits an anderen Recherchen gearbeitet hat, was sie in den kommenden Wochen vorhabe. Wenig Dringendes, sagt sie, wenn es etwas gebe, sei sie bereit zu helfen. Worum es denn gehe? Tja. Das können wir nicht sagen. Und wenig später sind die »kommenden Wochen« schon wieder vorbei.

Wir lesen uns derweil immer tiefer in die Biografien der beiden Männer und die Geschichte der FPÖ ein.

Die 1956 gegründete Partei ist in ihren Anfangsjahren eine Partei von Altnazis für Altnazis. Erster Parteivorsitzender ist Anton Reinthaller. Das NSDAP-Mitglied war unter Adolf Hitler Staatssekretär im Reichsernährungsministerium, später wird er zum SS-General ernannt. Auch sein Nachfolger als FPÖ-Chef – ein Mann namens Friedrich Peter – war einst SS-Offizier. Noch dazu ist er, wie man heute weiß: ein Kriegsverbrecher. Bis 1978 wird die FPÖ durchgehend von früheren SS-Offizieren geführt. In den ersten Jahrzehnten hat die Partei nicht viel Erfolg. Bei den Wahlen erhält sie meist etwa fünf Prozent der Stimmen.

Erst Anfang der Achtzigerjahre gelingt es dem moderateren Parteiflügel, die FPÖ aus der rechten Ecke zu holen. Die Partei öffnet sich und versucht ihre rechtsextreme Vergangenheit abzuschütteln.

Als die österreichischen Sozialdemokraten bei den Nationalratswahlen 1983 die absolute Mehrheit verlieren, schlägt die Stunde der FPÖ. Zwar kommt die Partei wieder nur auf fünf Prozent der Stimmen – das aber reicht, um mit der SPÖ zu regieren; sie stellt sogar drei Minister. Aber die Umfrageergebnisse bleiben miserabel. Und so schwenkt die Partei wieder nach rechts.

1986 übernimmt Jörg Haider die FPÖ, und der schneidige Kärntner Jurist und Burschenschaftler macht aus der Partei die neue Heimat für alle Unzufriedenen, denen die beiden großen Parteien SPÖ und ÖVP zu angepasst sind oder die nach einer Partei suchen, die ihre Ausländerfeindlichkeit und rechte Gesinnung auffängt und anfeuert.

Dass Haider NS-Konzentrationslager als »Straflager« verharmlost, SS-Veteranen als »anständige Menschen mit Charakter« lobt und der Naziherrschaft für ihre »ordentliche Beschäftigungspolitik« huldigt, tut dem Aufstieg seiner Partei keinen Abbruch. Ganz im Gegenteil: Bevor er den Vorsitz übernimmt, liegt die FPÖ in Umfragen im kaum messbaren Bereich, bei den Nationalratswahlen 1999 sind es dagegen schon fast 27 Prozent – genauso viel wie die konservative ÖVP.

Und so gehen FPÖ und ÖVP eine Koalition ein: »Schwarz-Blau 1« – benannt nach den Parteifarben der ÖVP (schwarz) und der FPÖ (blau). Die Partei der alten Nazis und jungen Populisten regiert Österreich – und anders als in der rot-blauen Regierung 1983 bis 1987 stellt die FPÖ eine nennenswerte Zahl von Kabinettsmitgliedern: sechs Minister, genauso viele wie die ÖVP.

Parteichef Haider ist nicht darunter. Die ÖVP macht zur Bedingung, dass der international geächtete Rechtspopulist nicht ins Kabinett einzieht. Ein Jahr später tritt er frustriert als Parteivorsitzender zurück, er sei von nun an »einfaches FPÖ-Mitglied«, bleibt aber Landeshauptmann in Kärnten – ein Amt, das in etwa dem eines deutschen Ministerpräsidenten entspricht. Von dort aus macht er den FPÖ-Ministern das Leben schwer.

2002 kommt es zum Knall. Nach dem Knittelfelder Parteitag treten die FPÖ-Minister im Streit mit Haider fast geschlossen zurück, es kommt zu Neuwahlen. Und die FPÖ bricht ein: Nur noch zehn Prozent der Wahlberechtigten stimmen für die Freiheitlichen. Die Querelen und Skandale, in die die Partei mittlerweile verwickelt ist, lassen die FPÖ als nicht regierungsfähig dastehen.

Nachdem die Verhandlungen mit der SPÖ gescheitert sind, entscheidet sich ÖVP-Chef Wolfgang Schüssel erneut zu einer Koalition mit der FPÖ. Derweil wächst Straches Einfluss in der Partei: 2004 wird er Vorsitzender der FPÖ in Wien und ein lauter Kritiker seiner eigenen Partei. Während Haider sich mit muslimischen Despoten wie dem Libyer Muammar al-Gaddafi und dem Iraker Saddam Hussein trifft, macht Strache mit Sprüchen wie »Pummerin statt Muezzin« Wahlkampf.

Strache und Haider, beide enorm geltungsbedürftig, beide mit Führungsanspruch, beide mit fester Anhängerschaft, fahren auf Kollisionskurs. Politisch ist für den Bruch zwischen Haider und Strache entscheidend, dass Haider zwar rechtsnational ist – aber Strache noch ein deutliches Stück weiter rechts steht und da auch die Partei sehen möchte.

Ende der Achtzigerjahre ist Strache in der Neonazibewegung aktiv und wird deshalb kurz von der deutschen Polizei festgesetzt – als er an Silvester 1989 mit der deutschen Wiking-Jugend ein »Mahnfeuer« abhalten will. Die Organisation steht in der Tradition der Hitler-Jugend und wird wenige Jahre später, 1994, vom deutschen Bundesamt für Verfassungsschutz als »neonazistisch« eingestuft und verboten. In die rechte Szene ist Strache über die deutschnationale Burschenschaft »Vandalia« gekommen. Die Neonazikontakte lässt er hinter sich, aber der rechten Burschenschaftsszene ist er bis heute treu.

In der FPÖ kommt es in den Nullerjahren immer häufiger zum Streit zwischen dem Strache- und dem Haider-Lager. Es geht um den EU-Beitritt Österreichs, die Parteifinanzen und die Frage, wie weit rechts sich die FPÖ positionieren soll. 2005 verlässt Jörg Haider mitsamt einem Großteil der Funktionäre die Partei und gründet das Bündnis Zukunft Österreich (BZÖ). Die FPÖ fliegt dadurch aus der Regierung. Die zum BZÖ übergelaufenen Kabinettsmitglieder formen mit der ÖVP stattdessen eine schwarz-orangefarbene Regierung.

Schuld, so erzählt es Haider später, sei an dem Bruch nur einer gewesen: Strache. »Er ist schlicht«, sagt er über den Mann, der gemeinhin als »Haider-Kopie« gilt.

Der Mini-Haider Strache jedenfalls bleibt zurück mit einer damals Alt-FPÖ genannten Resterampe, die in Umfragen beinahe bedeutungslos ist und der die wenigsten eine Zukunft vorhersagen. Es kommt anders. Heinz-Christian Strache, der – und das ist im titelverliebten Österreich ein echter Malus – keinen Hochschulabschluss hat, schafft es als Parteiführer, die Partei aus der Versenkung in die Regierung zu führen: von nur mehr drei Prozent 2005 bis zu fast 30 Prozent und in Regierungsverantwortung. Das BZÖ hingegen verschwindet nach dem Unfalltod Jörg Haiders 2008 langsam aber sicher in der Versenkung.

Strache, der Haider Jahre zuvor sogar das »Du« entzogen hat, grenzt sich scharf von der »alten FPÖ« ab und präsentiert sich als Saubermann, den unbestechlichen Mann des Volkes. »Es wird in Zukunft Demut, Bodenhaftung und Ehrlichkeit brauchen – und eine ganz scharfe Trennlinie zur Korruption«, verspricht er 2013 in der *Presse*.

Die Korrupten – das sind laut Strache die Altvorderen, die Haiderianer.

Genau deswegen könnte das Ibizavideo für ihn zum Problem werden. Wenn er sich in dem Video noch deutlicher äußern, sich weiter von seiner Politiklinie wegbewegen oder tatsächlich illegale Versprechungen abgeben sollte, dürfte er ein Problem bekommen. Mit seiner Partei, vor allem aber mit seinem Koalitionspartner seit 2017: der ÖVP.

Ein unsauberer Law-and-order-Mann – das funktioniert nicht.

Einige Wochen nach dem Treffen im Hotelzimmer hören wir wieder von unserer Quelle, via verschlüsseltem Chat. Wir sprechen über dies und das, wir erklären wieder und wieder unser Herangehen, sollten wir das Video irgendwann bekommen. Ob wir es jemals bekommen, lässt unser Gegenüber aber offen.

Wie ist es denn mit anderen Medien und Journalisten?, fragen wir. Und erfahren, dass offenbar versucht wurde, mit Florian Klenk in Verbindung zu treten, dem Chefredakteur der Wiener Wochenzeitung *Falter*. Wir kennen Florian schon länger, er ist einer der renommiertesten Investigativreporter Österreichs, und wir arbeiten mit ihm immer wieder zusammen, seit der *Falter* 2016 an den Panama Papers mitrecherchiert hat. Demnach wurde Florian über Dritte angesprochen, man habe ihm ein Treffen in Aussicht gestellt, zu dem es aber nie gekommen sei – weil man sich umentschieden habe. Man vertraue österreichischen Journalisten einfach nicht genug.

Auf jeden Fall versichert man uns, dass wir die ersten Journalisten seien, die das Video bisher sehen konnten. Aber wissen wir, ob das die Wahrheit ist? Natürlich nicht.

Gut möglich, dass bei der *Kronen-Zeitung* jemand sitzt, der genau die gleichen Hoffnungen hat wie wir. Oder bei einer der liberalen Zeitungen Österreichs, dem *Standard*, der *Presse* oder einem Nachrichtenmagazin wie *Profil*. Sie alle würden sich für das Video mindestens so brennend interessieren wie wir.

Vielleicht hat Florian Klenk das Video schon auf dem Rechner?

Es wird ein seltsamer Anruf, natürlich höchst vertraulich, aber darauf ist bei Florian Verlass. Er erinnert sich sofort an die Kontaktaufnahme und daran, dass es dann nicht weiterging. Allerdings erzählt er auch, dass seit Jahren immer wieder das Gerücht an ihn herangetragen worden sei, es gebe ein Video von Heinz-Christian Strache – das aber dann doch nie ans Licht kam. In diese Kategorie schob er die Kontaktaufnahme, als daraus dann nichts wurde. Ob wir etwa ein Video hätten?, fragt er.

Wir verneinen wahrheitsgemäß. Das Video liegt uns schließlich nicht vor. Aus Quellenschutz können wir Florian nicht viel erzählen, wir können nur Andeutungen machen. Die reichen aber natürlich schon aus, um Florian anzufixen. Mit viel Wiener Charme gibt er uns noch mit: Falls wir das Video je bekämen, wäre er hocherfreut, wenn wir dann an ihn denken würden.

Der Anruf bringt uns nur minimal weiter. Aber immerhin: Die Kontaktaufnahme hat offenbar genau so stattgefunden, wie es uns beschrieben worden war.

Jedes Mal, wenn wir miteinander über das Video sprechen – und das ist häufig –, fallen uns neue Sachen ein, die wir noch überprüfen könnten, wenn es dann losgeht.

Aber es geht nicht los. Es geht und geht nicht los.

Was, wenn es nie losgeht? Was, wenn die Hersteller des Videos einfach beschließen, die Dateien zu löschen? Denn eines scheint klar: Die FPÖ-Kräfte werden mit allen Mitteln versuchen, die Fallensteller zu enttarnen. Sie bloßzustellen. Wir würden jeden verstehen, der sich diesem Druck nicht aussetzen möchte.

Aber was dann? Können wir dann irgendwann an die Öffentlichkeit gehen damit? Nein, auch dann würden wir etwas Verwertbares, etwas Vorzeigbares brauchen. Und genau das haben wir nicht.

Immer, wenn wir gerade die Hoffnung wieder haben fahren lassen, meldet sich unser Kontakt zurück. Dieses Mal sogar mit dem Wunsch nach einem weiteren Treffen. Es gebe Dinge, die man besser von Angesicht zu Angesicht erzähle.

Wir machen uns also auf die nächste Reise. Ein anderer Ort, eine andere Uhrzeit, eine andere Lokalität. Immerhin haben wir in der Zwischenzeit genug Vertrauen zueinander gefasst, um relativ unbesorgt das Treffen zusagen zu können. Eher überraschend ist für uns dann, dass es dieses Mal keine weiteren Szenen des Videos zu sehen gibt. Es geht um die Hintergründe, soweit sie erzählbar sind.

Wir merken immer wieder an, dass wir kaum etwas davon überprüfen können. Aber daran können wir vorerst wenig ändern.

Einen echten Erkenntnisgewinn bringt das Treffen: Die Falle wurde demnach über Johann Gudenus eingefädelt. Wir erfahren, dass es schon vor dem Abend auf Ibiza Treffen mit der Oligarchennichte und ihrem Vertrauten gab.

Der Russlandfan und die reiche Russin – das klingt irgendwie logisch. Zumal seit Langem bekannt ist, dass Gudenus keine Berührungsängste mit dubiosen Figuren zu haben scheint. Einst reiste er »unter Vermittlung russischer Freunde« nach Tschetschenien, um Ramsan Kadyrow, dem »Schlächter von Grosny«, die Aufwartung zu machen. 2014 flog er als Wahlbeobachter auf die Krim, wo er Moskau attestierte, das Referendum der besetzten Region sei »ohne Druck und Zwang« über die Bühne gegangen. Gläserne Wahlurnen seien halt »ortsüblich«. Auch in Russland ist Gudenus als Wahlbeobachter unterwegs – die Wahlen dort gefielen ihm nach eigenen Angaben sogar besser als jene zum Europaparlament.

Gudenus und Strache sind beide politisch nahezu unzertrennlich, seit Gudenus Strache in die Burschenschaft gefolgt ist und dann in den Ring Freiheitlicher Jugend, der Jugendorganisation der FPÖ. Trug Gudenus als Schüler an der Eliteschule Theresianum in Wien noch ein Barett mit Kommunistenstern, war er es, der die Idee hatte, Straches Konterfei mit dem Spruch »Viva StraCHE« auf T-Shirts zu drucken. Im Windschatten Straches wurde Gudenus 2015 schließlich Vizebürgermeister von Wien.

Bis heute ist er Straches Mann fürs Grobe, sein Einheizer, sein Kettenhund. Die Geburtenrate will er mit einer »Kondomsteuer« heben, Muslime möglichst aus dem Land schaffen. Denn, so die Weltsicht von Gudenus: »Der Islam ist nicht integrierbar, solche Leute haben sich eine Einbürgerung nicht verdient.« Bei einer Wahlkampfveranstaltung im Jahr 2013 sagt er: Sollte Strache Kanzler werden und die FPÖ den Innenminister stellen, hieße es »Knüppel aus dem Sack für alle Asylbetrüger, Verbrecher, illegalen Ausländer, kriminellen Islamisten und linken Schreier«.

Laut Medienberichten weigerte sich der österreichische Präsident Van der Bellen im Jahr 2018 wegen dieser Aussagen, ihn zum Innenminister zu ernennen.

Alles, was mit diesen beiden Politikern zu tun hat, ist spannend und brisant. Für uns ist klar: Wir wollen und müssen der Öffentlichkeit zeigen, was wir gesehen haben. Aber wie?

MYSTERIÖSE SPENDER

Sant Rafel de Sa Creu,
24. Juli 2017,
gegen 23 Uhr.

Der Umzug von der Terrasse in das Innere der Villa, ins Wohnzimmer, auf die graue Couch, ist eine knappe Stunde her, als Heinz-Christian Strache erneut auf das Thema Parteispenden zu sprechen kommt – ohne dass ihn die Lockvögel zu dem Thema gelotst hätten. Johann Gudenus und die Russin sind gerade in der Küche, man hört sie im Hintergrund Russisch sprechen, da erklärt der damalige FPÖ-Chef Strache dem Begleiter der Russin und Tajana Gudenus in seinem gewohnt dozierenden Duktus, dass es für seine Partei drei verschiedene Typen von Spendern gebe:

- Die, die nur an die FPÖ spenden.
- Die, die zusätzlich an die ÖVP spenden – »die sichern sich doppelt ab«.
- Und die »big player« – dazu zählt Strache den Glücksspielautomaten-Hersteller Novomatic –, die angeblich an alle drei großen Parteien, also FPÖ, ÖVP und SPÖ, spenden. »Pragmatisch«, sagt Strache, »macht aber auch Sinn.«

[Novomatic erklärt dazu, die Firma habe »weder unmittelbar noch mittelbar« an politische Parteien gespendet. Auch die FPÖ, die ÖVP und die SPÖ dementierten Novomatic-Spenden. Die SPÖ teilt allerdings mit, 2017 habe eine Landesorganisation des Sozialdemokratischen Wirtschaftsverbandes von Novomatic 3500 Euro erhalten – das Unternehmen bestätigt dies.]

Johann Gudenus hört die letzten Erklärungen Straches, als er ins Wohnzimmer zurückkommt, und knüpft gleich an: »Du«, sagt er zu Strache, »wenn's so was überhaupt gibt oder du's sagen willst: Gibt es Spender für die Wahlen jetzt, für den Wahlkampf?«

Strache nickt. »Ja, klar«, sagt er.

»Erzähl«, sagt Gudenus, und deutet auf die Russin, die sich gerade wieder zur Linken von Strache auf die Couch gesetzt hat.

Das tut Strache und holt aus: »Es gibt ein paar sehr Vermögende, die zahlen zwischen 500.000 und eineinhalb bis zwei Millionen.«

Eineinhalb bis zwei Millionen Euro – das sind, besonders für österreichische Verhältnisse, außergewöhnlich hohe Spenden. Und das passt nun überhaupt nicht dazu, wie sich Straches Partei öffentlich zu Spenden positioniert hat: Die FPÖ wettert seit Jahren gegen den undemokratischen Einfluss von Großspendern und wird nicht müde zu betonen, keine Großspenden anzunehmen. Zuletzt forderte Straches Partei sogar ein Verbot von Großspenden.

Und tatsächlich hat die FPÖ zwischen 2012 und 2016 – einen aktuelleren Bericht gibt es bis zum Redaktionsschluss dieses Buches noch nicht – nur drei Großspenden von mehr als 50.000 Euro an den österreichischen Rechnungshof gemeldet. Sie stammen einmal vom Freiheitlichen Gemeinderatsclub der Stadt Salzburg und zweimal vom Verband Freiheitlicher und Unabhängiger Gemeinderatsvertreter Niederösterreichs.

Gudenus übersetzt Straches Erklärung auf Russisch.

Aber Strache brennt noch etwas auf der Seele, »ich kann ein paar nennen, die zahlen aber nicht an die Partei, sondern an einen gemeinnützigen Verein«, sagt er und an Gudenus gewandt »das musst du erklären, Verein«, und »du musst erklären, dass das nicht an den Rechnungshof geht«.

Damit bringt sich Strache möglicherweise sogar strafrechtlich in die Bredouille: Parteispenden zum Schein an Vereine umzuleiten – das ist illegal. Dennoch ist es ein in Deutschland und Österreich bekannter Trick, denn anders als Parteien müssen Vereine ihre Bilanzen nicht öffentlich machen; Spender und Unterstützer werden in der Regel nicht öffentlich. Wenn ein Verein Wahlplakate druckt oder Broschüren, in denen unverhohlen zur Wahl einer bestimmten Partei aufgerufen wird, fließt kein Geld an die Partei – Wahlhilfe ist es trotzdem.

Zunächst klingen Straches Aussagen so, als wären die Spenden bereits geflossen, allerdings spricht er später von »potenziellen Spendern« und davon, dass das Geld noch nicht da sei. Auch als Gudenus ins Russische übersetzt, erzählt er von einem privaten Verein, über den niemand etwas wisse, und erklärt, dass Geld noch nicht geflossen sei, aber schon Zusagen existierten.

Die angebliche Oligarchin stutzt, »ich verstehe hier irgendwas nicht«, sagt sie.

Also holt Strache aus: »Das muss sie verstehen, rechtlich. Schau, es gibt ganz wenige, die an die Partei spenden, weil das an den Rechnungshof geht. Und dann ist es öffentlich.«

Genau das ist die demokratische Idee dahinter: dass die Wählerinnen und Wähler wissen, welche Partei von wem finanziert wird. Genau deswegen muss es dem Rechnungshof gemeldet werden. So wie Strache es erklärt, soll aber eben vermieden werden, dass Großspenden öffentlich gemacht werden: »Das will keiner«, sagt Strache.

Mit einem Verein ließe sich genau das umgehen: »Der Verein ist gemeinnützig, der hat nichts mit der Partei zu tun«, sagt der FPÖ-Chef, er lehnt sich nach vorn, zieht an seiner Zigarette. »Dadurch hast du keine Meldungen an den Rechnungshof. Das ist ein gemeinnütziger Verein, mit drei Rechtsanwälten. Der hat ein Statut: Österreich wirtschaftlicher gestalten.«

So offen, als kennte Strache die Russin seit Jahren, erklärt er hier ein System der verdeckten Parteienfinanzierung. Selbstverständlich hat der Verein mit der Partei zu tun – gerade eben erklärt der FPÖ-Vorsitzende ja, dass die Russin »uns« spenden könne. Strache ist offenkundig nicht erkennbar in dem Verein vertreten, sonst wäre die ganze Tarnung sinnlos.

An Parteien dürfen Ausländer zu dieser Zeit nicht mehr als 2500 Euro spenden, an Vereine sehr wohl.

Gut möglich, dass HC Strache diese Lösung sauber findet und rechtskonform, denn auf dem Papier sind der angebliche Verein und die Partei ja streng getrennt. Es darf nur niemand zugeben, dass es anders ist – und genau das tut Strache offenbar hier, auf Ibiza.

Es ist wie bei den Steuerhinterziehern, die ihr Geld in panamaischen oder liechtensteinischen Scheinfirmen verstecken. Pro forma gibt es da auch Direktoren und Schatzmeister. In Wahrheit aber haben die geheimen Eigentümer das Sagen. Viele Panama-Scheinfirmen sind durch die Panama Papers öffentlich geworden. Straches Scheinkonstrukt deckt er selbst auf.

Den Namen des Vereins nennt er nicht. Nur so viel: Momentan gebe es zehn potenzielle Spender. »Ich treffe mich mit allen.« *[Heinz-Christian Strache wird später erklären, dass die genannten Personen und Firmen weder an die FPÖ noch an gemeinnützige Vereine gespendet hätten.]*

Nun tragen Strache und Gudenus noch einen Wunsch vor, ganz vorsichtig. Wenn ihr gefalle, was die FPÖ mache, sagt Strache zweimal, wenn sie dann »positiv gestimmt« sei, solle sie ihnen etwas spenden. »Nicht mehr und nicht weniger.«

Aber was, erkundigt sich die vermeintliche Aljona Makarowa, wenn nun ein anderer Spender andere Interessen habe als sie. Was dann?

Das, so Strache, werde nicht passieren. Es geschehe schließlich nichts, was dem Parteiprogramm widerspreche. Die anderen Spender, das seien in der Regel Idealisten, die wollten zum Beispiel Steuersenkungen.

Dazu gehöre zum Beispiel ein großer Tiroler Unternehmer, der in Österreich, Italien und den Visegrád-Staaten – also Polen, Tschechien, Slowakei und Ungarn – tätig sei, »dessen Namen ich nicht sagen kann«. Ob er ein paar andere Namen nennen könne, wird Strache gefragt. Er zögert kurz und fängt an aufzuzählen: Der Waffenfabrikant Gaston Glock etwa sei einer der Spender, die Kaufhauserbin Heidi Goëss-Horten, der Glücksspielkonzern Novomatic und der Milliardär und Karstadt-Eigentümer René Benko, »der die ÖVP und uns zahlt«.

[Gaston Glock erklärt auf Anfrage, nicht an die FPÖ zu spenden, und Heidi Goëss-Horten teilt mit, der FPÖ »weder direkt noch über einen gemeinnützigen Verein« zu spenden. Eine solche Spende sei im Sommer 2017 auch nicht zur Diskussion gestanden. Novomatic erklärt, seit 2012 weder unmittelbar noch mittelbar an politische Parteien gespendet zu haben. René Benko lässt über einen Anwalt mitteilen, die Behauptung, er habe direkt oder indirekt an die FPÖ oder die ÖVP gespendet, entbehre »jeglicher Grundlage«.]

Es ist also unklar, ob die Spenden je getätigt oder in Aussicht gestellt wurden. Dem Rechnungshof wurden keine Zahlungen dieser Firmen beziehungsweise Personen gemeldet.

Strache nippt an seinem Wodka Red Bull, die Eiswürfel klimpern. Als Gudenus, noch immer stehend, die Liste der angeblichen Spender für die Russin übersetzt und »Glock« ausspricht, reißt er die Arme nach oben und formt beide Hände zu einer imaginären Pistole – die Haltung wirkt makellos, da kann jemand offenbar mit Pistolen umgehen.

[Gaston Glock lässt über einen Anwalt mitteilen, dass weder er noch seine Firma »unmittelbar noch mittelbar Spenden oder sonstige Zahlungen an die FPÖ geleistet« haben. Es habe diesbezüglich auch keine Gespräche gegeben.]

Nochmals betonen Gudenus und Strache, ihre Spender seien Idealisten. Natürlich keine »depperten Idealisten«, wie Gudenus betont – und Strache lacht, »Ich bin kein Trottel«. Das allerdings sieht die Russin gerade ein wenig anders, in ihrer Rolle als schwerreiche Oligarchennichte kann sie Idealisten kaum goutieren. »Für mich ist das schwer zu glauben«, sagt sie, »für mich ist er ein totaler Idiot«, sagt sie.

Den Idioten-Part übersetzt Gudenus nicht.

Aber die Russin lässt nicht locker, sie erklärt Gudenus, dass sie das mit dem Verein verstehe. Und was sei mit der Gegenleistung? Sie will offenkundig herausfinden, wie weit Strache gehen würde. Geld gegen Leistung? Gudenus übersetzt, und Strache wird nun deutlich: »Wir sind kein Teil des Systems«, er schlägt mit seinen Händen in die Luft. »Wir sind nicht gekauft. Wir sind nicht gekauft.«

Noch einmal: Die Spender seien Leute mit Idealen.

Aber für Ideale zahle doch niemand so viel Geld, wirft die Russin ein.

Strache lässt sich nicht beirren: »Wir haben kein Programm, das wir ausrichten nach Spendern. Die Spender spenden uns wegen unseres Programms.«

Es ist eine Sackgasse. Heinz-Christian Strache bleibt hier fest.

Die Russin und ihr Begleiter werden an diesem Abend wieder und wieder versuchen, Strache deutlicher als zuvor über die Grenzen des Erlaubten zu locken. Er bleibt in dieser Sache aber dabei: Geld zu spenden, um im direkten Gegenzug etwas Konkretes zu bekommen, das sei mit ihm nicht zu machen.

Aber obwohl das Lager der Russin nicht müde wird, offene Korruption zu verlangen, steht Strache nicht auf und geht. Später wird die Russin zu Gudenus auf Russisch sogar sagen: »Du steckst etwas hinein, gibst jemandem, kaufst eine Stimme. Dann macht diese Stimme etwas zu deinem Vorteil.«

Das ist, was sie will. Und Gudenus bleibt sitzen – wo jeder Mensch mit Achtung vor Recht und Gesetz längst hätte die Gespräche beenden müssen.

Der Vertraute der Russin, der zwischendurch die Gläser seiner Gäste nachgefüllt hat, wechselt das Thema. Ob man beim Thema Glücksspiel nicht etwas machen könne. Casinolizenzen zum Beispiel, auch das Wort »Kick-back« fällt.

Kick-back: So werden versteckte Provisionen genannt – und die gelten in den meisten Bereichen als Korruption. Beispielsweise wenn Politiker dafür sorgen, dass Aufträge zu Preisen über Marktwert an befreundete Unternehmer gehen, und die einen Teil des höheren Gewinns als Provision zurücküberweisen, etwa an eine schwarze Parteikasse – der klassische Kick-back-Vorgang.

Und wieder: Strache bleibt sitzen. Dann sagt er, bezogen auf das Glücksspiel: »Das ist verdammt schwer« – nur um hinterherzuschieben: »Aber das geht.«

»Impossible?«, fragt die Russin.

»Not impossible«, sagt ihr Begleiter.

Dann erklärt Strache, was er meint. In Österreich besitzt die

Aktiengesellschaft Casinos Austria AG die Konzessionen für sämtliche zwölf Casinos in Österreich – und das will Strache ändern, sobald er an der Regierung ist. »Die Casinos Austria, die gehört« – er macht eine Hals-abschneiden-Geste.

»Wir sind gegen das Monopol«, führt er fort, »dieses Monopol wollen wir aufbrechen.« Und dann, ja: »ist natürlich eine Möglichkeit da«.

Gestikulierend macht er klar, »alles, was mit staatlichem Monopol zu tun hat«, solle beendet werden.

So was sei »nie uncool«, sagt der Begleiter der Russin.

Die Runde lacht.

Der Begleiter will es jetzt genau wissen: »Was ist die Möglichkeit?« Und Strache erklärt, dass er das Monopol »kappen« und die Lizenzen ausschreiben wolle.

Ein wenig später fasst der Begleiter der Russin noch einmal zusammen, worum es der angeblichen Oligarchennichte gehe, nämlich um »eine verbale Zusage auf gewisse Projekte, die einen gewissen Rahmen lassen ...«

Und der damalige FPÖ-Chef entgegnet: »Die Zusage, das Monopol für das Glücksspiel aufzubrechen, die ist sowieso klar.«

An anderer Stelle präzisiert Strache weiter: »Dort, wo wir in der Privatisierung einen Vorteil sehen, wollen wir Dinge privatisieren und verkaufen als Staat.« Und der Staat, daran lässt Strache keinen Zweifel, das sei ja im Falle eines Wahlsiegs die FPÖ: »Ja, weil wir ja bestimmen, was wir verkaufen und was nicht.«

Inzwischen würden doch alle Österreicher lieber im Internet spielen, erklärt er. Oder sie würden gleich in die Slowakei fahren zum Spielen, nach Bratislava. Beziehungsweise: nach Pressburg, wie Strache die slowakische Hauptstadt bei ihrem alten, deutschen Namen nennt. Das müsse sich alles ändern, sobald sie an der Macht sind. »Wir machen ein Gesetz, wo wir geordnete Spielcasinos zulassen.«

Und damit schwenkt das Gespräch wieder zur *Kronen-Zeitung*. Zum »großen Deal«, wie Gudenus es nennt. »Mit der Sache will sie auch was bewirken«, erklärt er nun Strache. Die Nichte wolle das Monopol, »sie will die Einzige sein«. Die Einzige, mit denen sie arbeiten, das ist offenbar gemeint. »Ja, ja, das ist ja in Ordnung. Das ist ja genial. Das ist ja unser Interesse«, erwidert Strache.

Gudenus übersetzt, dass sie einfach eine »Garantie haben wolle«. Strache lauscht, dann schaltet er sich wieder ein. Er erklärt an diesem Abend wieder und wieder, wie die Russin mittels der *Krone* Geld verdienen könne – einfach, weil sie als mächtige Herausgeberin von allen hofiert werde und sich neue Geschäftsfelder erschließen könne. »Wenn du die *Krone* hast, hast du die Meinungshoheit.« Sie gehöre dann zu den zehn wichtigsten Frauen, nein, Persönlichkeiten Österreichs, wird er später schwärmen. Das Blatt sei nun mal der »bestimmende Faktor am Zeitungsmarkt«, erklärt er, und wenn sie dann noch einen Fernsehsender in die Finger bekomme, bestimme sie alles.

Bald darauf schlägt er den Bogen zum *ORF*, der nach dem Erwerb der *Krone* neben dem »Schneebrunzer« von der Boulevardzeitung *Österreich* »der einzige Konkurrent« sei – und verspricht dann: »Würden wir in einer Regierungsbeteiligung sein, würden wir uns sogar vorstellen können, einen Sender zu privatisieren«, und: »Wir könnten uns vorstellen, den *ORF* völlig auf neue Beine zu stellen.«

Als der Begleiter davon spricht, dass sich die Russin einen »Return« erwarte, holt Strache noch mal aus: Sie habe doch schon einen »Benefit« allein dadurch, dass sie das »Machtmonopol« habe und dazu noch den Jahresgewinn der *Krone* von

15 auf 35 Millionen Euro erhöhen könne. Woher er seine Informationen über den angeblichen Gewinn der *Kronen-Zeitung* hat, lässt Strache im Unklaren.

Gudenus schlägt den Bogen zur FPÖ: »Das Ziel von uns ist mitzuregieren. Aber nicht zu jedem Preis, und wir lassen uns nicht über den Tisch ziehen.« Deshalb sei es jetzt wichtig, ergänzt Strache, herauszufinden, welche Geschäftsinteressen sie habe. »Da muss man jetzt offen hineinsezieren ... was will sie, was hat sie an Interesse, kaufen zu wollen. Wo hat sie einen Geschäftszweig, wo wir in unserem Programm übereinstimmen?« Der Begleiter der Russin erklärt, dass sie in vielen Bereichen Kontakte habe, in der Telekommunikation, im Baugewerbe, in Immobilien .... Im Prinzip, sagt er, will sie »mehr oder weniger eine Zusage dafür, dass sie nicht unmittelbar, aber langfristig einen gewissen Return erwarten kann«.

Mittlerweile steht der Zigarettenrauch im Raum. Der Begleiter der Russin hat Wodka nachgeschenkt, und in einem Eiskübel auf dem Tisch lagert schon der Nachschub: etliche Dosen Red Bull und eine weitere Flasche Wodka.

Strache kommt erneut aufs Thema Wasser zurück: »Die Wassergeschichte kann nur so laufen, dass wir als Staat unser weißes Gold auf eine verstaatlichte Ebene führen, wo wir einen Betreiber engagieren, der das privatwirtschaftlich managt.« Und da könne ja dann die Russin ins Spiel kommen. Die, das erklärt ihr Begleiter, wolle aber eine Zusage, dass sie einen gewissen Profit mache, und das gehe nur über »Überpreis«.

Künstlich überteuerte, über dem Marktpreis vergebene Staatsaufträge an Privatfirmen kosten den Steuerzahler sehr viel Geld. Und wenn es absichtlich und künstlich herbeigeführt wird, als Gegenleistung für einen anderen Gefallen, ist es – selbstverständlich – strafbar. Es wäre mutmaßlich Untreue oder zumindest Beteiligung an Untreue zulasten der Republik Österreich.

Das, so sagt Strache zumindest jetzt, sei »mit uns nicht machbar. Wir wollen immer einen nachhaltigen Benefit für unser Land, das ist unser Idealismus.« Er mache nichts, was rechtswidrig sei. »Es muss meinen Überzeugungen entsprechen, es muss völlig legitim sein, völlig rechtskonform sein. Das ist mein Werdegang, und das ist meine Stärke.«

Das Thema Überpreis wird Strache an diesem Abend noch einmal einholen – und da wird er ganz anders klingen.

Die Unterhaltung am Loungetisch der Villa ist wie ein Tanz geworden, in dem die eine Seite – die Russin und ihr Begleiter – immer wieder näher kommen und immer wieder mit neuen Offerten locken. Und Strache? Er will zu Illegalem offenbar nicht »Ja« sagen, aber er will die Russin – und damit die Chance auf die *Krone* – nicht verjagen. Also bietet er wieder etwas an, kommt also auf sie zu, und tritt gleich wieder zurück, indem er es mit dem Zusatz verbindet, es müsse »rechtskonform« sein. Das nehmen die beiden Lockvögel, wenden es und kommen von Neuem mit etwas, was die Grenze zum Strafbaren womöglich überschreiten würde: Kick-back, feste Zusagen, klare Absprachen. Und Strache, der versucht, sich davon vorsichtig zu lösen. Aber doch nicht zu weit, es winken die *Krone*, es winken Macht und möglicherweise ein deutlich besseres Wahlergebnis.

Hin. Und her.

Vor. Und zurück.

Missgelaunt zählen die Russin und ihr Begleiter auf, in welchen Ländern Osteuropas ihnen angeblich korrupte Geschäfte ermöglicht würden – und das mit 15 oder gar 20 Prozent Rendite. Und so erwarte die Russin es auch hier, sagt ihr Begleiter, sie komme eben aus dem Osten.

Strache aber bleibt hart. Zunächst.

In Österreich laufe es nun mal anders. »Bei uns sind acht Prozent ein geiles Geschäft.« Auch mit gewöhnlichen Immobilieninvestitionen hätten seine Kumpels – »geile Typen«, so wie er »aus einfachsten Verhältnissen« – Millionen gemacht. Das brauche alles seine Zeit.

Strache wäre es offensichtlich am liebsten, die Russin würde ihnen im Wahlkampf helfen und sich im Gegenzug aber mit unkonkreten Erklärungen begnügen. Wieder und wieder zählt er auf, was alles möglich wäre, ganz legal. Und die Russin erwidert wieder und wieder, dass sie gern etwas anderes hätte, schön illegal.

Und so geht der Tanz im Zigarettendunst weiter.

PROJEKT »WEISSER BILDSCHIRM«

Ein geheimer Ort in Deutschland, Herbst 2018. Ob unser Kontakt verrückt geworden ist? Das ist keine rhetorische Frage, denn an diesem Vormittag schaut er schon seit einiger Zeit sehr konzentriert auf den Bildschirm eines Laptops, auf dem absolut nichts zu sehen ist. Wir hören Geräusche, Stimmen, Hintergrundmusik, aber wir sehen einen leeren weißen Bildschirm. Dabei bewegt unser Kontakt eine Maus, klickt und redet leise vor sich hin dabei. Wir stehen kopfschüttelnd hinter ihm.

Der Bildschirm bleibt weiß. Man erkennt nichts darauf oder, präziser formuliert: *Wir* erkennen absolut nichts darauf. Der Kontakt offenbar schon, und das liegt an einer seltsamen Brille, die er trägt. Ein paar Augenblicke später haben wir ebenfalls jeder eine solche Brille auf der Nase. Was sehr komisch aussieht, weil wir beide Brillenträger sind und diese Spezialbrillen vor unseren eigentlichen Brillen auf der Nasenspitze balancieren müssen.

Und auf einmal ist der Bildschirm nicht mehr weiß, auf einmal sehen wir eine Couch und einen Loungetisch, und wir sehen Heinz-Christian Strache und Johann Gudenus auf Ibiza.

Jetzt verstehen wir: So können wir das Video auf dem Bildschirm nicht heimlich abfilmen oder fotografieren. Diese Technik ist übrigens, das recherchieren wir am nächsten Tag, für jeden mit ein wenig Sachverstand nachzubauen – es gibt sogar Schritt-für-Schritt-Anleitungen im Internet. Allerdings muss der Sachverstand reichen, um, so die Anleitung, einen LCD-Monitor aufzuschrauben, eine der beiden auf dem Glas aufgebrachten Folien zu entfernen und sie auf eine Brille zu übertragen. Ohne die entfernte Folie ist der LCD-Bildschirm weiß. Wer die mit der Folie überzogene Spezialbrille aufsetzt, hat wieder beide Folien vor Augen und sieht das Bild.

Normalerweise verwenden Nerds diese Technik, weil sie nicht wollen, dass andere, etwa im Zug, sehen können, was auf ihrem Bildschirm gerade läuft. Wir beschließen, uns die Technik zu merken. Und wir haben unseren Projektnamen für die kommenden Monate:

»Projekt Weißer Bildschirm«.

So nennen wir das Projekt, wenn wir in unserem Ressort Investigative Recherche erklären, warum wir kurzfristig verreisen müssen oder anderweitig verhindert sind. Denn obwohl wir nun schon einige Wochen daran arbeiten, weiß noch immer niemand in der *SZ* von diesem Video, vom Chefredakteur einmal abgesehen.

Das Treffen – das dieses Mal an einem geheimen Ort unserer Wahl stattfindet, auch weil wir das Risiko, heimlich selbst gefilmt zu werden, minimieren wollen – ist das Ergebnis vieler Gespräche, meist auf verschiedenen verschlüsselten Kanälen. Vorher haben wir dem Kontakt zum wiederholten Mal erklärt, dass wir den journalistischen Gehalt des Videos für die *Süddeutsche Zeitung* – also ob wir die Geschichte veröffentlichen können oder nicht – erst dann benennen können, wenn wir das gesamte Video gesehen haben. Vor der Entscheidung, ob wir tatsächlich veröffentlichen, stehe aber, neben anderen Erwägungen, noch die forensische Prüfung des Videos auf Echtheit und daraufhin, ob das Video manipuliert wurde.

Erst wenige Monate zuvor haben IT-Experten der Welt vorgeführt, wie man die Lippen eines Menschen in einem Video wie eine Zeichentrickgestalt »animieren« und ihn Sachen sagen lassen kann, die er nie gesagt hat. Eines der bekannteren Beispiele, das im Internet kursiert, ist: Barack Obama, der seinen Nachfolger Donald Trump einen Vollidioten nennt. Es ist nicht bekannt, dass er dies je gesagt hätte, jedenfalls nicht öffentlich und in eine Videokamera. Und dennoch: furchtbarerweise ist kaum ein Unterschied zu sehen, weil sich nicht nur der Mund, sondern das ganze Gesicht animieren lassen. Die Bewegungen der Gesichtszüge werden von einem anderen Menschen übertragen, der das Gesagte tatsächlich sagt, und dazu die Augenbrauen hochzieht, die Nase rümpft oder blinzelt.

Lässt sich damit ein stundenlanges Video fälschen? Wohl eher nicht. Einzelne Aussagen, die besonders belastend sind? Sicherlich.

Auch deswegen müssen wir das ganze Video der beinahe siebenstündigen Begegnung in den Hügeln von Ibiza sehen.

Als unser Kontakt schließlich zustimmt, dass wir das gesamte Video anschauen können, fragen wir uns natürlich: warum? Stehen wir kurz davor, das Material zu bekommen? Hat sich die Haltung geändert?

Wir fragen nach, aber aus den Antworten werden wir nicht schlau. Es spielt auch erst mal eine untergeordnete Rolle: Für uns kann es nur gut sein, wenn wir das ganze Video kennen – egal was danach passieren wird.

Wobei der Begriff »das ganze Video« etwas irreführend ist, denn genau genommen, so erfahren wir bei diesem Treffen, gibt es mehrere Videos. Das Hauptvideo sei rund 4:40 Stunden lang und von einer Kamera im Wohnzimmer der Villa gefilmt. Hier habe der Großteil der Unterhaltung stattgefunden, wird uns erklärt, während zuvor draußen gegessen und der Aperitif genommen worden sei, auf einer anderen Terrasse. Und auch dort seien Kameras installiert gewesen, ebenso wie in der Küche.

Kein Zweifel: Wer diese Falle organisiert hat, wollte nichts verpassen.

Die Atmosphäre ist dieses Mal weit weniger angespannt als beim ersten Treffen, als wir das 15-minütige »Best-of-Strache« sehen konnten. Wir haben inzwischen einen halbwegs guten Draht zueinander.

Und nun sitzen wir mit unseren Blöcken und den albernen Brillen auf der Nase vor dem Bildschirm und sehen das mit Sicherheit seltsamste Urlaubsvideo unseres Lebens. Und das längste. Und auch wenn wir hier und da in schnellen Vorlauf gehen, wenn über Unwichtigeres gesprochen wird, dauert es ewig. Weil wir die kritischen Stellen wieder und wieder anhören. Und wieder.

Immer wieder stoppen wir das Video: wenn wir einzelne Wörter nicht verstehen, oder wenn uns etwas auffällt, was wir konkret überprüfen können. Zuallererst natürlich: die Villa.

Wir bekommen von unserem Kontakt die genaue Adresse und finden das Anwesen auf einer jener Internetseiten, auf denen Ferienwohnungen und Häuser zur Miete angeboten werden. Auf der Seite finden sich Dutzende Fotos: von der Einfahrt, dem Pool, der Küche, dem Badezimmer – und von jenem Salon, den wir aus den Videosequenzen kennen, die wir bislang sehen durften. Wir erkennen das graue Sofa aus dem Video, den Loungetisch, dessen Glasplatte auf einer Art umgedrehter Baumwurzel ruht, und den Lederstuhl, auf dem wir in den Aufnahmen Johann Gudenus sitzen gesehen haben.

Neben der Adresse der Villa bekommen wir außerdem das Versprechen, dass uns die Rechnung für das Ferienhaus sowie die Rechnungen des bestellten Essens und weiterer Auslagen in Kopie übergeben werden.

Unsere Zweifel an dem Video bleiben – aber sie verändern sich. Je mehr wir sehen, desto klarer wird, dass das Video von hohem öffentlichen Interesse ist. Allein die Tatsache, dass sich der damalige Kanzlerkandidat, FPÖ-Chef und spätere Vizekanzler Österreichs im Wahlkampf auf ein solches Treffen einließ, ist eine Nachricht. Und damit fängt alles ja erst an.

Außerdem werden wir uns mit jeder halben Stunde sicherer, dass das Video weder ein Fake ist noch eine Falle, die Strache selbst gestellt hat. Eine derart lange Aufnahme lässt sich kaum faken. Und Heinz-Christian Strache wirkt sehr authentisch: Er wirkt so, als wäre er hier, mit seinem Freund Joschi, mehr bei sich als bei den meisten öffentlichen Auftritten, die wir uns zum Vergleich angesehen haben. Gut möglich, dass das Video gerade kein verzerrtes Bild seiner Persönlichkeit zeigt – sondern das echte.

Straches Authentizität entlarvt ihn als notorischen Angeber, der bei so gut wie jedem Thema irgendwann auf sich selbst zu sprechen kommt, und darauf, wie schlau, beliebt, erfolgreich und wichtig er ist.

Die Prahlerei zieht sich wie ein roter Faden durch das Video.

Wir sehen aber auch, dass Heinz-Christian Strache an verschiedenen Stellen des Videos darauf beharrt, dass alles legal ablaufen müsse, rechtskonform, den Gesetzen entsprechend, zum FPÖ-Programm passend.

Das ist wichtig für das Verständnis dieses Abends: Heinz-Christian Strache ist offenbar daran gelegen, gesetzestreu zu handeln.

Aber womöglich ist es ihm ebenso daran gelegen, österreichischer Bundeskanzler zu werden?

Strache wirkt überzeugt in seiner Begeisterung über sich selbst: dass er es immer geschafft habe, sauber zu bleiben. Jeden Tag sei er sauber, sagt er, und das Wichtigste im Leben sei, mit dem, was man habe, zufrieden zu sein. Korruption? »Ich brauch den Scheiß nicht!«, sagt er, »das war immer mein Weg, und der Weg hat mich in Wahrheit dorthin gebracht, wo ich heute bin.« Das sei sein »Asset«.

Nach Straches »Ich-bleib-immer-sauber«-Rede fragt der Begleiter der Russin nach, ob er das richtig verstehe: Er solle ihr also erklären, dass es bei Strache und Gudenus »keine Erwartungen« gebe, was Gegengeschäfte mit der Russin angehe?

»Nein, das ist falsch«, sagt Strache sofort, und noch mal: »Das ist falsch.« Mit einer unangezündeten Zigarette gestikulierend, sagt er, es sei anders. Sie müsse sagen: »Dieser Geschäftszweig, dieser Geschäftszweig, dieser Geschäftszweig, dieser Geschäftszweig interessiert mich. So. Und dann schauen wir uns an, was passt bei uns hinein.«

Der Vertraute der Russin erwähnt als mögliche Felder Bundesheerkasernen, oder eben Autobahnbau, Strache nickt heftig, und sagt ja, ja, genau.

Dann nimmt er das Stichwort Autobahnen auf – und stellt die Ausbootung einer großen Baufirma in Aussicht für den Fall, dass er in die Regierung kommt – und dass die Russin dann all diese Aufträge bekommen könnte: ein »Riesenvolumen«.

Wir sitzen vor dem Video und können es kaum fassen. Es ist fast schizophren. Fünf Minuten zuvor hätte sich Strache beinahe heiliggesprochen, so sauber sei er.

Aber es wird noch besser, denn direkt anschließend erklärt Strache wieder, er mache nur »korrekte« Sachen, »ich mache nichts, was rechtswidrig ist«, sagt er, ihnen werde ja aus »allem der Strick gedreht«.

Es scheint ein Kampf in ihm zu toben, Engelchen links, Teufelchen rechts, und so geht es hin und her.

Am Ende zählt natürlich auch, dass er dort sitzt und dass er dort sitzen bleibt. Obwohl mindestens einmal in seiner Gegenwart gesagt wird, dass das Geld der russischen Oligarchennichte nicht sauber sei, »nicht ganz legal«, nicht »auf die Bank« dürfe.

Wir schreiben mit und schreiben mit. Und zwischendrin sehen wir uns ungläubig an.

Als wir beide etwas essen gehen, rekapitulieren wir, was wir gesehen haben: War etwas in sich widersprüchlich oder unwahr? Haben wir wieder das Gefühl, in eine Falle gelockt zu werden? Wo sind die Antworten ausweichend oder vage? Und was könnten die Gründe dafür sein?

Diese Fragen werden uns nicht verlassen in den kommenden Monaten. So vieles ist seltsam. Warum haben die oder der Macher des Videos es nicht längst irgendjemandem übergeben? Wir bekommen zwar eine Erklärung – aber ob die wirklich stimmt, können wir nicht verifizieren. Was, wenn unser Kontakt uns schlicht belügt?

Dann hätten wir einen seltenen journalistischen Konflikt: Wenn ein Informant, dem vor einem Gespräch Anonymität versprochen wurde, den Reportern nachweislich absichtlich die Unwahrheit sagt oder sie in die Irre führt, ist diese Person weiterhin eine Quelle, die es zu schützen gilt?

Ein Extrembeispiel: Nach den sexuellen Übergriffen zum Jahreswechsel in Köln 2015 brachte die *Bild-Zeitung* einige Wochen später eine Geschichte über einen angeblichen »Sexmob« – bestehend aus einer Gruppe von »Arabern« –, der an

Silvester in der Frankfurter Freßgass sexuelle Übergriffe an Frauen begangen habe. Diese Geschichte zog das Blatt später als falsch zurück. Auf die Frage, wer dieses falsche Gerücht in die Welt gesetzt habe, erklärte der damalige Online-Chefredakteur und heutige Gesamt-Chefredakteur der *Bild-Zeitung*, Julian Reichelt, dies unterliege »sehr zu meinem Schmerz dem Quellenschutz«. Der gelte nach seiner Auffassung auch für »Quellen, die nicht die Wahrheit sagen oder lügen«. Reichelt behauptet sogar, mehrere »Zeugen« der angeblichen Übergriffe hätten sich »professionell abgesprochen«, mit dem Ziel, »uns gezielt zu täuschen«.

Müssen Journalisten also Quellen, die eine Zeitung gezielt täuschen – wohlgemerkt im Kern der Geschichte –, weiterhin schützen? Quellen, deren einziges Ziel es ist, eine von Anfang bis Ende unwahre Geschichte zu erzählen und der Zeitung anzudrehen?

Wir müssen diese Frage nicht beantworten, denn zum einen stimmt bisher alles Überprüfbare, was wir von unserem Kontakt erfahren haben. Und zum anderen ist der Kern unserer (potenziellen) Geschichte ja das, was im Video zu sehen ist.

Wenn aber das gefälscht wäre, ein nachgestelltes Video mit Doppelgängern, oder aber manipuliert – würde dann noch der versprochene Quellenschutz gelten?

Sicher nicht. Dann wäre das öffentliche Interesse an einer vollständigen Aufklärung vermutlich größer. Wir finden keine Lügen, keine Unwahrheiten. Nichts, weswegen wir ernsthaft an der Offenheit und Ehrlichkeit unseres Kontakts uns gegenüber hätten zweifeln müssen.

Zurück an dem geheimen Ort, an dem wir unseren Kontakt mit dem weißen Bildschirm wiedertreffen, haben wir jedenfalls eine Reihe neuer Fragen.

Die stellen wir aber erst mal zurück, wir wollen so viel wie möglich sehen. Das Anschauen ist anstrengend. Der Ton zu wechselhaft, das österreichische Deutsch, die russischen Brocken, das kauderwelschartige Englisch, das immer wieder dazwischen gesprochen wird. Bei manchen Sätzen scheitern wir anfangs schon daran, festzustellen, in welcher Sprache gerade geredet wird. Wenn wir das Video irgendwann in die Hand bekommen würden, müssten wir – das ist uns schon schmerzhaft klar – alles nochmals anschauen. Und im Grunde brauchen wir Unterstützung aus Österreich dafür, wenn wir wirklich alles verstehen wollen.

Am späten Nachmittag ist Schluss, der Kontakt muss los. Wir sind noch nicht durch, aber die ersten Stunden haben wir schon geschafft.

Wir machen ein nächstes Treffen aus, in gleicher Manier, so bald wie möglich. Wir sind jetzt endgültig angefixt. Klar. Welche Journalistin, welcher Journalist wäre das nicht?

MACHTFANTASIEN

Sant Rafel de Sa Creu,
24. Juli 2017,
gegen 23:30 Uhr.

Der Abend geht langsam auf Mitternacht zu, das Treffen in der Villa dauert schon dreieinhalb Stunden, als der Moment naht, in dem Heinz-Christian Strache der russischen Versuchung nachgibt. Wobei die Russin in diesem Moment nicht einmal im Zimmer ist. Die drei Männer sind allein im Wohnzimmer, die Russin und Johann Gudenus' Ehefrau unterhalten sich in der Küche.

Das Bild ist immer noch dasselbe: Der Loungetisch ist voll mit Zigarettenschachteln, Red-Bull-Dosen und mehreren Flaschen, Wein und Wodka. Zigarettenrauch zieht in kleinen Schwaden durch den Raum, und der Begleiter der Russin, Johann Gudenus und Heinz-Christian Strache sprechen zum wiederholten Male darüber, dass sich die Russin eigentlich Zusagen wünsche – sie aber bisher nicht bekommen hat.

Dann ist die *Krone* wieder das Thema, Gudenus hat es aufgebracht dieses Mal, und der Vertraute der Russin wirft einmal mehr in die Runde, dass die Übernahme der Hälfte der Anteile noch vor der Wahl Ende Oktober funktionieren könnte.

Strache lässt seine brennende Zigarette von der rechten in die linke Hand wandern und fängt vorsichtig an. »Wenn sie wirklich die Zeitung vorher übernimmt, wenn es wirklich vorher, um diese Wahl herum, zwei, drei Wochen vorher, die Chance gibt, über diese Zeitung uns zu pushen (...) dann brauchen wir gar nicht reden. Dann passiert ein Effekt, den die anderen ja nicht kriegen.« Und das bedeute, erklärt Strache: »nicht 27«, sondern »34 Prozent« bei der Wahl.

Wieder reden die drei übereinander und durcheinander, wieder übernimmt dann der damalige FPÖ-Chef die Hoheit, »und bei so einem Thema red ma«, sagt er, »aber es muss trotzdem immer rechtskonform, legal und mit unserem Programm übereinstimmen«.

Da ist sie wieder, die Standardeinschränkung. Aber Heinz-Christian Strache lässt sich dieses Mal von niemandem mehr stoppen, nicht einmal von sich selbst. Jetzt ist er on fire: »Wenn das ihr Asset ist, das sie mitbringt drei Wochen vor der Wahl, bist du deppert, dann brauch ma gar nicht reden.« Es folgt ein kurzes Stimmengewirr, aber Strache verschafft sich Gehör. »Tschuldige, tschuldige«, ruft er, »dann sag ich ihr: Dann soll sie nämlich eine Firma wie die Strabag gründen. Weil alle staatlichen Aufträge, die jetzt die Strabag kriegt, kriegt sie dann. So und über diese Geschichte reden wir. Weil: Den Haselsteiner will ich nicht mehr.«

Damit ist die Grenze überschritten. Strache lässt seine Vorsicht fahren: Er verspricht Staatsaufträge im Gegenzug für Wahlkampfhilfe.

Das ist Korruption, und er selbst bietet sie an, von sich aus.

Niemand drängelt, niemand pikst ihn. Es ist sein Vorschlag. Er begibt sich aus eigener Entscheidung aufs Eis, und er bricht ein.

Aber wer ist »der Haselsteiner«, der Mann, dem der Auftragsentzug gelten soll? Hans Peter Haselsteiner ist ein wichtiger politischer Akteur in Österreich und einer der mächtigeren

Gegenspieler Straches. Haselsteiner ist der Hauptaktionär der Baufirma Strabag, eines von Europas größten Bauunternehmen. Um Staatsaufträge der Strabag geht es hier.

Haselsteiner und Strache verbindet eine jahrelange Fehde. Haselsteiner, ein gebürtiger Tiroler, hat nach dem Wirtschaftsstudium zunächst als Wirtschaftsprüfer gearbeitet, in den Siebzigerjahren dann bei einer kleinen Kärntner Baufirma angeheuert, die Tochter des Eigentümers geheiratet und nach dessen Tod die Firma übernommen. 1998 kaufte Haselsteiner die Mehrheit an dem Kölner Bauunternehmen Strabag – das Unternehmen beschäftigt heute rund 75.000 Menschen, davon 11.000 in Österreich.

Vor allem aber saß Hans Peter Haselsteiner einst ausgerechnet für das österreichische Liberale Forum im österreichischen Parlament: eine Partei, die 1993 von mehreren Ex-FPÖ-Nationalräten gegründet worden ist. Der Streit spitzte sich zu, als Haselsteiner bei der österreichischen Bundespräsidentenwahl 2016 viel Geld in eine Kampagne gegen den FPÖ-Kandidaten Norbert Hofer steckte. Am Ende gewann der Kandidat der Grünen, Alexander Van der Bellen, haarscharf gegen FPÖ-Mann Hofer. Dieser Schmerz sitzt bei der FPÖ immer noch tief.

Und der damalige FPÖ-Chef weiß: Sollte seine Partei ein paar Monate später in die Regierung kommen, hätte er auf Wohl und Wehe von Strabag – zumindest in Österreich – in der Tat großen Einfluss: Fast die Hälfte des Strabag-Geschäfts in Österreich, so ist aus dem Unternehmen zu hören, kommt aus der öffentlichen Hand.

Das also will Strache der Strabag jetzt entziehen, und es wäre ein »Riesen-Volumen«, was dann frei wäre, konstatiert Strache von der Couch in der Villa aus – »wenn da eine Qualität da ist und ein qualitativer Anbieter da ist, dann bin ich der Erste, der sagt …« – Strache hebt theatralisch die Arme, und jeder im Raum versteht, was er meint: Dann kriegt es die Russin.

Eine Frau, die er zwar gerade zum ersten Mal getroffen hat – die ihm aber in Aussicht gestellt hat, mit russischem Geld aus unklarer Quelle die *Kronen-Zeitung* zu kaufen und die FPÖ bei den bevorstehenden Wahlen zu »pushen«, wie er es nennt.

Dieser mögliche »Push« vor den Wahlen ist es, der Strache über die Grenze dessen befördert, was »rechtskonform« oder »legal« ist.

Strache erschrickt dabei nicht, er zuckt nicht, sondern er bietet es wenig später erneut an: »Das Erste«, was er im Falle einer Regierungsbeteiligung zusagen könne, sei: »Der Haselsteiner kriegt keine Aufträge mehr.«

Und noch später, da liegt schon eine gute Stunde dazwischen, kommt Strache von selbst wieder auf den Vorschlag zurück, die Strabag für die Russin auszubooten. Beim Thema Autobahnbau, sagt er, sei er »sofort dabei«. Die Russin bekomme »statt Haselsteiner« einfach »jeden öffentlichen Auftrag«.

Dreimal schlägt Strache also Korruption vor.

Es ist erstaunlich, wie der damalige Kanzlerkandidat der FPÖ auf der Couch auf Ibiza auf einmal vorprescht und freihändig Regierungsaufträge einer Regierung verspricht, die noch nicht einmal gewählt ist.

Und wie grotesk ist das bitte: Soll sie halt »eine Firma wie die Strabag gründen«, schon kriegt sie die Aufträge. Als ob sie mir nichts, dir nichts eine der größten Baufirmen Europas gründen könnte, die dann qualitativ mithalten könnte. Man stelle sich vor, ein deutscher Politiker sagte zu einem Investor, er solle halt eine Firma wie Siemens gründen, dann bekomme er all deren Staatsaufträge.

Der Witz ist: Zum Erfolg der politischen Figur HC Strache

gehört, dass er öffentlich wütend gegen verachtenswerte korrupte Politiker wettert. Allerdings sind das natürlich die anderen. Er dagegen: ist sauber. Als Beleg erzählt er in der Villa eine seltsame Geschichte, die sich 2004 zugetragen habe: Damals sei er angesprochen worden von einer Gruppe von Leuten, die ihm beim Mittagessen 20 Millionen Euro geboten hätten, wenn er zu einem bestimmten Thema – um welches es sich handelt, ist nicht genau zu hören – »die Goschn« hielte. Eine ganz ähnliche Geschichte hat er auch beim Aperitif erzählt: dass ihm »Systemvertreter« 20 Millionen Euro angeboten hätten, wenn er nicht gegen die Regierung, damals FPÖ und ÖVP, angetreten wäre. Und obwohl er damals erst 34 Jahre alt gewesen sei und das Angebot »verlockend« gewesen sei, habe er natürlich abgelehnt.

Wer diese »System-Vertreter« gewesen seien, und warum sie ihn angeblich derart spektakulär einkaufen und stoppen wollten, lässt Strache auf Ibiza unklar. Bisher ist dieses mysteriöse Angebot, wenn es denn der Wahrheit entspricht, jedenfalls keiner größeren Öffentlichkeit bekannt. Angeblich würden diese Leute aber bis heute den Kontakt suchen, und ihn gerade deswegen respektieren, weil er abgesagt habe. Denn das ist seine Botschaft für die Runde: »Ich scheiß auf das Geld«, sagt er, jeden Tag schaue er in der Früh in den Spiegel, »und ich bin jeden Tag sauber«.

Und so geht es in dieser Nacht weiter: Strache erklärt, dass er nur für saubere Deals zu haben sei, und für Staatsaufträge – die er in Richtung der Russin schicke – erwarte er keine Gegenleistung: »nichts, nichts«.

Dann schiebt er mit Blick auf die Übernahme der *Kronen-Zeitung* doch hinterher: »Die einzige Gegenleistung, die wir erwarten, dass man korrekt mit uns umgeht, dass man eine

Berichterstattung korrekt macht« – und, jetzt wird es interessant, dass sie, »wenn es ihr gefällt, da und dort eine Spende« lockermachen könnte.

Die Spende soll aber – versteht sich – über einen Tarnverein fließen. »Verein«, sagt Gudenus. »Verein«, sagt Strache, »Verein«.

»Aber sonst?«, fragt Strache und wirft dramatisch die Hände in die Höhe. »Nichts. Alles rechtskonform.«

Schließlich wisse er ja – und das klingt hier, aufgezeichnet von mindestens zwei versteckten Kameras, besonders absurd –, dass er 24 Stunden am Tag beobachtet werde. »Bei mir gibt's nichts Angreifbares, die können mich durchleuchten, was sie wollen, sie finden nichts, weil ich mir nichts zuschulden kommen lasse.« Bei den anderen hingegen sehe das anders aus.

Die Russin unterhält sich immer noch mit Gudenus' Frau in der Küche, und Strache unterbricht unvermittelt den Begleiter, der gerade über die Umstrukturierung der *Kronen-Zeitung* spricht, lehnt sich zu ihm hinüber und flüstert: »Wie alt ist sie?«

34 oder 35 Jahre, bekommt er als Antwort.

»Unglaublich«, sagt Strache, die Russin schaue »aber sehr jung« aus: »Die hat einen Sexappeal, bist du wahnsinnig. Unglaublich.«

[Siehe hierzu auch Heinz-Christian Straches spätere Stellungnahme auf Seite 210.]

Wenig später bringt Strache einen neuen Vorschlag ins Spiel: »Der einzige Deal, den wir haben«, sagt er, sei, »dass am Ende, wenn der Joschi in Pension geht und ich in Pension geh, bei ihr im Aufsichtsrat ein Job frei wird«.

Kurz sagt keiner etwas, dann schickt Heinz-Christian Strache sein lautes meckerndes Lachen hinterher und wiederholt: »der einzige Deal«. Wenn Strache der Russin hülfe, und dafür einen üblicherweise gut dotierten Posten in ihrem Aufsichtsrat bekäme – wäre das Korruption? Es ist kein ganz unbekanntes Vorgehen in der Politik, und zwar auch weil es so schwer zu beweisen ist, dass ein Posten nach der Pensionierung mit konkreten politischen Entscheidungen zu tun hatte.

Die Idee scheint Strache eine gute zu sein, wenig später erzählt er, Joschi und er hätten russische Freunde, »schwerreiche Jungs«, »alles coole Typen, die haben ja Kohle ohne Ende – die kennen uns ja und die lieben uns«. Er wolle aber kein Geld von ihnen, sondern in Ruhe schlafen, und »in der Früh aufstehen und sagen: Ich bin sauber«.

Dabei könnte er es belassen. Er sagt aber, wenn er einmal in Pension gehe, »dann freu ich mich, wenn der ein oder andere Freund sich an mich erinnert und sagt: okay«.

Das Dankeschön im Pensionsalter ist das einzige Thema, bei dem Strache eine Art von Selbstbereicherung ins Spiel bringt – wenn sie auch erst nach seinem Ausstieg aus der Politik stattfinden würde. Aber macht es das weniger verwerflich? Oder nur weniger riskant?

Derweil kommen die beiden Frauen zurück ins Wohnzimmer, und Gudenus scherzt auf Russisch, wie denn die Frauengespräche waren. »Haben sie die Welt verändert?«

»Ja«, antwortet die Russin kühl, »fast.«

Inzwischen wirkt die angebliche Oligarchennichte latent genervt. Sie erklärt Gudenus, dass sie nur wenig Zeit habe für einen Deal mit der *Krone*. Es sei noch viel zu tun. Sie riskiere und investiere viel, und das mache sie nicht, ohne zu wissen, was sie dafür bekomme. »Ich brauche Garantien.«

Die bekommt sie nicht. Aber doch etwas, das nicht weit weg ist davon. Heinz-Christian Strache beugt sich hinüber zu Johann Gudenus, dem Übersetzer für diesen Abend. »Du sagst ihr, wenn sie die *Kronen-Zeitung* übernimmt drei Wochen vor der Wahl und uns zu Platz eins bringt«, erklärt Strache, »dann können wir über alles reden.«

Wieder schickt er ein Lachen hinterher. Aber die *Kronen-Zeitung* ist kein Gag für ihn.

Die Russin will es schon genauer wissen: Sie will wissen, wie mächtig die FPÖ danach wäre – wie viele Minister hätte sie in einer neuen Regierung, welche wären das, und so weiter. Vor allem aber will sie eine klarere Zusage für ihre Vorleistung, nämlich den *Krone*-Deal. »Ich stecke Geld hinein«, sagt sie zu Gudenus, und »nach den Wahlen komme ich zu euch und sage: Ich brauche dieses, dieses und dieses, und ihr sagt mir ...«: Sie zuckt demonstrativ die Schultern.

An dieser Stelle, es ist bereits nach Mitternacht, schaltet sich Strache wieder ein: »Schau, die Bedingung ist, dass wir uns durchsetzen können. Und dann können wir das machen.«

Johann Gudenus fällt noch etwas ein, was die Russin erfreuen könnte: dass die FPÖ im Falle einer Regierungsbeteiligung die »verdammte FMA«, also die Finanzmarktaufsicht, abschaffen würde. Deren Aufgabe ist auch die Bekämpfung von Geldwäsche.

Die Russin lässt aber nicht locker. Sie fragt weiter nach und gibt jetzt Beispiele an: Wenn es große Ausschreibungen gäbe in Zukunft, unter der neuen Regierung, was könnte die FPÖ für sie machen? Zum Beispiel im Straßenbau? Könnte die FPÖ dann aussuchen, wer gewinnt?

Gudenus deutet auf Russisch an, man könne schon sagen, welcher Anbieter den Zuschlag bekommen solle.

Die Russin macht weiter: »Ist es möglich, dass ich nach den Wahlen (...) alle Ausschreibungen bekomme?«

Und Gudenus, damals Vizebürgermeister von Wien, sagt tatsächlich diesen Satz, den man eher in einem schlechten Mafiafilm vermuten würde: »Wir vergessen unsere Freunde nicht.«

Aber das reicht der angeblichen Aljona Makarowa nicht. Sie brauche Zusicherungen von Strache und Gudenus, »kein Blabla, irgendwelche Träume«, sondern Zusicherungen. »Da«, sagt Gudenus auf Russisch: Ja.

Und Strache ergänzt: »Wenn sie die *Kronen-Zeitung* übernimmt und einen Lauf schafft, ja, wo wir drei Wochen vor der Wahl einen Punch bekommen, dann können wir über alles reden. Wir werden immer einen Weg finden, das zu definieren.«

Aber die klarste Definition kommt von der angeblichen Investorin – eine Art »In drei Schritten zum Ziel«: »Wenn du eine bestimmte Summe Geld ausgibst, bekommst du Macht«, sagt sie. Und: »Macht verändert das Gesetz.« Dann ist man fast am Ziel: »Wenn du das Gesetz verändern kannst«, bekommst du, was du willst.

Johann Gudenus hört zu, wie die Frau ihm Korruption beschreibt. Und bleibt sitzen.

Strache zündet sich eine neue Zigarette an. Es ist gegen Mitternacht, aber die Nacht ist noch jung auf Ibiza.

WEITER IM FILM

Ein geheimer Ort in Deutschland, Herbst 2018.

Wir sitzen nun schon den zweiten Tag vor einem weißen Bildschirm. Wieder haben wir uns an einem von uns festgelegten Ort mit unserem Kontakt getroffen, wieder müssen wir diese lächerlich aussehenden Brillen aufsetzen, die es uns überhaupt erst ermöglichen, auf dem Laptop etwas zu erkennen.

Bei unserem letzten Treffen haben wir etwas mehr als drei Stunden Videos angeschaut, in denen Heinz-Christian Strache angebliche geheime Spender der FPÖ verraten hat und einer reichen Russin Staatsaufträge im Gegenzug für Wahlkampfhilfe in Aussicht gestellt hat.

Jetzt wollen wir den Rest sehen.

Nach unserem ersten Treffen im Hotel, als wir das 15-minütige Best-of zu sehen bekamen, hatten wir noch kein so rechtes Gefühl für das, was in der Villa passiert ist. Jetzt können wir dem damaligen FPÖ-Chef nicht nur dabei zusehen, wie er die Finger knetet und die nächste Zigarette anzündet. Sondern wir verstehen, dass sich nicht nur einige wenige Unterhaltungen des Videos mit Politik und Gegengeschäften und Deals befassen, sondern der mit Abstand größte Teil – von Anfang bis Ende.

Im Grunde wohnen wir per Video einer stundenlangen Verhandlung bei, bei der beide Seiten immer wieder klarmachen, was sie sich davon versprechen.

Die eine Seite, die Russin, verlangt die Zusage zu Korruption.

Die andere will an die Macht und beendet deswegen das Treffen nicht.

Wenn Strache und Gudenus dieses Treffen damals nicht zur Anzeige gebracht haben – und das hätte sich wahrscheinlich herumgesprochen –, wäre allein das schon bedenklich. Besonders streng sieht das: Heinz-Christian Strache. Im März 2018 sagte er einer Zeitung: »Wenn man als Amtsträger Hinweise auf Korruption erhält, muss man handeln. Wenn man das nicht tut, macht man sich straffällig.«

Auch wenn wir das Video an diesem Tag vor allem mit dem Augenmerk auf möglicherweise strafbare Aktionen oder Versprechen von hoher politischer Relevanz schauen, ist es dennoch faszinierend, wie normal das Video nach einer Zeit wird. Da sitzt der spätere Vizekanzler Österreichs – beziehungsweise der amtierende, als wir das Video zu sehen bekommen – und verspricht einer Russin Staatsaufträge für Wahlkampfhilfe, drängt sie, die wichtigste österreichische Zeitung zu kaufen, und bietet Profit am Verkauf von österreichischem Wasser an. Ein Rechtspopulist noch dazu, der öffentlich die Heimat gar nicht hoch genug halten kann.

Anfangs schreiben wir jeden irgendwie wichtig wirkenden Halbsatz mit, am Ende nur mehr Stichpunkte.

Während wir Strache und Gudenus zusehen, wie sie versuchen, die Russin für sich zu gewinnen, fragen wir uns immer wieder, was wohl die Hintergründe des Videos sind.

Fest steht, dass dieses Video etwas darstellen kann, das man in Russland »Kompromat« nennt: kompromittierendes, weil belastendes Material gegen jemanden. Als Donald Trump sich anschickte, amerikanischer Präsident zu werden, berichteten viele Medien über die Legende, dass der russische Präsident Wladimir Putin »Kompromat« über Trump habe: ein Video aus einem Hotelzimmer bei dessen Moskaubesuch im Jahr 2009. Darauf soll eine sogenannte »Golden Shower« zu sehen sein, eine »goldene Dusche«. Damit sind in diesem Fall Frauen gemeint, die auf das Hotelbett urinieren.

Allerdings gibt es nicht den Hauch eines Beweises, dass es dieses Kompromat gegen Trump tatsächlich gibt, gab oder je gegeben hat. Aber wenn es das Video gibt, weiß Trump nun davon, und muss es bei jeder seiner Aktionen gegenüber Russland einkalkulieren.

Sollte das Video aus Ibiza Kompromat gewesen oder als solches geplant worden sein?

Wir können die Reaktion unseres Kontaktes auf diese Frage nicht wiedergeben – aus Gründen des Quellenschutzes, so haben wir es zugesichert. Aber alles, was wir erfahren, reiht sich in unserer Bedeutungsskala weit unter dem überragenden Interesse der Öffentlichkeit ein, von dem Video zu erfahren.

Unser Kontakt hat erstaunlich viel Verständnis dafür, dass wir beharrlich Fragen zu Hintergründen und Akteuren stellen. Er scheint zu verstehen: Wir wollen wissen, worauf wir uns einlassen.

Aber erst einmal sitzen wir wieder da und starren mit jeweils zwei Brillen auf der Nase auf den Bildschirm vor uns. Auch das letzte Drittel des Videos ist gespickt mit Verhandlungen darüber, wie Strache und Gudenus die Russin belohnen könnten für ihren Einsatz bei der *Kronen-Zeitung*. Das Ende des Videos sehen wir dann nur noch kursorisch. Zu viel wird an entscheidenden Stellen Russisch gesprochen, da können wir im Jetzt und Hier nur glauben, was unser Kontakt uns darüber erzählt – oder es sein lassen. Am Ende würden wir dafür ohnehin einen Übersetzer brauchen.

Was den Ursprung des Videos betrifft, wird uns eine längere Geschichte erzählt – deren Anfang so klingt wie sehr viele Anfänge ähnlicher Geschichten. Und nicht wie die Falle eines Nachrichtendienstes.

Vielleicht ist das gerade die Taktik des Nachrichtendienstes? Wir können es nicht ausschließen. Aber genauso wenig können wir ausschließen – um es überspitzt auszudrücken –, dass unsere beiden Mütter für die CIA spionieren: Sie würden es uns nämlich nicht sagen. Das ist ja die Idee von geheimen Diensten.

Aber wenn wir Informationen veröffentlichen wollten, die uns unsere CIA-Mütter gegeben hätten, würden wir diese Informationen natürlich auch erst verifizieren.

Das ist in diesem Fall aber noch kaum möglich. Über den Begleiter der Russin erfahren wir wenig, aber immerhin: seinen Beruf, sein Vorleben, solche Sachen. Wir bekommen später auch Dokumente in die Hand, und sind einigermaßen überzeugt, ein Bild dieses Mannes zu haben. Nichts davon können wir hier ausführen. Aber das Spiel auf Ibiza dreht sich um die angebliche Oligarchennichte, und über sie wird uns so gut wie nichts gesagt. Weder ihr echter Name, noch woher sie kommt oder was sie beruflich macht.

Nichts. Sie ist für uns nur die Frau im Video, ein Mysterium.

Was wusste sie von der ganzen Geschichte? Wurde sie bezahlt? Wusste sie, worauf sie sich einlässt? Hat sie jetzt Angst?

Da unser Kontakt von Anfang an zur Bedingung gemacht hat, dass wir vollen Quellenschutz gewähren, keine Namen nennen, keine Beschreibungen liefern und die beiden Lockvögel im Video unkenntlich machen, sollten wir es jemals übergeben bekommen, ist uns klar, dass wir über die angebliche Russin nicht schreiben werden können. Aber wir müssen mehr über sie erfahren.

Wir müssen die angebliche Oligarchennichte treffen. Wir müssen sie sprechen.

Zuvor aber müssen wir das ganze Video in die Hand bekommen. Jetzt, nachdem wir alles gesehen haben, sind wir uns sicher, dass Heinz-Christian Strache tatsächlich eine Gefahr für die Demokratie ist. Die Menschen in Österreich haben das Recht zu erfahren, wie er redet, wie er das Land verkaufen und wie er die Pressefreiheit einschränken würde, wenn er nur könnte.

Wir sind aber noch keinen Schritt weiter in der Frage, ob und wann wir das Videomaterial bekommen. Wir haben nun schon mehrmals erklärt, dass wir nicht berichten können und werden, ohne das Video in unseren Händen zu haben. Wir haben erklärt, dass es einige Zeit dauern wird, die Echtheit zu überprüfen, die Inhalte gegenzuchecken und Strache sowie Gudenus damit zu konfrontieren. Kurzum: Wir haben unsere Arbeit erklärt, haben um Verständnis geworben – und sind ins Leere gelaufen.

Wir hätten gern eine Zusage, ein Datum, irgendwas Konkretes. Aber wir bekommen es nicht. Immerhin erhalten wir eine längere Erklärung, die uns ein wenig mehr verstehen lässt, woran eine Übergabe derzeit scheitert. Und warum sich das schwer beeinflussen lässt – am wenigsten von uns. Ob das, was wir hören, stimmt, wissen wir nicht. Ohnehin dürfen wir über all das nicht schreiben. Quellenschutz.

DIE ORGIEN DER ANDEREN

Ibiza, Sant Rafel de Sa Creu, 25. Juli 2017, kurz nach Mitternacht.

Heinz-Christian Strache lässt nicht locker. Der Deal, der seine Partei endgültig in die Regierung katapultieren könnte, ist zum Greifen nahe. Die Macht ist zum Greifen nahe. Wenn alles ideal läuft, kann er schon wenige Monate später ins Kanzleramt am Wiener Ballhausplatz einziehen. Also redet er wieder und wieder auf die Gastgeberin und ihren Begleiter ein, er beschwört die beiden geradezu, doch die Anteile an der *Kronen-Zeitung* zu kaufen, er gestikuliert, er raucht und wirkt streckenweise nervös.

Ein neuer Tag ist angebrochen in der Architect Country Villa, und Heinz-Christian Strache hat eine weitere Idee, wie man die angebliche Russin locken könnte. »Schau«, erklärt er seinem Freund Joschi, »wir sind jetzt demnächst in China eingeladen«, die Chinesen wollten unbedingt seine Leute treffen – als »oberste Elite«.

Dem Begleiter der Russin erklärt er: »Jetzt komme ich im August fünf Tage nach China, höchste Ebene, Politkommission, KP.« Joschi als Vizebürgermeister Wiens sei auch dabei. Angeblich wolle China nämlich zwischen 10 und 20 Milliarden investieren: »Die Hunde haben dicke Kohle.« Und die wollten sie, so Strache, in Wien investieren. Wo und wie, darüber könnten sie als FPÖ mitreden, spätestens in der Regierung. Die Chinesen wünschten sich sogar, dass Strache und seine Freunde entscheiden, wer zum Zuge kommt, denn ihnen sei es wichtig, Politik und Wirtschaft gemeinsam abzuwickeln. Und wenn die FPÖ-Führung entscheiden könnte, wer da gute Geschäfte mache – könnte sie natürlich die Russin teilhaben lassen.

Strache erklärt weiter: »Ich will mit China Geschäfte machen, ich will mit Israel Geschäfte machen, ich will mit Russland Geschäfte machen.« Es gehe um Vernetzung, ums Kennenlernen, um Kontakte, die man am Ende zu Geld machen könne.

Bei uns entsteht der Eindruck, als wäre eine künftige Regierung Strache offen für Geschäfte mit so gut wie jedem, der Interesse hat, sodass China lange nicht die einzige Chance wäre. Strache erwähnt auch seine »israelischen Freunde«, die von der »Netanyahu-Partei«, auch da könne man vernetzen.

Und die Russin habe ja wohl auch gute Kontakte – »wahrscheinlich zu Putin«, sinniert Strache. »Da muss man sich überlegen, wo kann man was vernetzen, und in Österreich können wir behilflich sein.«

Die Russen, die Chinesen, die Israelis – und mittendrin: die FPÖ – das ist die Vision, die Strache hier an die Wand malt.

Die Russin wirkt derweil immer desinteressierter, missmutiger. Während Strache redet, steht sie auf, geht auf die Toilette, kommt zurück, setzt sich hin. Strache redet noch immer – die Russin steht wieder auf. Wieder verlässt sie den Raum, dieses Mal mit ihrem Begleiter. Strache redet noch immer. Tajana Gudenus sitzt bis zu diesem Zeitpunkt die meiste Zeit auf dem Sofa, wechselt hin und wieder ein paar Worte mit der Russin. Aber nun sind Strache und das Ehepaar Gudenus kurz allein im Raum, und für einen Moment scheinen sie an der angeblichen Russin zu zweifeln. Sie flüstern, es ist schwer verständlich, aber alle drei wirken besorgt. »Du musst immer davon ausgehen«, sagt Strache, aber es ist unklar, was er meint. Dass sie reingelegt werden? Tajana Gudenus ist es jedenfalls, die den Verdacht als Einzige ausspricht: Sie könne sich vorstellen, dass die Gespräche in der Villa aufgezeichnet würden.

Tatsächlich schaut sie an diesem Abend, als sie ihren Blick durch den Raum schweifen lässt, mehrmals länger in eine der Kameras, die seit ihrer Ankunft mitschneiden. Es ist jene Kamera, die hinter der Couch in einer Nische versteckt ist. Aber sie macht keinerlei Anstalten, sich der Nische zu nähern.

Ihre warnenden Worte verhallen. An dieser Stelle ist Strache nicht vollkommen eindeutig zu verstehen. Gudenus stellt klar, er habe der Russin »eh gesagt«, dass es nichts »zum Unterschreiben« gebe an diesem Abend – und merkt beruhigend an, dass er ihren Vertrauten mehrmals getroffen habe. Also nichts »zum Unterschreiben« – obwohl doch alles legal ablaufen soll?

Danach laufen die Verhandlungen weiter wie bisher.

Heinz-Christian Strache hat sich inzwischen einem ganz anderen Problem zugewandt: Er befürchtet, dass sie bei der Russin Konkurrenz haben. Er glaube, dass sie »genauso mit dem Kurz und mit dem Kern« zusammenarbeite, flüstert Strache Gudenus und seiner Frau zu – also mit dem damaligen ÖVP-Kanzlerkandidaten Sebastian Kurz und dem zu diesem Zeitpunkt regierenden sozialdemokratischen Kanzler Christian Kern. »Hundertpro. Entschuldige, wenn die die *Krone* kauft und nicht mit anderen zusammensitzt ...«, flüstert Strache: »Die Frau ist hochintelligent, die hat den Zug zum Tor.« »Den Zug zum Tor«, diese Fußballmetapher, umschreibt einen Stürmer, der nicht lange fackelt oder zögert, sondern entschlossen versucht, den Ball ins Tor zu schießen – übertragen also: Deals abzuschließen. So etwas beeindruckt Strache offenbar, ebenso, wie gut die Russin im Stoff ist, »die ist ja gut gebrieft. Die checkt die österreichische Situation ab und die checkt genauso ab: Kern und Kurz.«

Er fürchtet, dass seine Konkurrenten weniger Hemmungen haben werden als er: »Die werden ihr alles zusagen«, raunt er.

Strache scheint also Angst zu haben, dass seine großen Konkurrenten den Deal mit der Russin machen, dass also die anderen am Ende mit dem Zugriff auf die *Kronen-Zeitung* dastehen. Das ist ein wiederkehrendes Motiv an diesem Abend: Als früh an diesem Abend zum ersten Mal über Spenden gesprochen wurde, hatte Gudenus gemutmaßt, dass andere Parteien ihre Spenden über ihnen nahestehende Vereine am Rechnungshof vorbeischleusen würden.

Was, wenn die Russin auch mit den anderen spricht?

»Na«, sagt Gudenus, »glaub' ich nicht.«

Nun ist er es, der ins Plaudern kommt. Er hat eine gute Geschichte: Ihm habe jemand erzählt, wo ein hochrangiger politischer Konkurrent Koks kaufe. Nämlich bei einem bekannten Wiener Szenegastronomen. »Die Geschichte gehört gespielt«, flüstert Strache beschwörend. Und dieser Wirt sei »der Schlimmste«, sagt Strache, als er den Namen hört – der in diesem Buch aus Gründen des Persönlichkeitsrechts nicht genannt wird –, das sei »der größte Drogen-Dealer Wiens«. *[Der Gastronom lässt auf Anfrage mitteilen, niemals mit Drogen gehandelt zu haben. Er habe auch keine Kenntnis davon, dass hochrangige Politiker in seinem Betrieb Drogen konsumiert hätten.]*

Strache präsentiert sich seit Jahren als überzeugter Drogengegner. Er habe als Jugendlicher mal Cannabis gepafft, sagt er, das sei's dann aber gewesen: »Ich bin sauber.«

Danach beginnt das große Geraune: Strache behauptet, er habe über den besagten Wiener Gastronomen gehört, dass sich jeder Gast dort »zum Essen Drogen bestellen« könne. Es gebe sogar eigene Speisekarten – nur für die Drogen. *[Der Gastwirt bestreitet dies.]* Deswegen sei er auch froh, dass Gudenus nicht mehr in einen Club dieses Mannes gehe – in »diesen Scheiß-Club«.

Gudenus lehnt sich nach vorn, spitzt seine Finger, gestikuliert vor Straches Gesicht. »Ich war damals einmal dort!«

»Ein-mal!«

Heinz-Christian Strache erzählt ungerührt weiter: Ein hochrangiger Politiker der politischen Konkurrenz sei bei jenem Wirt »Stammgast«. Es gebe spezielle Nebenzimmer. »Da gehen die dann nach hinten«, flüstert Strache, »und dann haben die da Orgien« – »Drogenorgien!«. *[Der Gastwirt teilte auf Anfrage mit, es gebe in seinen Betrieben auch keine separaten Räume zum Drogenkonsum.]*

Über den einen oder anderen hochrangigen Politiker anderer Parteien gebe es außerdem angeblich auch kompromittierende Fotos, vor allem von zweien der ganz Großen – das müsste die FPÖ nutzen, findet er. Und zwar so: Die beiden Widersacher wüssten, dass es Fotos oder Videos über sexuelle Eskapaden oder Drogenkonsum des jeweils anderen gäbe. Vielleicht hätten sie dieses Material sogar in Besitz, würden es aber nicht veröffentlichen – aus Angst vor einem Gegenschlag.

»So wie die Sowjetunion und die USA«, sagt Gudenus fasziniert. Im Kalten Krieg waren es ja womöglich am Ende die Atombomben der beiden Großmächte, die dafür sorgten, dass kein Krieg ausbrach. Weil beide Angst hatten, im Kriegsfall vom jeweiligen Gegner vernichtet zu werden.

Kalter Krieg auf Österreichisch, innenpolitisch und ein bisschen kleiner, schmuddliger.

Straches Idee ist jedenfalls diese: »Würde es uns gelingen, von einer Seite Fotos zu organisieren, die wir übers Ausland spielen, würde die andere Seite glauben, die andere war's, und der atomare Krieg geht los«, sagt Strache. Das wäre ein wahres »Kunststück«.

Ein Kunststück, das zwei politische Karrieren zerstören und die FPÖ womöglich an die Macht bringen könnte.

Dann springen seine Gedanken. Zu der Russin, die noch immer nicht in das Wohnzimmer zurückgekehrt ist. »Bist du deppert, die ist scharf«, entfährt es ihm. Und weil er Wiener ist, sagt er natürlich »schoarf«.

[Siehe hierzu Heinz-Christian Straches spätere Stellungnahme auf Seite 210.]

Nur eines störe ihn: die dreckigen Ränder ihrer Fußnägel.

Die machen ihn irgendwie ... misstrauisch.

WIR BEKOMMEN KONKURRENZ

München, Herbst 2018. Kaum hat sich das Projekt »Weißer Bildschirm« in unserer Prioritätenliste nach ganz oben geschoben, wird es wieder von dort verdrängt. Fast das ganze Ressort arbeitet in diesen Wochen wie verrückt an den »Implant Files«, die Ende November 2018 veröffentlicht werden: eine weltweite Recherche zu gesundheitsgefährdenden Implantaten.

Uns ist zu der Zeit klar: Erst wenn wir das Video zur Verfügung gestellt bekommen, können wir in Vollzeit daran arbeiten. Aber noch haben wir es nicht, und so bleibt uns weiterhin nichts anderes übrig, als der Quelle immer wieder gut zuzureden. Wir lesen uns weiter ein und sprechen mit Österreich- und Rechtspopulismusexperten, aber unser Elan schwindet allmählich. Außerdem gibt es auch ohne das Video genug zu tun.

Dann erreicht uns eine alarmierende Nachricht: Man sei auch im Gespräch mit dem *Spiegel*. Zu den Wirren um diese Nachricht gehört auch, dass es sich kaum mehr rekonstruieren lässt, wie sie uns genau erreicht hat. Woran wir uns dagegen sehr gut erinnern: dass wir uns nicht gefreut haben.

Der Spiegel ist unser größter Konkurrent. Das 1947 gegründete

Nachrichtenmagazin steht seit Jahrzehnten für Enthüllungsjournalismus. Es hat zusammen mit dem *Guardian* die NSA-Überwachungsaffäre aufgedeckt und zur Aufklärung fast aller Skandale der Nachkriegsrepublik beigetragen – auch weil Hans Leyendecker, einer der profiliertesten Investigativjournalisten des Landes, lange beim *Spiegel* war. Bevor er Ende der Neunziger zur *Süddeutschen Zeitung* wechselte und dort einige Jahre unser beider Chef war. Zuletzt machte der *Spiegel* weltweit Schlagzeilen, weil ein Informant dem Blatt geheime Unterlagen aus der Welt des Fußballs zugespielt hat. Die »Football Leaks« zeigen die Steuertricks etlicher Spitzenfußballer und ihrer Vereine, sie enthüllen Neues aus der korrupten FIFA-Welt – sowie die Vergewaltigungsvorwürfe gegen den Fußballstar Cristiano Ronaldo.

Wir haben natürlich keinerlei Exklusivrechte, was das Strache-Video angeht, wie auch? Alles, was wir haben, ist unser vielfach bekundetes Interesse – mit dem gleichzeitigen Hinweis auf unsere Arbeitsmethoden, inklusive der Erklärung, keinen einzigen Euro zu bezahlen. Wenn der Spiegel für das Video bezahlen würde, wären wir dann raus?

Oder wird, falls das Video sowohl *SZ* als auch *Spiegel* ausgehändigt würde, am Ende das schnellere Medium die Exklusivgeschichte haben?

Wir sind der Überzeugung, dass dieser Geschichte, die ja schon für sich kompliziert und heikel genug ist, ein Rattenrennen, ein Kampf darum, wer schneller ist, schaden kann. Und noch weniger wollen wir, dass der *Spiegel* diese Geschichte allein macht.

Falls überhaupt jemand je diese Geschichte machen wird – das ist zu dieser Zeit ja noch völlig offen.

Nun haben wir schon mit ziemlich vielen Medien zusammengearbeitet in den vergangenen sieben Jahren. Wir haben seit der

Offshore-Leaks-Recherche von 2013 an allen großen grenzüberschreitenden Recherchen des International Consortium for Investigative Journalists (ICIJ) teilgenommen und drei davon sogar selbst initiiert: Panama Papers, Bahamas Leaks und Paradise Papers. Dabei haben wir mal mit einem Dutzend, mal mit fast hundert anderen Medien gearbeitet. In Deutschland arbeiten wir seit einigen Jahren manchmal mit dem *Bayerischen Rundfunk*, der gemeinnützigen Rechercheorganisation *Correctiv* oder der Wochenzeitung *Die Zeit* und natürlich mit dem *Norddeutschen Rundfunk (NDR)* und dem *Westdeutschen Rundfunk (WDR)* zusammen. Mit *NDR* und *WDR* hat es sogar so gut funktioniert, dass wir daraus einen »Rechercheverbund« gemacht haben und bei zahlreichen wichtigen Themen gemeinsam versuchen weiterzukommen, Woche für Woche, oft sogar Tag für Tag. Und fast immer ohne größere Konflikte.

Das war auch bei dieser Geschichte der Plan. Wir hatten vor, *NDR* und *WDR* einzubinden, sobald unser Kontakt zugestimmt hätte. Aber er stimmte nicht zu.

Jetzt also der *Spiegel*. So wie wir das sehen, haben wir nur eine Wahl: Wir müssen das gemeinsam angehen, mit dem Nachrichtenmagazin. Sonst haben wir am Ende womöglich gar nichts.

Immerhin erfahren wir auch, wer beim *Spiegel* angesprochen wurde: Martin Knobbe, ein Spezialist für alles, was sich um Kriminalität, Extremismus und Innere Sicherheit dreht. Der gebürtige Münchner schrieb früher selbst für die *SZ*, deshalb kennen wir uns. Nicht gut, aber doch gut genug, um ihn anzurufen.

Am Telefon deuten wir an, dass wir vermutlich an derselben Geschichte sitzen, mit denselben Leuten in Kontakt sind und dieselben Probleme haben. Er versteht sofort, und wir wechseln von normalem Telefon zu einem verschlüsselten Anruf mit der App Signal – die mittlerweile so etwas wie der Goldstandard für verschlüsselte Konversation ist. Sie funktioniert wie WhatsApp, ist aber sicherer, da sie nicht wie WhatsApp dem Facebook-Konzern gehört, sondern von der Freedom-of-the-Press-Foundation entwickelt wurde, deren Präsident Edward Snowden ist. Außerdem wird sie regelmäßig von unabhängigen Experten überprüft. Man sollte also davon ausgehen können, dass das Signal so sicher ist, wie es eben geht.

Schon nach drei Minuten sind wir uns einig: Wir wollen nicht gegeneinander antreten, sondern lieber gemeinsam versuchen, das Beste herauszuholen. Wir müssen noch die Zustimmung unserer Chefredaktionen einholen, aber das ist am nächsten Tag schon erledigt.

Dem Kontakt scheint es einerlei zu sein, möglicherweise findet er es sogar gut. Je mehr Medien berichten, umso mehr Menschen erreicht die Enthüllung schließlich auch, und der *Spiegel* und die *SZ* sind ein Gespann, das für Aufmerksamkeit sorgen wird.

Von da an lassen wir uns von einem Prinzip leiten, das uns bei früheren Kooperationen geholfen hat, es heißt »radical sharing«. Wir teilen alles, niemand hält etwas zurück, niemand bekommt Sonderrechte, alles wird offen und transparent geklärt.

Das bedeutet auch, dass wir uns ab sofort offen austauschen können über unseren jeweiligen Stand der Dinge. Wir erfahren, dass der *Spiegel* noch nicht so weit ist wie wir: Martin Knobbe, der im Berliner Büro des *Spiegel* arbeitet, wurde tatsächlich erst vor einigen Tagen angesprochen und hat das ganze Video noch nicht gesehen.

Aber er sieht die Lage ähnlich: Wir haben wenig Belege dafür, dass die Hintergrundgeschichte, die unser Kontakt erzählt, stimmt.

Aber wir haben noch weniger Anhaltspunkte dafür, dass wir belogen werden.

DAS WEISSE IBIZA UND DIE SCHWARZEN FUSSNÄGEL

Sant Rafel de Sa Creu,
25. Juli 2017,
nach Mitternacht.

Die Fußnägel der angeblichen Russin schrecken Heinz-Christian Strache kurz aus seinem Traum von der *Kronen-Zeitung*. Nachdem er mehr als vier Stunden mit einer ihm unbekannten Russin über Wahlkampfhilfe im Gegenzug für Staatsaufträge verhandelt hat, nachdem er mit ihr Möglichkeiten illegaler Parteispenden diskutiert und angebliche geheime Spender offenbart hat, fällt ihm plötzlich auf: Die angeblich superreiche Russin hat dreckige Ränder an den Fußnägeln. Und das macht ihn nervös.

Die Russin und ihr Begleiter sind gerade nicht im Raum, Strache unterhält sich im Flüstertonfall mit Johann und Tajana Gudenus. Erst weist Strache die beiden noch einmal darauf hin, wie »scharf« die Russin sei, dann merkt er an, sie habe allerdings »wahnsinnig dreckige Fußnägel«, die seien »völlig ungepflegt«, da seien »überall schwarze Ränder, das passt nicht zum Gesamtbild. Da bin ich vorsichtig.«

Das Ehepaar Gudenus hört ein wenig ungläubig zu, Tajana Gudenus gibt zu, ihr sei das nicht aufgefallen. Nebenan hört man die Russin mit ihrem Begleiter reden und Gläser klirren.

Aber Strache ist noch nicht fertig mit den Zehennägeln der

Oligarchennichte, »grindig« seien die, sagt er, und bestimmt seit zehn Tagen nicht mehr »gemacht«. »Wenn du in der Liga mitspielst, das passt nicht ins Gesamtbild«, sagt er, »das sind so Kleinigkeiten, die mir auffallen. (...) Auf die schau ich.«

Er wirkt mit einem Mal sehr ernüchtert.

Es ist die erste Ungereimtheit, die Heinz-Christian Strache anspricht. Und er könnte jetzt natürlich fragen: Wenn die Russin nicht wie eine Millionärin aussieht – ist sie dann vielleicht auch keine? Ist sie vielleicht auch keine Oligarchennichte, und will sie vielleicht auch nicht die *Kronen-Zeitung* kaufen?

Vor allem aber: Wer ist sie dann, und warum ist sie hier?

Vielleicht fragt er sich all das tatsächlich, vielleicht dämmert ihm gerade, worein er sich da hat treiben lassen. Vielleicht fällt ihm plötzlich auf, wie unvorsichtig er in den vergangenen Stunden war. Vielleicht ahnt er, dass das alles zu schön wäre, um wahr zu sein: dass er die *Krone* unter Kontrolle bekommen könnte durch diese seltsame Russin.

Jedenfalls wiederholt Strache kopfschüttelnd noch ein weiteres Mal, dass die Fußnägel einfach nicht passen zu einer solchen Frau.

Johann Gudenus, der das Treffen ja vermittelt hat, merkt offenbar, dass sein Parteichef nervös wird. Und wird selbst unruhig. Die beiden flüstern weiter, es ist nicht mehr alles klar zu verstehen auf der Audiospur des Videos. Gudenus nimmt die Russin in Schutz, sie sei »bestens informiert«, sagt er.

Aber Strache widerspricht, informiert zu sein, das gehe »ja relativ leicht«.

Johann Gudenus widerspricht, er verweist darauf, dass er mit der angeblich millionenschweren Oligarchennichte ins Gespräch gekommen sei, sie kennengelernt habe, weil sie Interesse gezeigt habe, sein Jagdgrundstück zu kaufen. Die Familie Gudenus wollte damals Grundstücke verkaufen, nachdem Johann Gudenus' Vater im Herbst 2016 verstorben war. Strache wendet ein, das Grundstück dürfe er doch nicht verkaufen, höchstens verpachten. Aber Gudenus verweist darauf, dass sie den fünffachen Preis bezahlen würde. Strache schüttelt den Kopf, Gudenus wirkt verunsichert.

Dann kommen die Russin und ihr Begleiter wieder zurück in das Wohnzimmer, die drei hören auf zu flüstern, und Strache übernimmt wieder laut das Kommando.

Aber er wirkt noch für ein paar Momente angespannt. »Wir machen den Deal«, sagt er, »dort, wo ihre Interessen und unsere Interessen übereinstimmen.« Und wenn ihr das dann gefällt, »dann spendet sie. Nicht mehr und nicht weniger.« Alles ganz legal.

Weiter geht der Tanz.

Der Begleiter der Russin macht deutlich, dass sie eine Gegenleistung wolle: Die *Krone* ohne Gegenleistung, das sei doch nur »Investment-Scheiße« – da könne sie gleich ganz woanders investieren. »Im Osten kann sie für die Art Geld einen besseren Return bekommen.«

Aber das sei halt nicht nachhaltig, widerspricht Strache. »Sie kann in Russland nicht ansatzweise mit dem Investment diesen Einfluss gewinnen.« In Österreich spiele sie bei den Top Ten mit, bei den wichtigsten Persönlichkeiten des Landes. »Da muss sie den Riecher haben«, sagt Strache und reibt die Finger aneinander – eine international verstandene Geste für: viel Geld verdienen. »Wir bringen ihr die Connection, wenn sie die 50 Prozent kauft, wird sie zu den zehn wichtigsten Persönlichkeiten Österreichs gehören.« Die *Kronen-Zeitung*, ergänzt Gudenus, »wäre für uns alle gut: Für sie geschäftlich, für uns politisch.«

Wenn er selbst das nötige Geld hätte, würde er die *Krone* kaufen, sagt Strache – und zwar sofort. Denn mit dem Blatt habe man Macht, erklärt der FPÖ-Chef. »Und Macht bedeutet: Ich setz mich durch.« Wenn sie nach Österreich ziehen und in Sicherheit leben wolle, »dann ist das das beste Investment«. Er nippt an seinem Glas Wodka Bull. Vor allem, dröhnt er, wenn sie »klassisch und konservativ« investieren wolle.

An dieser Stelle unterbricht der Begleiter der Russin ihn. Denn genau das sei ja der Punkt: »Sie will nicht klassisch und konservativ.«

Sie will Risiko. Und dafür ist sie bereit – daran lassen sie und ihr Begleiter an diesem Abend keinen Zweifel –, Gesetze zu brechen.

Die Russin schaltet sich selbst ein: »You not understand why I invest so much«, sagt sie in gebrochenem Englisch, ihr versteht nicht, warum ich so viel investiere.

Sie brauche ein konkretes Angebot, erklärt der Mann an ihrer Seite. Als sie gehört habe, dass Gudenus der Vizebürgermeister von Wien ist, habe sie gefragt: »Wie viel Prozent?«

»31«, sagt Strache – auf so viel kam die FPÖ in Wien bei den letzten Wahlen.

»Ach so«, schiebt er nach, als dämmerte es ihm, dass die Russin gar nicht das Wahlergebnis gemeint haben könnte.

Sie will einen klaren Deal: Geben und Nehmen. »Sie will es hören«, sagt ihr Begleiter, und zwar von Strache. »Ihr ist klar, dass sie keine Unterschriften kriegt, dass sie keine Verträge kriegt«, erklärt der Mann weiter, aber zumindest wolle sie die mündliche Zusage. Und zwar jetzt. Von Strache.

Der aber ziert sich, er tänzelt und versucht, in Bewegung zu bleiben, ohne sich festzulegen. Längst muss ihm klar sein, worum es geht. Gerade erst hat der Mann an der Seite der Russin davon gesprochen, dass alles »nicht ganz legal« sei. Und Strache selbst spricht aus, was die angebliche Russin fordert: »Korruption.«

»Das muss sie kapieren«, sagt er, in Österreich sei es so: »Die Macht rennt nicht über Korruption.« Er hat also offenbar sehr gut verstanden, dass die Russin ihn bestechen will, und versucht sie sanft in eine andere Richtung zu lenken. Sie solle doch lieber Einfluss kaufen: »Wenn sie die *Krone* kauft, hat sie ein Imperium.« Und an der Herrscherin über dieses Imperium, so die Botschaft Straches, komme niemand vorbei. Wenn sie dann etwa ein Grundstück wolle, das der Stadt Wien gehöre, würde sich der Bürgermeister nicht querstellen. Ein Grundstück lasse sich auch ganz schnell umwidmen. »Da spielst du nicht auf der Korruptionsebene, da spielst du mit auf der realpolitischen Ebene.«

»Wenn du ein Hochhaus in Österreich bauen willst, und eine Hochhausgenehmigung haben willst, na, wer kriegt sie dann?«, fragt Strache – und antwortet auch gleich selbst: die *Krone* beziehungsweise die Familie Dichand, die Hauptanteilseigner der *Krone*. Die *Krone*-Teilhaber seien beim sogenannten Tojner-Turm am Wiener Heumarkt ebenso dabei gewesen wie beim Wiener Hilton-Hotel, auch beim Glücksspielgeschäft. »Sie haben überall mitgespielt«, sagt Strache. Als Besitzerin der *Krone* profitiere sie doppelt: »Sie macht mit der Zeitung ein Geschäft und sie macht durch die Zeitung ein Geschäft.« *[*Krone*-Herausgeber und Chefredakteur Christoph Dichand lässt eine Anfrage dazu unbeantwortet.]*

Der Begleiter der Russin versucht es noch einmal. Das Ganze liege sicherlich am »kulturellen Unterschied«: auf der einen Seite Strache, der Österreicher, auf der anderen Aljona Makarowa, die Russin – und für die sei es nun mal so: »Wenn du nach Serbien gehst, wenn du nach Ungarn gehst, wenn du in die Ukraine gehst, wenn du nach Tschechien gehst, wenn du nach Russland gehst, sagt jeder: Okay, du bezahlst so viel und du bekommst so viel.« Für sie – »jemanden aus der Sowjetunion« – sei es nicht nachvollziehbar, dass sich nichts bewege.

»Dann muss sie den Unterschied zwischen Ost und West lernen«, sagt Strache. Österreich, das sei eine sichere Investition, der Balkan das genaue Gegenteil.

Seine Freunde in der Ukraine, »die kämpfen alle um ihr Cash«. Er habe drei Freunde »nach Serbien gebracht«, die hätten bis zu einer Milliarde investiert, »das ist nicht wenig«. Und dennoch: »Die haben ihnen die Firmen unter dem Arsch weggezogen.«

Oder Kroatien: »eine Scheiße«, ruft Strache, gestikuliert und schimpft: »In Kroatien wirst du gefickt.« Einer seiner Freunde, ein österreichischer Unternehmer, habe dort 200 Millionen Euro in den Sand gesetzt. »Ich hätte ihm das leider vorher sagen können«, aber wie so viele andere »Trotteln« habe er nicht auf ihn gehört. *[Der Unternehmer, dessen Name Strache auf Ibiza nannte, lässt eine Anfrage bis zum Redaktionsschluss dieses Buches unbeantwortet.]*

Bevor die Oligarchennichte in Serbien oder auf dem Balkan investiere, dann doch lieber in Russland, rät Strache: »Russland ist sicherer.« Aber am besten: in Österreich.

Er habe da auch schon eine Idee: »Wir haben Immobilien, die in der besten Lage in Wien sind.« Sie lägen im zehnten Bezirk, »wirklich gute Investitionen« – »und die würden wir verkaufen«.

Er, Strache, sei gerade bei Karstadt-Eigentümer René Benko gewesen, der weile auch auf Ibiza. »Ich war bei ihm auf dem Schiff: der ›Roma‹«, einer 67-Meter-Yacht. Und »der Benko«, der wäre bereit, das Palais Hansen Kempinski – ein Luxushotel am

Schottenring in Wien – zu verkaufen, behauptet Strache. Der Geschäftsführer, das sei ein »total lässiger Typ« und vor allem sei er ein Freund. *[René Benko ließ auf Anfrage unbeantwortet, ob er Heinz-Christian Strache auf seinem Schiff getroffen hat. Das Hotel Palais Hansen Kempinski habe ihm aber niemals gehört, daher erübrigten sich weitere Einlassungen dazu. Das Palais Hansen Kempinski erklärte, dass es keine Pläne gebe, das Hotel zu verkaufen – und auch 2017 keine gab. Der damalige Geschäftsführer erklärte auf Anfrage, Strache nicht persönlich zu kennen.]*

Es gebe in Wien »ein paar Immobilien, die wirklich geil sind«. Und er selbst habe seine Connections, sagt Strache, diese Projekte seien ein »gutes Geschäft«, wenn man schlau verhandle, dann mache die Russin Kohle.

Nach einiger Zeit reicht es der Russin. Sie habe die Nase voll, sagt sie auf Russisch. Sie habe jetzt schon zehn Mal gesagt, was sie wolle, und dennoch tue sich: nichts. Nach vier Stunden Verhandlungen noch immer keine Einigung, »mich kotzt das an«.

Es sei für sie nicht verständlich, »dass jemand, der in der Politik ist, nicht bereit ist, gewisse Ausnahmen zu treffen«, versucht es ihr Begleiter noch mal. »Gibt es irgendwas, das man ihr anbieten kann, das konkret ist, das eine gewisse Sicherheit bietet?«

»Sie hat gesagt: Wasser«, erinnert sich Gudenus, »das ist super interessant.« Allerdings spreche die Russin von 20 Punkten, die ihr vorschweben würden als Gegenleistung, und er habe »maximal zwei gehört«.

Also zählt der Begleiter auf, sie habe staatliche Kunstsammlungen erwähnt, die Renovierungen von Kasernen samt Verkauf der Liegenschaften, sie habe die »Wassergeschichte« erwähnt, Aufträge für Ausbau und Instandhaltung des Kommunikationsnetzes und außerdem Autobahnen und Flughäfen. Er fasst zusammen: »Alles, was vergeben wird, ohne offizielle staatliche Ausschreibungen.«

Dann wird der Begleiter der Russin sogar noch deutlicher: »Im Prinzip«, sagt er, sei sie an allem interessiert, was einen »Staatsauftrag mit Überpreis« erlaube.

Strache nickt, sagt »Ja«, und der Begleiter fängt noch mal an: »Autobahn ...«

Strache sagt: »Ja.«

»Flughäfen ...«

Strache sagt: »Ja. Autobahnen ... bin ich sofort dabei« – und ruft noch einmal sein Angebot in Erinnerung, den Strabag-Miteigentümer Hans Peter Haselsteiner auszubooten: »Statt Haselsteiner jeden öffentlichen Auftrag.«

Jetzt geht der Vertraute der Russin noch einen Schritt weiter. Der Punkt sei nicht nur der öffentliche Auftrag, sondern: »Der Punkt ist der Überpreis, der garantiert wird.«

»Noch mal«, ruft Strache, »beim staatlichen Auftrag hast du das.«

Beim staatlichen Auftrag hat man also Überpreis?

Etwa zwei Stunden zuvor hatte Strache noch beharrt, beim Überpreis mache er nicht mit.

Jetzt knickt er ein.

HELLE AUFREGUNG

München,
12. April 2019,
am Vormittag.

Gibt es das: einen lauten Knall inmitten vieler Menschen, den aber nur sehr wenige hören können?

So würden wir beschreiben, was sich am Abend des 11. April 2019 in Wien ereignet. Dort erklärt der deutsche Satiriker Jan Böhmermann per Videobotschaft sein Fernbleiben bei der Verleihung der »Romy«, wo er einen Preis überreicht bekommen hätte. Er sagt, er hänge gerade »ziemlich zugekokst und Red-Bull-betankt« mit seinen »FPÖ-Geschäftsfreunden in einer russischen Oligarchenvilla auf Ibiza« fest – wo er darüber verhandele, »ob und wie ich die *Kronen-Zeitung* übernehmen kann und die Meinungsmacht in Österreich an mich reißen kann«.

Das alles kommt uns, bis auf das Koks, ziemlich bekannt vor. Und wir fragen uns, was zur Hölle hier gerade passiert.

Es muss aber auch Heinz-Christian Strache und Johann Gudenus ziemlich bekannt vorkommen. Und da fast alle österreichischen Boulevardmedien wegen anderer Aussagen Böhmermanns die Rede ausführlich zitieren, ist anzunehmen, dass Strache und Gudenus die Bemerkung mitbekommen. Die beiden wissen jetzt also vermutlich, dass irgendwas an dem Abend auf Ibiza sehr faul war – und das macht uns nervös. Die beiden vermutlich auch.

Zuvor hat es in Sachen Video etliche Wochen lang kaum Entwicklungen gegeben. Zum Jahresende 2018 haben wir längst das ganze Video gesehen, uns mit dem Chefredakteur darüber beraten, der *Spiegel* ist dazugestoßen, und wir haben gemeinsam überprüft, was sich überprüfen lässt, ohne das Video selbst zur Verfügung zu haben.

Wir haben über die Wochen das Gespräch mit unserem Kontakt aufrechterhalten, immer wieder nachgefragt, ob bald mit einer Entscheidung zu rechnen sei, und uns weiterhin interessiert gezeigt. Zu unseren unveränderten Bedingungen. Das war der Stand auf unserer Seite.

Und nun die Romy-Verleihung. Die Romy, einer der wichtigsten Kino- und Fernsehpreise im deutschsprachigen Raum, wird seit rund 30 Jahren vergeben, benannt nach der 1982 verstorbenen österreichischen Schauspielerin Romy Schneider. Die Gewinnerinnen und Gewinner der bekanntesten Kategorien (»die beliebteste Schauspielerin« / »der beliebteste Schauspieler«) werden in einer Publikumsabstimmung gekürt und bei einer festlichen Zeremonie in der Wiener Hofburg bekannt gegeben. Die Gala wird live vom *ORF* übertragen, und der rote Teppich ist ein Stelldichein für alle, die man in Österreich – aber auch in Deutschland – aus dem Fernsehen und dem Kino kennt. 2019 ist das Fest für den 13. April angesetzt.

Neben der Romy gibt es die sogenannten Akademiepreise, die von einer Jury zwei Tage vorher verliehen werden. Auch in aller Festlichkeit, aber eben ein wenig kleiner, im Wiener Palais Wertheim. Dort ist in der Kategorie »Beste Programmidee« die Böhmermann-Sendung »Lass dich überwachen! Die PRISM IS A DANCER Show« nominiert – und gewinnt. Die Sendung befasst sich, rückblickend muss man sagen: ironischerweise, mit Überwachung. Angelehnt an das umstrittene NSA-Spionageprogramm Prism, dessen wahre Ausmaße von Edward Snowden aufgedeckt wurden, spioniert Böhmermanns Team das Publikum der Show aus und fördert zutage, was die Gäste alles an privaten Informationen im Internet hinterlassen haben. Die Show schafft es, Millionen für etwas zu interessieren, das nach unserer leidvollen Erfahrung bei der *SZ* ansonsten kaum jemanden mehr aufregt: wie große Internetfirmen unsere Daten sammeln und weitergeben, auch an Geheimdienste. Gleichzeitig problematisiert Böhmermann, dass viele Menschen Massen an privaten Informationen freiwillig ins Netz stellen.

Als der Preis am Abend des 11. April 2019 vergeben wird, spielen die Veranstalter auf einer großen Leinwand die Videoaufzeichnung von Böhmermanns Dankesrede ein. Und diese Rede hat es in sich. Man kann sie sich bei YouTube ansehen, auch wenn die Qualität nicht sonderlich gut ist. Aber das sind wir inzwischen ja gewohnt. In der nicht einmal zweiminütigen Rede beleidigt Böhmermann eine Reihe österreichischer Politiker – und nebenbei das ganze Land.

Schon der Einstieg zeigt, wohin die Reise geht: »Sehr geehrte dumme Hurenkinder, liebe Romy-Gäste, hallo Ostmark.«

Der Begriff »Ostmark« war die offizielle Bezeichnung Österreichs nach dem Anschluss an Hitler-Deutschland im März 1938. Nun ist Böhmermann bekannt für seinen speziellen Humor, den man lieben kann oder eben nicht. Seine Fans verehren Böhmermann, weil er klug und gekonnt provoziert und Grenzen überschreitet – allerdings nicht nur des Provozierens willen. Sondern zum Beispiel, um öffentlich zu demonstrieren, was erlaubt sein muss in einer liberalen Demokratie.

Seine Gegner finden Verschiedenes unmöglich an ihm, es

ist eine lange Liste. Um zu zeigen, was Satire in Deutschland alles darf und wo die Grenzen liegen, widmete Böhmermann dem türkischen Autokraten Recep Tayyip Erdoğan 2016 ein Schmähgedicht, in dem er Erdoğan mit einer langen Reihe von Beleidigungen bedachte, von denen jede für sich wahrscheinlich schon ausgereicht hätte, um den Staatschef zum Rasen zu bringen. Erdoğan, in dessen Regierungszeit die Türkei zum weltweit größten Gefängnis für Journalisten geworden ist, zog gegen Böhmermann vor Gericht und verlor. Die Freiheit der Satire in Deutschland wurde bestätigt.

Jetzt ist also Österreich dran. Böhmermann, der bereits 2018 eine Romy gewonnen hat, erklärt in seinem Videogruß, er freue sich, dass er »ab heute nicht nur sieben Jahre mehr Lebenserfahrung habe als der durchgeknallte österreichische Kinderkanzler, sondern auch noch exakt zwei Romys mehr als der schweigende Faschohelfer mit den großen Ohren«. Außerdem teilt er den Preisverleihungs-Besuchern mit, nicht nur der deutsche Geheimdienst und die Sicherheitsbehörden, sondern »ganz Deutschland, ach was, Europa« halte den damaligen österreichischen FPÖ-Innenminister Herbert Kickl »für einen unseriösen Heiopei«.

Die heftigsten Zitate der kurzen Romy-Rede sind sofort online zu finden und am nächsten Tag in verschiedenen Zeitungen. Die einen freuen sich über Böhmermanns Respektlosigkeiten, die anderen regen sich über seine Beleidigungen auf – beides erwartbar. Die Chefredakteurin der Zeitung *Kurier* nennt Böhmermanns Grußworte eine »primitive, dumme Videobotschaft, in der er die Österreicher samt ihrer Regierung« herabwürdige. Nun muss man vielleicht dazusagen, dass der *Kurier* die Romy-Gala veranstaltet, insofern ist das Blatt eventuell parteiisch.

All das ist nicht unser Problem.

Aber als wir hören, wie er sein Fernbleiben rechtfertigt, stockt uns kurz der Atem, deswegen noch mal vollständig: »Ich hänge gerade ziemlich zugekokst und Red-Bull-betankt mit meinen FPÖ-Geschäftsfreunden in einer russischen Oligarchenvilla auf Ibiza und verhandele darüber, ob und wie ich die *Kronen-Zeitung* übernehmen kann und die Meinungsmacht in Österreich an mich reißen kann.«

Ibiza, russische Oligarchenvilla, Red Bull, FPÖ, Übernahme der *Kronen-Zeitung*. Es ist mehr als offensichtlich, dass Jan Böhmermann auf das Video anspielt.

Uns erschreckt nicht, dass Böhmermann davon weiß, denn zu dieser Zeit hat uns bereits die Nachricht erreicht, dass Böhmermann von dem Video erzählt wurde – und zwar nicht von uns oder dem *Spiegel*. Ob Jan Böhmermann das Video jemals selbst gesehen hat, wissen wir nicht. Nachdem wir es nur unter aufwendigen Geheimhaltungsmaßnahmen sehen konnten und erst, nachdem wir ein belastbares Vertrauensverhältnis aufgebaut hatten, gehen wir nicht davon aus.

Aber uns erschreckt, dass er sein Wissen öffentlich macht, dass er diese Informationen in die Welt schickt. Wir fragen uns, was das für die Quelle des Videos bedeuten könnte. Strache und Gudenus müssen nun wissen, dass etwas im Argen liegt. Da die Anzahl der Personen in der Villa begrenzt war, werden sie vermutlich davon ausgehen, dass mindestens einer der beiden Lockvögel geredet hat. Nun unterstehen die wichtigen Geheimdienste FPÖ-Ministern – wurden die Agenten schon losgeschickt, um die Lockvögel zu finden und die Macher des Videos zu verhaften?

Natürlich, in einer normalen Demokratie würde es so nicht laufen. Aber der damalige Innenminister Herbert Kickl, dem der Inlandsgeheimdienst untersteht, gilt als unberechenbarer

Rechtsausleger, der schon mal sagt, dass das Recht der Politik zu folgen habe, und nicht umgekehrt die Politik dem Recht. Politiker, die nicht dem Gesetz folgen müssen?

Kickl hat bereits gezeigt, dass er vor mindestens unkonventionellen, wenn nicht brandgefährlichen Methoden nicht zurückschreckt: Auf sein Geheiß hin wurde der österreichische Verfassungsschutz BVT (Bundesamt für Verfassungsschutz und Terrorismusbekämpfung) durchsucht – laut *ORF* von 80 Polizisten einer Einheit der Wiener Polizei, die eigentlich als »Einsatzgruppe zur Bekämpfung der Straßenkriminalität« gedacht ist. Wie das österreichische Magazin *Profil* berichtete, war der offizielle Grund der Durchsuchung Amtsmissbrauch in mehreren Fällen, etwa das angeblich unterbliebene Löschen sensibler Daten. Außerdem seien durch die Weitergabe von »drei nordkoreanischen Passmustern aus österreichischer Produktion« an Südkorea vom BVT die »Rechte Nordkoreas« verletzt worden.

Im Ernst?, möchte man fragen. Die Aktion hatte Folgen. Laut der US-Zeitung *Washington Post* schlossen daraufhin westliche Geheimdienste Österreich vom Austausch sensibler Informationen aus – weil man dem Land, dessen Innenminister den Verfassungsschutz mit fragwürdigen Erklärungen durchsuchen lässt, keine sensiblen Daten mehr anvertrauen wollte.

Dem Magazin *Profil* und der Tageszeitung *Standard* zufolge nahmen die Polizisten allerdings eine Festplatte mit, auf der unter anderem »Erkenntnisse des Verfassungsschutzes zu Österreichs neonazistischer Szene« gespeichert waren. Wollte Kickl herausfinden lassen, gegen welche Rechtsextremisten ermittelt wird?

Profil nennt den Vorfall einen Skandal, »der Österreich in eine handfeste Staatskrise führen könnte«.

Würde man dem Dreigestirn Kickl, Strache und Gudenus zutrauen, Ermittler auf die Fallensteller von Ibiza anzusetzen? Absolut. Und würde man dem Trio zutrauen, den Arm des Gesetzes dabei ein wenig zu führen – sollte der Verantwortliche oder die Verantwortlichen ermittelt werden? Auch das.

Es scheint jedenfalls nicht unvorstellbar bei jemandem wie Strache, der Autokraten wie Wladimir Putin und Viktor Orbán feiert, einst selbst mit Neonazigrößen umherzog und einen mutmaßlichen serbischen Kriegsverbrecher wie »Arkan« einen »geilen Typ« nennt.

Von den Besuchern der Romy-Gala verabschiedet sich der deutsche Komiker Jan Böhmermann mit der Bitte, dass alle, denen Europa am Herzen liege, bei der Europawahl eineinhalb Monate später ihre Stimme abgeben sollten. Alle, die finden, »dass die österreichische Regierung einen guten Job macht«, sollten bitte erst am Tag darauf wählen gehen. Wenn die Wahl vorbei ist, meint er.

Die österreichische Regierung wird es zum Zeitpunkt der Europawahl allerdings schon nicht mehr geben.

DAS ENDE DER WELT

Sant Rafel de Sa Creu,
25. Juli 2017,
weit nach Mitternacht.

Johann Gudenus starrt müde ins Nichts, die Augen ein wenig glasig, in der Hand ein Champagnerglas. Heinz-Christian Strache tippt und wischt gelangweilt auf seinem Handy herum. Und die angebliche Oligarchennichte und Tajana Gudenus sprechen derweil auf Russisch über Putin, die Ukraine und die Welt.

Den ganzen Abend hat Strache nun schon diskutiert, ohne echtes Ergebnis. Aber der Deal mit der *Kronen-Zeitung* lässt ihn offenbar nicht los, jedenfalls versucht er ein weiteres Mal, der Russin den Deal schmackhaft zu machen. Das Blatt sei doch das »Flaggschiff der österreichischen Machtpolitik«, schwärmt er, »sie macht mit der Zeitung ein Geschäft und sie macht durch die Zeitung ein Geschäft«.

Das hat Strache inzwischen sehr, sehr oft angemerkt: Dass die Russin als *Krone*-Besitzerin Vorteile habe bei allen möglichen anderen Geschäften, weil sie ihre Macht ausspielen könne, publizistisch, und weil alle anderen das wüssten.

Er habe das verstanden, erklärt der Begleiter der Russin. Aber sie nicht. Als Russin sei sie klare Deals gewohnt: Geld für eine Gegenleistung. Korruption ohne Umschweife, ohne Herumgedruckse, ohne »Legal-muss-es-sein«-Gerede. Er will sich einmal unter vier Augen mit der vermeintlichen reichen Russin beraten. Er steht auf. »Aljona«, sagt er, und nickt ihr zu. »Come!«

Auch Strache und Gudenus nutzen die Gelegenheit zur Besprechung und sind sich einig: Man komme heute nicht mehr weiter. Ein Taxi muss her, denn die Nacht soll mit dem Treffen in der Villa nicht zu Ende sein. Sie wollen noch in einen Club: das »Hï Ibiza«, eine Großraumdiskothek im wenige Kilometer entfernten Ort Platja d'en Bossa.

Strache flüstert: »Jetzt geh ma.«

»Wer ist im Hï?«, fragt Gudenus in die Runde.

»Alle«, sagt Strache, ohne vom Handy aufzuschauen.

»Die Kids«, spottet Tajana Gudenus, »der Kindergarten.« Sie meint den FPÖ-Nachwuchs – oder wie Strache später sagen wird: »Die Parteichefs, die in zehn Jahren die Partei übernehmen werden.«

Kurz ist es wieder still, Strache scrollt im Handy herum, Johann Gudenus sitzt mit dem Champagnerglas an den Lippen nachdenklich in der Ecke des Sofas. Irgendetwas scheint ihn umzutreiben.

»Du«, sagt er dann, »ich sag dir eins, das ist kein Fake.«

Heinz-Christian Strache hört auf, ins Handy zu starren, und setzt sich auf, skeptisch den Kopf schüttelnd.

»Man muss immer vom worst case ausgehen«, sagt Tajana Gudenus.

Strache ist schon wieder bei den schmutzigen Zehennägeln der Russin, »ich schau auf so Kleinigkeiten«, sagt er. Eine Zeit lang flüstern die drei so leise, dass die versteckten Mikrofone ihre Worte nicht mehr verständlich aufzeichnen können.

Dann flüstert Strache etwas lauter: »Falle«, sagt er, »eingefädelte Falle.«

Johann Gudenus, der das Treffen ja mit eingefädelt hat, legt den Kopf in den Nacken und schließt die Augen.

»Des is kaa Falle«, sagt er dann beschwörend, und es wird noch ein wenig weitergeflüstert.

»Na, schau«, sagt Strache dann, »bei uns gibt es nur ganz legale, korrekte Geschichten.« Er gestikuliert beschwichtigend und trinkt sein Glas Wodka Red Bull leer.

Dann beugt er sich zu Gudenus hinüber, klopft ihm auf den Oberschenkel und greift das Versprechen der angeblichen Oligarchennichte auf, die *Kronen-Zeitung* in den nächsten drei Wochen zu übernehmen. Er fasst sich mit dem linken Zeigefinger unter das linke Auge und zieht die Haut des unteren Lids nach unten – als Zeichen dafür, dass er zumindest das nicht glaubt. »Wird nicht stimmen«, sagt er leise.

Und dann, als er sieht, dass die Russin und ihr Begleiter zurück ins Wohnzimmer kommen, wieder laut: »Ihr Lieben, wie kommen wir jetzt von hier weg?«

»Das dauert sicher ewig, bis ein Taxi bis hierher kommt«, befürchtet Tajana Gudenus. »Ihr könnt die Autoschlüssel haben«, bietet der Begleiter der Oligarchennichte an. Er würde sie nur dann fahren, witzelt er, wenn Strache im Falle einer Verkehrskontrolle die Strafe zahle.

Nüchtern scheint an diesem Abend niemand mehr zu sein. Der Begleiter der Russin nimmt die Wodkaflasche und schenkt ein, und Gudenus prostet ihr zu: »Nastrowje.«

»Vielleicht finden wir noch eine Übereinkunft, bevor wir uns verabschieden«, versucht es der Mann an der Seite der Russin erneut. Am nächsten Tag reise die Frau ab und sei vier Wochen weg, dann sei es zu spät. Außerdem habe Gudenus' Frau der Russin, als sie kurz draußen waren, doch gesagt, dass prinzipiell »alles« möglich sei.

Gudenus wischt die Anmerkung mit der Hand weg. »Nicht böse sein«, sagt er, das seien »Frauengespräche« gewesen.

Es sei doch ein Vorteil für beide Seiten, wenn die Russin 50 Prozent der *Krone* kaufe und »wir die anderen 50 Prozent beisteuern«, wagt nun auch Strache wieder einen Vorstoß. »Da sind wir uns beide nix schuldig, sondern da bringen wir uns beide einen Vorteil.« Vor allem sei es mal ein Anfang – »und dann kann man die Geschichte weiterdenken«.

Mehr sei bei ihm aber nicht drin. Wenn die Russin mehr wolle, »muss sie nach Kroatien gehen, das sag ich ganz offen«. Da werde sie dann so unglücklich wie seine Freunde, »die Trotteln«: »Alle haben in Österreich die Kohle gemacht und in Kroatien die Kohle verloren.«

Wenn die Russin ein Risiko eingehen wolle, sei das ihre Sache. Er jedenfalls mache da nicht mit.

»Ich brauch' kein Risiko«, erklärt Strache. Er sei für die Investitionen der FPÖ verantwortlich. Und ob Gold, Silber oder in Immobilien, er hole immer einen sicheren Schnitt für die FPÖ heraus. 30 Prozent Rendite und dafür ein hohes Risiko? Nicht mit ihm. »Ich brauch ein Investment, wo ich weiß: Acht Prozent mach ich sicher, und wenn's gut läuft, mach ich 15.«

Dann verrät er seine vermeintliche Wundermethode: »Du musst ein Drittel der Kohle in Gold und Silber haben, ein Drittel in Fremdwährungen – ob es Schweizer Franken oder norwegische Kronen sind – und das letzte Drittel in Immobilien.«

Nur so könne man in der Wirtschaftskrise überleben. Und die Wirtschaftskrise komme »so sicher wie das Amen im Gebet«, sagt er, »wir stehen knapp davor«.

Und schon setzt er wieder an zu einem langen Vortrag. Strache malt das düstere Bild einer nahenden Krise. Und das sieht so aus: Dunkle Mächte – oder wie Strache es ausdrückt: »die

Hunde« – seien daran, das Bargeld zu verbieten, »weil sie uns übers Wochenende 40 Prozent des Kapitals wegschneiden können«. Er prophezeit: »Das kommt auf uns zu.«

Die Reichen würden daher schon jetzt in Bitcoins – also einer Kryptowährung – investieren, in Immobilien, in Gold und Silber, außerdem in Erdöl und Erdgas. »That's the way.« Ein befreundeter Investmentfachmann habe ihm schon 2006 geraten, in Gold zu investieren. »Ich Trottel hör mir den an und denk mir, ›wow, geile Geschichte‹.« Unternommen habe er aber erst mal nichts. Die Goldunze sei auf 650 Euro gestiegen, und er habe sich bereits verflucht. Dann habe er Gold gekauft – und später zum doppelten Preis verkauft. »Das war das Geschäft meines Lebens.« *[Der Investmentexperte lässt eine Anfrage dazu unbeantwortet.]*

Jetzt stehe der »Währungs-Clash« bevor, Geld werde entwertet werden, der Währungsmarkt crashen, in fünf Jahren schon werde es kein Bargeld mehr geben. Die Russen und Chinesen bereiteten ihre Bürger darauf vor: Jeder einzelne würde informiert, Werkzeuge für die Selbstversorgung angeschafft. Am Ende überlebe nur, wer darauf eingestellt sei. Und das sei, wer Gold und Bitcoins habe. »Das ist ein ökonomisches Naturgesetz.«

Bitcoins würden dann zu einer Parallelwährung. »Alle reichen Säcke, alle Milliardäre, die jetzt in Bitcoins investieren, werden zu Recht sagen: Bevor die Bargeldabschaffung kommt, bevor sie uns ficken, gehen wir in Bitcoins.« Die hätten noch einen Vorteil: »Du zahlst (...) keine Steuern.« Geldverdienen, ohne Steuern zu zahlen, das sei: »geil, geil«.

Deswegen müsse man jetzt in Bitcoins investieren, denn noch sei die Produktionsmenge nicht ausgeschöpft.

Wer jetzt gerade Geld zur Verfügung habe, könne sich retten.

»Das Problem ist, die meisten haben heute keine Kohle.« Und damit wäre man wieder bei der Russin: Denn die hat Geld, das glauben zumindest Strache und Gudenus.

Geld aus fragwürdiger Quelle zwar. Aber wenigstens soll es zugunsten der FPÖ investiert werden.

TAG DER ENTSCHEIDUNG

München,
Anfang Mai 2019.

Auf einmal ist da Bewegung. Uns sind nicht alle Hintergründe ersichtlich, und das, was wir wissen, können wir aus Quellenschutz nicht schreiben. Aber wir erfahren, dass wir das Video möglicherweise bekommen.

Tagelang geht es auf dem verschlüsselten Kommunikationskanal hin und her, die finale Entscheidung steht immer wieder auf der Kippe, der Tag der Übergabe wird einmal verschoben, und dann ein zweites Mal.

Schließlich kommt die Nachricht: Die Übergabe wird bestätigt. Schon am nächsten Tag sollen wir an einem noch zu bestimmenden Ort – eine längere Autofahrt entfernt – einen Teil der Daten bekommen, vor allem eine etwa siebenstündige Tonaufnahme des Treffens.

Wir sind kurz überfordert. Das klingt sehr gut. Aber: Wie machen wir weiter?

Das Problem ist nämlich: Es ist noch unsicher, ob wir das dazugehörige Video überhaupt bekommen. Aber ohne werden wir nicht an die Öffentlichkeit gehen.

Die Frage ist jetzt: Sollen wir auf der Stelle alles andere liegen lassen, ein Team zusammenstellen und mit Hochdruck an der Geschichte arbeiten? Oder sollen wir noch warten, bis wir auch die entscheidenden Videoaufnahmen haben und uns sicher sein können, nicht für den Papierkorb zu arbeiten?

Wir konferieren mit unseren Kollegen vom *Spiegel*. Nachdem wir es einmal ausgesprochen haben, brauchen wir nicht lange zu überlegen. Wir ignorieren das Abfalleimerrisiko und fangen an. Sofort.

Das bedeutet, wir müssen mit der Chefredaktion reden, mit dem Außenpolitikchef, mit dem Chef der Online-Politikredaktion. Sie müssen einverstanden sein damit, dass wir die geballte Österreichkompetenz der *Süddeutschen Zeitung* nutzen und die Kollegen für einen unklaren Zeitraum von allen anderen Aufgaben befreien. Alle drei geben sofort ihr Okay, und so warnen wir unseren Österreichkorrespondenten Peter Münch vor, dass etwas Größeres kommen könnte. Nur ein paar Zimmer weiter auf demselben Gang wie wir sitzen unsere Kollegin Leila Al-Serori und unser Kollege Oliver Das Gupta, die wir beide ins Team einladen möchten. Sie haben sich in den vergangenen beiden Jahren so eingehend mit der Person Heinz-Christian Strache beschäftigt wie sonst wahrscheinlich niemand in Deutschland. Leila und Oliver haben Straches Zeit in der Neonaziszene recherchiert, und daraus ist der wohl immer noch maßgebliche Artikel dazu geworden: »Die Akte Strache«.

Also setzen wir uns mit den beiden zusammen und fragen sie etwas linkisch, ob sie theoretisch in den nächsten Wochen Zeit hätten – weil es sein könne, dass wir am nächsten Tag ziemlich gutes Material zu Heinz-Christian Strache bekommen würden. Wir deuten an, dass es um Korruption gehen wird, und um ein heimliches Video, viel mehr wollen wir noch nicht sagen, nachdem wir ja noch nicht einmal die Tonspur haben. Außer, dass es ein paar Wochen Arbeit sein wird, und die erst mal ziemlich nervig sein wird: Wir müssen das Sieben-Stunden-Band abtippen. Manchmal lassen wir so etwas von professionellen Transkribierdiensten machen, aber in diesem Fall ist das keine Option. Der Inhalt ist zu heikel.

Eines ist schnell klar: Leila und Oliver müssen wir nicht überreden. Ihr Interesse ist sofort geweckt.

Auch Peter Münch, unser Österreichkorrespondent mit Dienstsitz Wien, meldet sich zurück. Ihm können wir auch nicht mehr erzählen, aber er ist ebenfalls sofort dabei. Peter sagt seine nächste große Geschichte für die Zeitung ab und wenig später auch seinen Italienurlaub, der in der Woche darauf begonnen hätte, und macht sich auf den Weg nach München, damit wir alle zusammen am selben Ort arbeiten können.

Als Nächstes gründen wir eine Chat-Gruppe auf »Signal« für uns fünf, sie heißt: »Project Austria«.

Dann organisieren wir uns noch unseren Projektraum. Amerikanische Journalisten nennen speziell gesicherte, abgetrennte Räume für Investigativprojekte meistens »War Room«. Bei uns ist es das »Kammerl«: ein mittelgroßer Raum im Hochhaus der *Süddeutschen Zeitung* am Rande Münchens, den wir bei Bedarf – wenn wir an einem sensiblen Projekt arbeiten – sehr schnell in eine Art Sicherheitskapsel umrüsten können. Dann haben nur wir Zugang, die Mitglieder der jeweiligen Projektgruppe. Weder der Chefredakteur noch die Putzkolonne können den Raum ohne unsere Hilfe betreten. Solche Maßnahmen wurden notwendig, als wir im Frühjahr 2015 begannen, an den Daten der Panama Papers zu arbeiten – mit denen wir nur in einem sicheren Raum arbeiten konnten. Damals hatten wir eine Quelle zu schützen, die uns mit Millionen von Dokumenten versorgt hat. Dokumente, die Wladimir Putins besten Freund als Strohmann für fragwürdige Milliardenflüsse auswiesen, das Geld von Diktatoren und Mafiaclans nachverfolgbar machten und am Ende zwei Regierungen stürzten, in Island und in Pakistan, und viele Menschen ins Gefängnis brachten. Wäre unsere Quelle aufgeflogen, sie wäre in Lebensgefahr gewesen.

Daneben ist das Kammerl einfach praktisch, weil es viele beschreibbare Tafeln an den Wänden hat und wir darin auch zu fünft arbeiten können – wenn wir Ellenbogen an Ellenbogen sitzen und öfter mal lüften. Der Raum steht ab dem nächsten Tag bereit.

Aber erst brauchen wir das Material. Inzwischen haben wir die Koordinaten geschickt bekommen, an denen wir uns am Nachmittag des folgenden Tages einfinden sollen. Und wenn wir hier schreiben Koordinaten, meinen wir tatsächlich GPS-Koordinaten. Also etwas wie das hier: 48° 8› 15.396« N 11° 34› 47.73 E. Das sind allerdings die Geo-Koordinaten des Münchner Hofbräuhauses – und nicht die des geheimen Treffpunkts.

Am nächsten Tag lesen wir uns am Vormittag noch weiter ein. Zu Strache etwa gibt es immer Neues – unter anderem auf seiner Facebook-Seite, der 800.000 Menschen folgen. Das ist jeder zehnte Österreicher.

Dann treffen wir einen Kollegen, der auf der *Spiegel*-Seite mit im Österreichteam ist und sich auf den Weg nach München gemacht hat, steigen ins Auto und fahren los. Weisungsgemäß melden wir unserem Kontakt unser Nummernschild, den Autotyp, die Farbe und wann wir wahrscheinlich ungefähr da sein werden. Wo auch immer »da« genau ist.

Dieses Agentenfilm-Gehabe wirkt komisch, das ist uns auch klar. Wichtigtuerisch, geheimniskrämerisch. Aber während wir im Auto sitzen, versuchen womöglich gerade mehrere österreichische Geheimdienste diejenigen zu finden, die

Heinz-Christian Strache und Johann Gudenus reingelegt haben. Oder die Einzelperson. Zur Erinnerung: Strache ist zu dieser Zeit Vizekanzler, Innenminister ist sein Parteifreund und FPÖ-Chefideologe Herbert Kickl, der aus fragwürdigen Gründen den Verfassungsschutz hat durchsuchen lassen.

Tatsächlich hat sich in diesen Tagen unser Kontakt mit einer Sorge gemeldet. Er höre, dass Kräfte im erweiterten Umfeld Straches in Sachen Ibiza aktiv geworden seien, und dass schon verschiedene Strategien zur Diskreditierung von möglicherweise involvierten Personen erwogen würden. Zum Beispiel: Jemandem Drogen in den Kofferraum zu legen, die dann von der Polizei gefunden würden. Oder jemandem Kinderpornographie auf den Rechner zu spielen, und ihn dann zu melden. Wir können schlecht einschätzen, wie wahrscheinlich so etwas ist. Die Ängste zumindest klingen nicht erfunden. Wir protokollieren es.

Wir haben in diesem Fall jedenfalls absolutes Verständnis für mögliche Paranoia unseres Kontakts, und für Vorsichtsmaßnahmen jedweder Art.

Nach einigen Stunden Fahrt erreichen wir unser vorläufiges Ziel: eine Tankstelle im Nirgendwo. Hierhin haben uns die Koordinaten geführt, hier sollen wir auf neue Instruktionen warten. Wir stellen den Motor ab und schauen, ob sich der Kontakt gemeldet hat.

»Geht gleich weiter«, schreibt er.

»Wir sind jedenfalls jetzt da«, schreiben wir.

»Ich weiß«, kommt zurück.

Wir werden also beobachtet, das ist ein wenig unheimlich. Wir steigen aus, strecken uns und schauen uns um. Aber er (oder sie) könnte überall sein. Egal. Wir steigen wieder ein.

Dann kommt schon die nächste Anweisung: Wir sollen die Straße weiterfahren, bis uns ein bestimmtes Auto überholt, dem wir dann folgen sollen. Und das tun wir, bis der Wagen vor einem verlassenen Hotel zum Stehen kommt. Unser Kontakt – vielleicht, das sei zur Sicherheit nochmals erwähnt, sind es auch mehrere Personen oder eine Frau – bedeutet uns, ebenfalls dort zu parken.

Wir steigen aus und folgen unserem Kontakt mit leichtem Bauchgrimmen in das ehemalige Hotel. Es ist nur ein ruhiger Ort. Dort wird uns das Material auf einen Stick kopiert – es sind am Ende mehrere Audiodateien, wichtig ist im Grunde aber nur die zentrale siebenstündige Tonspur. Darauf sind alle entscheidenden Teile der Unterhaltung nachzuhören, wird uns versichert. Währenddessen unterhalten wir uns über dies und das und versuchen, uns nicht anmerken zu lassen, wie sehnlich wir auf das Material gewartet haben.

Auf der Rückfahrt spielen wir alle möglichen Varianten durch, was wohl passieren wird, wenn wir den Inhalt des Sticks veröffentlichen. Wird Strache gehen müssen?

Jeder im Auto ist skeptisch.

Vor allem sprechen wir mit dem *Spiegel*-Kollegen unser Vorgehen ab: Beide Redaktionen – die *SZ* und der *Spiegel* – werden getrennt voneinander das Band abtippen, dann schicken wir uns die Abschriften. Auch um zu kontrollieren, ob wir an den entscheidenden Stellen das Gleiche hören. Alles, was nicht eindeutig verständlich ist, werden wir ignorieren. Später, falls wir auch das Video bekommen, können wir dann sehen, ob die dazu gehörende Audiospur besser ist.

Jetzt geht es erst einmal um Geschwindigkeit. Wir wollen mit der Geschichte so bald wie möglich an die Öffentlichkeit gehen. Wir schätzen, dass wir in rund zwei Wochen fertig sein könnten. Da der *Spiegel* immer am Samstag erscheint, also digital am Freitagabend, scheint der logische Termin der Samstag beziehungsweise der Freitagabend in zwei Wochen zu sein. Der 17. Mai 2019.

Wir haben einen Termin. Vorausgesetzt, wir werden bis dahin mit allem fertig, also der Prüfung des Materials, den Vorhalten, den Texten und so weiter. Aber irgendwann muss man ein Zieldatum festsetzen. Verschieben kann man immer noch. Damit wir alles einmal persönlich besprechen können, kommt das Österreichteam des *Spiegel* – damals Martin Knobbe, Wolf Wiedmann-Schmidt und Walter Mayr – eigens zu uns nach München. Wir sperren uns für ein paar Stunden ins Kammerl und gehen unsere Pläne und Ideen durch, den Zeitplan und so weiter. Wir sprechen aber auch jeden Zweifel an, jedes ungute Gefühl, das wir haben, alle Probleme, die wir noch sehen. Vieles sehen wir gleich, aber natürlich nicht alles. Aber dafür sind wir ja auch nicht da.

Um das Zieldatum zu schaffen, wird das Kammerl von nun an fast ununterbrochen belegt sein, auch am Wochenende. Wir teilen uns die sieben Stunden der Tonspur auf, jeder tippt erst mal eine Stunde ab, die Schnelleren übernehmen den Rest. Aber jeder muss alles kennen, alles gehört haben. Also sitzen wir ständig mit großen Kopfhörern nebeneinander und hören Heinz-Christian Strache dabei zu, wie er auf Ibiza Österreich und die Welt erklärt.

Schnell stellt sich auch heraus, dass es sehr praktisch ist, mit Leila eine Österreicherin an Bord zu haben, eine Wienerin sogar. Sie ist für uns sozusagen das absolute Gehör, wenn es um den Wiener Dialekt geht. Überhaupt wären wir ohne Leila, Oliver und Peter aufgeschmissen, sie können uns viele Details erklären: welche Rolle die Burschenschaftler innerhalb der FPÖ spielen, warum Strache den Strabag-Gründer Haselsteiner hasst, warum die *Kronen-Zeitung* den Freiheitlichen meist eher gewogen war und noch vieles mehr. Es ist dann doch erstaunlich, wie anders Österreich funktioniert – verglichen mit Deutschland. Zu zweit, ohne Experten für Österreich, wäre die Geschichte nicht zu schaffen. Österreich ist aber auch erfreulich anders, vor allem was die Verpflegung angeht. Um die Motivation hochzuhalten, sorgen wir dafür, dass jederzeit genug Manner-Schnitten da sind, also österreichische Kekswaffeln, und natürlich Almdudler, österreichische Schokolade und, wir gestehen es, auch Red Bull.

Vermutlich hätte es all dessen nicht bedurft. Diese Recherche ist sehr vieles, aber niemals langweilig.

FINALE AUF IBIZA

Sant Rafel de Sa Creu, 25. Juli 2017, gegen zwei Uhr morgens. Heinz-Christian Strache hat gerade noch von Bitcoins und dem nahenden Untergang der Weltwirtschaft gesprochen, dem Währungscrash, als er plötzlich aufspringt. »Wir müssen jetzt fahr'n.« Er will endlich an die Küste, in die Diskothek, »ins Hï«, dahin, wo die FPÖ-Nachwuchshoffnungen warten: »... lauter Junge, die sind mit 13 Jahren vor uns gestanden und kannten alle meine Raps auswendig.« Jetzt seien sie zwischen 22 und 25 Jahre alt, »und wir bauen sie auf«.

Tatsächlich hat Heinz-Christian Strache immer wieder seine politischen Botschaften in eine Art Sprechgesang verpackt und als Rap veröffentlicht – und das nicht ohne Erfolg. Die Videos zu Songs wie »Good Men[sch] Rap«, »Steht auf, wenn ihr für HC seid!« oder »Österreich zuerst« haben auf YouTube inzwischen viele Hunderttausend Klicks. Strache singt von »Scheinasylanten« oder einem »Millionenheer« von Armen in Österreich – bei acht Millionen Österreichern. Dazu gibt es Refrains wie »Volksvertreter statt Verräter, Abendland in Christenhand«.

Wie auch immer, seine jungen Fans sind inzwischen in die FPÖ integriert, und jetzt wollen sie zusammen feiern.

»Du musst uns bringen«, sagt Strache dem Begleiter der Russin. Er soll sie in Richtung Disko fahren, irgendwohin, wo sie ein Taxi bekommen, »weil sonst kommen wir nicht weg«.

Einen ganzen Abend lang, etwa sechseinhalb Stunden inzwischen, haben Heinz-Christian Strache, Johann Gudenus und dessen Frau Tajana mit einer ihnen weitgehend unbekannten Frau darüber verhandelt, wie russisches Geld aus unbekannter Quelle das Wahlergebnis der FPÖ beeinflussen könnte – und was sie dafür bekommen soll.

Das eine ist es, in eine solche Situation geraten zu sein, aber so etwas kann passieren: ein falscher Rat eines Parteifreundes, eine falsche Vorstellung davon, was die andere Seite wollen könnte. Das andere aber ist es, in dieser Situation stundenlang mit Menschen, die offenbar kriminelle Absichten haben, zu verhandeln. Die angebliche Oligarchennichte Aljona Makarowa und ihr Begleiter haben an diesem Abend oft genug klargemacht, was sie wollen: der FPÖ nach oben helfen – und davon in unlauterer Weise profitieren.

Und genau da treffen sich ihre Interessen mit denen von Strache und Gudenus: Sie wollen sich von der angeblichen Russin nach oben helfen lassen und erklären sich bereit, die Russin dafür in unlauterer Weise profitieren zu lassen.

Jetzt ist dieser fatale Abend, diese fatale Nacht, so gut wie vorbei, das Wohnzimmer leert sich. »Wollt's noch mal mit ihr reden?«, fragt der Vertraute der Russin, und deutet hinaus, dorthin, wo die angebliche Investorin schon vorausgegangen ist. »Ja, wir verabschieden uns«, sagt Strache, etwas theatralisch. Die Kamera hinter der Couch hat genau vier Stunden und 22 Minuten mitgeschnitten, als Strache seine Zigarettenschachtel vom Tisch nimmt, sich eine letzte anzündet und den Raum verlässt. Johann Gudenus bleibt zurück, er steht etwas verloren im Raum und sucht nach seinem Mobiltelefon.

Dann geht auch er.

Wenig später steht die Gruppe wieder auf der Terrasse beisammen, wo der Abend beim Aperitif begonnen hat. Wieder geht es um den *Krone*-Deal. Strache erklärt, was er schon viele Male an diesem Abend erklärt hat: dass sie die Dichand-Anteile an der Zeitung kaufen solle – er werde dann helfen, die anderen 50 Prozent unter Kontrolle zu bekommen. »Sag ihr«, sagt er zu Gudenus, dass sie sich keine Sorgen machen solle, »es gibt für uns nur eine Ansprechpartnerin, es gibt kein Doppelspiel oder Dreifachspiel«.

Ihm scheint es nun aber zu reichen, er will weg. »Sag ihr jetzt bitte, wir fahren jetzt. Sie kann immer offen mit uns reden.«

Die vermeintliche Oligarchennichte erklärt derweil auf Russisch, dass sie nicht verstehe, warum man sich noch immer nicht geeinigt habe. Obwohl man doch genau deswegen zusammengekommen sei. Dann geht sie ins Haus, in die Küche.

Er kenne die russische Mentalität, erklärt ihr Begleiter, sie fliege am nächsten Tag weg, dann sei sie vier Wochen auf Reisen. »Wenn man jetzt aufsteht, bevor sie wegfährt, und nichts mehr passiert, dann passiert nichts mehr. Das ist sicher.«

»Ich kann nur sagen: Sie macht das Gescheite und Richtige, wenn sie es macht«, sagt Strache, es geht immer noch um die *Kronen-Zeitung*.

»Ich weiß nicht, wie wichtig die Geschichte für euch ist«, sagt der Begleiter, »aber wenn, dann wär's intelligent, wenn es ihr irgendjemand eintrichtert, bevor sie abhaut.«

In den letzten Minuten spitzt sich die Lage noch einmal zu. So lange hängt der saftige Schinken des *Kronen-Zeitungs*-Deals Strache nun schon vor der Nase, mit allem, was daran hängt: der Wahlkampf. Die Macht. Die Regierungsbeteiligung, endlich. Das Kanzleramt, möglicherweise. Aber wenn Strache und Gudenus fahren, ohne sich geeinigt zu haben, so vermittelt es der Berater der angeblichen Multimillionärin, dann sei der Deal geplatzt.

Strache wendet sich an Gudenus: »Mach ihr das jetzt klar, Joschi. Mach das klar, mach das klar«, sagt er, und dann: »Joschi, geh jetzt hinein, mach das jetzt klar.«

Und so geht Johann Gudenus, genannt Joschi, los, in die Küche: Um mit Aljona Makarowa unter vier Augen zu sprechen. Unter vier Augen und einer Kamera.

TREFFEN MIT DER OLIGARCHENNICHTE

Ein geheimer Ort irgendwo in Europa, Anfang Mai 2019.

Seit Monaten wissen wir nun von der angeblichen Oligarchennichte und ihrer Rolle als Lockvogel. Wir haben sie im Video auf Stilettos durch die Villa laufen sehen, auf Englisch radebrechen und auf Russisch verhandeln gehört. Und wir haben beobachtet, wie sehr sie Heinz-Christian Strache gefallen hat.

Aber wir haben nicht die geringste Ahnung, wer sie ist. Alle unsere Fragen nach ihr sind bislang versandet. Über den anderen Lockvogel haben wir inzwischen aus verschiedenen Quellen einiges erfahren, auch aus offiziellen Dokumenten. Wir können nicht ins Detail gehen, aber es betrifft sein Vorleben, seinen Beruf, seine Motivation, und es ist genug, damit wir uns halbwegs sicher fühlen können.

Aber die angebliche Aljona Makarowa ist das Gesicht der Falle, und über sie wissen wir nur, dass sie ein wenig Englisch und wesentlich besser Russisch kann. Natürlich, wir kennen ihre Stimme, wir wissen, wie sie aussieht. Aber das reicht uns nicht.

Wir müssen sie treffen. Wir wollen wissen, wer sie ist, woher sie kommt, was sie beruflich macht und wie sie die Ereignisse einschätzt, die sich an diesem Abend auf Ibiza zugetragen haben. Ob sie wusste, worauf sie sich einlässt, ob sie Geld für ihren Part bekommen hat, wie sie sich vorbereitet hat und ob sie jetzt Angst hat. Wir müssen auch absurd wirkende Fragen stellen, etwa ob sie freiwillig mitgemacht hat oder ob sie dazu genötigt wurde.

Wenn wir das nicht tun können, laufen wir Gefahr, die Geschichte falsch einzuordnen. Eine Geschichte, die zumindest das Potenzial hat, eine größere Krise in unserem Nachbarland auszulösen.

Unsere Fragen geben wir seit Monaten an unseren Kontakt weiter, aber bislang ohne Erfolg.

Jetzt wird es aber dringend. Wir haben die Tonspur, wir tippen ab, im Team mit Leila, Peter und Oliver, wir recherchieren die Nebenstränge, die Spendensache, und wir planen erste Artikel. Wir stehen in den Startlöchern, wir bereiten uns darauf vor, dem amtierenden Vizekanzler der Republik Österreich schwere Vorwürfe zu machen. Da müssen wir alles abklopfen.

Wir besprechen uns mit den Kollegen vom *Spiegel* und sind uns – wie meistens – schnell einig: Wir beschließen, das Treffen zu einer weiteren Bedingung zu machen. Wenn wir die angebliche Russin nicht sprechen können, persönlich, werden wir nicht veröffentlichen.

Aber wir müssen den Druck gar nicht eskalieren lassen, die andere Seite versteht unsere Position anscheinend – und nimmt offenbar Kontakt auf zu der angeblichen Oligarchennichte. Wir bekommen die Antwort, dass wir uns bereithalten sollen. Allerdings ist klar: Falls sie einem Treffen zustimmt, dann nur unter der Bedingung, dass wir alles hoch vertraulich behandeln, was wir besprechen – und ebenso, wie sie aussieht, was sie anhat und so weiter. Wir können aber schreiben, dass wir sie getroffen haben, und wir können eine informierte Entscheidung darüber fällen, wie wir mit ihrer Person umgehen sollen.

Damit können wir leben.

Wenig später, es geht bereits auf den Abend zu, kommt die Bestätigung: Wir können die angebliche Russin treffen. Es wird jetzt auf einmal sogar sehr schnell gehen: Wir sollen am Morgen des nächsten Tages bereitstehen.

Aber: Der Ort, an dem wir sie treffen, ist ziemlich weit weg. Und in einer Gegend, die für uns mit dem Zug nicht leicht erreichbar ist. Das bedeutet, wir müssen fast die ganze Nacht fahren. Aber so soll es dann eben sein. Diese Chance werden wir nicht vorbeigehen lassen.

Als wir zusagen, ist schon nicht mehr klar, ob sie es sich nicht doch anders überlegt hat. Oder anders überlegen wird. Wir sollen einfach hinfahren, heißt es.

Wir besprechen die Sache kurz mit der Chefredaktion – immerhin fahren wir auf Verdacht sehr weit weg, mit einer eher vagen Zusage, und wissen nicht, wer dort am Ende auf uns wartet. Dann steigen wir ins Auto und fahren los. Kurz überlegen wir, die Audiodatei während der Fahrt laufen zu lassen, als Einstimmung sozusagen. Von der Länge her wäre es kein Problem, die sieben Stunden Ibiza hätten wir gut durchhören können.

Als wir schon einige Hundert Kilometer gefahren sind, mitten in der Nacht, meldet sich unser Kontakt. Das Treffen verschiebt sich Richtung Mittag. Ganz unrecht ist uns das nicht, wenig später machen wir halt und schlafen ein paar Stunden in einem Motel an der Straße.

Als wir am nächsten Tag am Zielort ankommen, ist auch schon ein kleines Team des *Spiegel* vor Ort. Wir drücken uns eine Zeit lang am Ortsrand herum, während wir darauf warten, ob wir die Russin nun treffen können oder nicht. Irgendwann kommt das »Ja«, aber die Örtlichkeit des Treffens wechselt alle 20 Minuten. Dann heißt es: Ihr könnt kommen. Am Ende entscheidet sich die andere Seite für ein Café. Das passt eigentlich nicht zu all den Sicherheitsvorkehrungen, jedenfalls auf den ersten Blick; der Kontakt überrascht uns immer wieder.

Als die angebliche Oligarchennichte das Café betritt, erkennen wir sie sofort. Auch ihre Stimme, die wir schon so lange kennen. Ein Lächeln, ein fester Händedruck, dann geben alle die Telefone ab, und wir reden.

Wir reden länger, als wir erwartet hätten, und einige unserer Bedenken sind nach dem Treffen erheblich geschrumpft. Wir können, wie bereits erklärt, weder aus dem Gespräch zitieren noch sinngemäß wiedergeben – mit wenigen Ausnahmen. Wir können sagen, dass sie uns – entspannt und glaubhaft – versichert, gewusst zu haben, worauf sie sich einlässt, nicht erpresst worden zu sein und auch kein Geld bekommen zu haben. Außerdem lässt sie ausrichten, dass sie es sich wesentlich schwerer vorgestellt habe – und erstaunt war darüber, wie leichtfertig Gudenus und Strache ihr Dinge anvertraut haben, die die beiden in enorme Probleme bringen können. Sie habe nicht erwartet, dass in Österreich Politiker so schnell bereit seien, solche Versprechungen zu machen.

Für uns ist das Gespräch auch deshalb hilfreich, weil wir viele Informationen, die wir bereits von unserem Kontakt bekommen hatten, noch einmal überprüfen können. Wir fragen beispielsweise gegen Ende des Gesprächs auch den Verlauf der Tage auf Ibiza ab: Wann kamen die Lockvögel an, wie wurde das Treffen vorbereitet, wann kam das Sushi an, wann Strache und das Ehepaar Gudenus, wie lange sind sie geblieben, wohin wollten sie danach?

Obwohl wir absprachegemäß das Treffen nicht mitgeschnitten haben, hallt es die ganze Rückfahrt nach. Im Kopf hören wir die angebliche Russin über Ibiza sprechen und über die beiden Österreicher, die fast sieben Stunden lang nicht verstanden haben, was ihnen gerade passiert.

»JOSCHI, MACH DAS KLAR!«

Sant Rafel de Sa Creu, 25. Juli 2017, in den frühen Morgenstunden.

Wenn es zu einer Einigung kommen soll, dann ist jetzt die letzte Chance.

Also geht Gudenus noch einmal in die Villa, wo er in der Küche die vermeintliche Oligarchennichte trifft; Strache, Gudenus' Frau und der Begleiter der Russin bleiben draußen, eigentlich will der Besuch ja endlich los. Gudenus hat den ganzen Abend übersetzt. Ihm gegenüber ist die Russin oft sehr deutlich geworden. »Es geht mir auf den Geist«, hat sie im Wohnzimmer geflucht, »jetzt unterhalten wir uns schon bereits seit vier oder fünf Stunden über nichts.« Dabei wusste sie genau, was sie wollte, daran hatte sie keinen Zweifel gelassen: »Du investierst etwas und gibst jemandem etwas. Kaufst eine Stimme. Dann macht diese Stimme für dich etwas. Darüber sprechen wir hier.« Gudenus weiß also, was sie sich wünscht: feste Zusagen. Was sie damit verlangt, nennen wir: Korruption.

Laut den Aufnahmen der versteckten Kamera, die das Gespräch aufzeichnet, ist es bereits 3:23 Uhr – es ist aber unklar, ob die Uhr richtig eingestellt ist.

»Aljona!«, ruft Gudenus, als er in die Küche tritt. »Ja«, sagt sie. Sie lehnen an einer schwarzen Kochinsel, in der Ecke des

Raums ist ein Kamin, auf der Anrichte steht eine Flasche Wein und noch mehr Red Bull.

»Hallo«, sagt Gudenus, und dann, mit gesenkter Stimme auf Russisch: »Es ist möglich, nur er sagt es nicht, verstehen Sie?«

Er, das ist Strache. Der Mann, der draußen auf der Terrasse steht. Der Parteichef, der Saubermann.

Er sagt es nicht.

Aber Joschi, der es jetzt klarmachen soll, Joschi sagt es. Sein Soldat, sein Ziehsohn, sein Gefährte.

Aber der Russin reicht das nicht, »er muss mich auch verstehen«, sagt sie, »ich tue viel – und dies ist gefährlich, selbst für mich«.

Und Joschi, Straches Mann fürs Grobe, sagt zu der Frau, die angeblich viele russische Millionen nach Österreich bringen will: »Wir sind zu hundert Prozent bereit zu helfen, egal, was kommt.«

Zu hundert Prozent. Egal, was kommt.

»Sie verstehen, was ich für einen Plan habe?«, fragt die angebliche Oligarchin.

»Wir verstehen sehr, sehr«, sagt Gudenus.

Danach sprechen die beiden noch ein wenig über Politiker, die Strache und Gudenus angeblich schaden wollen, der Name des damaligen Kanzlers Christian Kern fällt.

Nach ein paar Minuten verlassen die beiden die Küche und gehen raus, zu den anderen.

Strache und Gudenus versuchen noch, die Russin zu überreden, mit in die Disko zu kommen, »die hübsche Dame« solle mitkommen, sagt Strache. Gudenus solle ihr sagen, sie solle es als »Long-Investment« sehen, sagt Strache, sie treffe dort die Parteichefs, die doch in zehn Jahren die Partei übernähmen.

Strache bedankt sich noch auf Englisch bei der Russin, dann

ruft er ungeduldig »Joschi, steig jetzt ein«, und Joschi steigt ein. Der Begleiter der Oligarchennichte wird den Besuch hinunter zum nächsten Taxistand fahren. Von dort aus soll es weitergehen. In die Disko.

»High, high, high society«, singt Heinz-Christian Strache auf der Terrasse der Villa zum Abschied: »We make party now.«

Seine FPÖ-Freunde warten schon.

OHRENVERGLEICH

München,
10. Mai 2019. Eine Woche noch. Dann werden wir tatsächlich diese irre Geschichte über Heinz-Christian Strache und seinen Abend in der Villa veröffentlichen. Das ist jedenfalls der Plan. Und wir sind ziemlich zuversichtlich, denn: Wir haben das Material.

Auf etlichen USB-Sticks und auf unseren sicheren Computern liegen nicht nur das Audio, sondern auch zahlreiche Videodateien.

Tatsächlich.

Das bedeutet, dass wir die maßgeblichen Entscheidungen ab jetzt selbst in der Hand haben. Vor allem: wann wir veröffentlichen.

Das Material wurde uns bei zwei Treffen an zwei verschiedenen Orten übergeben. Nur die eine Reise können wir beschreiben – jene, an deren Ende wir die siebenstündige Audiospur und ein paar Dateien mehr auf einem USB-Stick hatten. In einer zweiten Übergabe folgen viele Stunden Video – genau haben wir sie bis heute nicht zusammengerechnet. Nachdem der Treffpunkt dafür mit unserem Kontakt abgesprochen ist, holt ein *Spiegel*-Kollege das Material ab – wir sparen uns die

Reise. Die Übergabe an uns erfolgt noch am selben Abend, und noch in der Nacht nach der Übergabe kopieren wir die Videos auf weitere Sticks, um am nächsten Morgen sofort loslegen zu können. Zum einen wollen und müssen wir alle nun auch die Videos in Gänze sehen, zum anderen muss das Video so schnell wie möglich fachmännisch geprüft werden.

Zwar sind die Videos, zumindest jene, die bei Tageslicht oder in der Villa aufgenommen wurden, gestochen scharf. Aber wir müssen wissen, ob jemand das Video manipuliert hat: ob einzelne Passagen herausgeschnitten, an anderen Stellen Sätze eingefügt wurden oder es anders verfälscht ist. Und auch wenn Heinz-Christian Strache, Johann Gudenus und Tajana Gudenus deutlich zu erkennen sind: Können wir uns hundertprozentig sicher sein, dass sie es sind und nicht sehr gut geschminkte Doppelgänger?

Wir sprechen mit den Kollegen vom *Spiegel* und entscheiden uns, das Videomaterial forensisch auf Echtheit prüfen zu lassen, also ob das Video manipuliert wurde, ob die Audioaufnahme den Audiospuren des Videomaterials entsprechen. Um auf Nummer sicher zu gehen, wollen wir das getrennt machen: Der *Spiegel* beauftragt das Fraunhofer-Institut für Sichere Informationstechnologie in Darmstadt, und wir fahren in ein Industriegebiet im Münchner Süden.

Hier, in einem unscheinbaren Gebäude, hat George A. Rauscher sein Büro, er ist geprüfter und zertifizierter Sachverständiger für Fotoforensik, Fotoanthropologie und digitale Forensik. Seit mehr als zehn Jahren arbeitet er als Freiberufler für Versicherungen, Polizei, Staatsanwaltschaften – und Medienhäuser. Früher, erzählt er uns, stand er auf der anderen Seite des Gesetzes: Als Teenager fertigte er Raubkopien von Software, mit zwanzig hackte er nach eigenen Angaben einen Telekomsatelliten. Jetzt hilft er, auf Überwachungsvideos Personen und Tatwaffen zu identifizieren. Auch an der Jagd auf die letzten untergetauchten RAF-Mitglieder war er beteiligt.

Der Endvierziger, unter dessen Hemdkragen das Tattoo eines japanischen Schriftzeichens herausschaut, begrüßt uns mit einem kräftigen Händedruck, dann führt er uns in sein Büro: riesige Bildschirme, auf dem Schreibtisch liegt ein Totenkopf, dazu eine täuschend echt aussehende Pistole aus Plastik – »zu Demonstrationszwecken vor Gericht«, erklärt Rauscher.

Der Sachverständige ist die erste Person außerhalb unserer Redaktion und der des *Spiegel*, der die Videos zu sehen bekommt. Zur Sicherheit muss er deshalb eine Geheimhaltungsvereinbarung unterzeichnen: Sollte er nur ein Sterbenswörtchen über das Video verlieren, muss er eine hohe sechsstellige Summe bezahlen. Das würde uns den Schaden dann nicht mehr rückgängig machen, aber immerhin schreckt es ab.

Wir übergeben ihm zwei USB-Sticks, das Wohnzimmervideo aus der Villa auf Ibiza und die Tonaufnahme. Er soll vergleichen, ob die zuerst übergebene Tonaufnahme und die Tonspur des Videos zusammenpassen. Wenn nicht, wäre das ein Beleg für eine Manipulation. Wir zeigen ihm den Link zu der Villa im Internet, erklären, dass wir denken, das Video sei dort aufgenommen worden, und bitten um eine Einschätzung.

Rauscher soll auch überprüfen, ob die Männer auf dem Video tatsächlich Heinz-Christian Strache und Johann Gudenus sind. Wir sind uns zwar längst sicher, aber das hilft zum einen, bei unseren Leserinnen und Lesern Vertrauen zu schaffen, und zum anderen vor Gericht, sollten die beiden FPÖ-Politiker behaupten, sie wären nie in der Villa gewesen. Wir brauchen ein Gutachten.

Als Rauscher erfährt, um wen es geht, schluckt er kurz. Dann drückt er Play.

Schon nach wenigen Minuten sagt er »Da war wahrscheinlich eine der Kameras versteckt« und zeigt auf einen Lichtschalter. Tatsächlich ist der Schalter auf den Fotos der Villa nicht zu sehen, die wir von dem Buchungsportal im Internet heruntergeladen und Rauscher mitgebracht haben.

Dann will der Forensiker Ohrenfotos der beiden Politiker haben. Ohrenfotos? Wir sind kurz irritiert – will er uns veräppeln? Aber er meint es ernst, die Ohrenfotos brauche er als Vergleichsmaterial, erklärt er uns, möglichst von vorn, schräg von vorn und von der Seite. Denn menschliche Ohren, erfahren wir, sind etwa so einzigartig wie Fingerabdrücke.

Zum Abschied verspricht George Rauscher, das Gutachten werde in zwei oder drei Tagen fertig sein. Er werde sofort loslegen und das Wochenende durcharbeiten.

Wir verabschieden uns und fahren zurück in die Redaktion. Auch wir werden in den nächsten Tagen wenig schlafen: Das Video muss transkribiert und mit dem Audiotranskript verglichen werden, sämtliche darin erwähnten wichtigen Details – zur Strabag, zu den Parteispenden, zu Straches Russlandkontakten und so weiter – müssen wir überprüfen, außerdem suchen wir eine beeidigte Dolmetscherin, um die russischen Passagen zu übersetzen.

In unserem dauerbesetzten Kammerl ist es eng, es riecht nach Red Bull und Arbeit. Die Wandtafeln sind beschmiert mit To-do-Listen und Stichpunkten unter Überschriften wie »Checken«, »Zeitstrahl« oder »Themen«, auf dem Boden liegen zerknüllte gelbe Notizzettel, leere Pizzaschachteln und österreichische Zeitungen herum. Auf dem Kopf Ohrhörer und vor uns auf dem Bildschirm: das Video aus Ibiza. Wir hören an, schreiben nieder, hören nach, korrigieren, hören noch mal – und diskutieren.

Immer wieder hebt eine oder einer von uns den Arm, dann gehen sofort alle Kopfhörer runter: Wir haben wieder was gefunden. Manches, was auf der Tonaufnahme, die wir zu dieser Zeit alle fünf schon seit einer Woche hören und ziemlich gut kennen, nicht gut zu hören ist, klingt plötzlich kristallklar auf der Tonspur des Hauptvideos. Das betrifft besonders die Teile, in denen in der Ecke des Sofas, wo die Kamera sehr nah war, geflüstert wird. Deswegen entdecken wir immer wieder Flüsterpassagen, die wir zuvor nicht kannten – oft solche, in denen Strache und das Ehepaar Gudenus allein im Raum waren und unverstellt ihre Meinung sagen. Diese Passagen hören wir alle fünf zum ersten Mal, denn auch als wir beide vor einigen Monaten das ganze Video zum ersten Mal sehen konnten, haben wir bei allen Flüsterpassagen auf schnellen Vorlauf gedrückt. Es hätte einfach zu lang gedauert, sich einzuhören.

So stoßen wir etwa auf die Stelle, in der Strache von angeblichen Drogenorgien spricht und über die angebliche Homosexualität politischer Konkurrenten. Aber auch die Stelle, als er plötzlich eine Falle wittert, wegen der Zehennägel der angeblichen Russin. Die gesamte Besetzung des Kammerls steht fasziniert vor einem Computer, wir stellen auf so laut wie möglich. Tatsächlich. Strache und Gudenus waren so kurz davor, die Falle zu enttarnen. So kurz.

Und dann ging es doch weiter.

An den Wandtafeln des Kammerls steht auch eine lange Liste von Dingen, die wir noch überprüfen müssen: ob heimlich gemachte Videoaufnahmen in Spanien legal sind; ob die Strabag weniger Staatsaufträge bekommen hat, seit die FPÖ in der Regierung ist; welchen Straftatbestand die Versprechen womöglich erfüllen, die Strache und Gudenus geben.

Außerdem eine immer längere Liste von Texten, die wir schreiben wollen: den Haupttext natürlich, dazu ein Strache-Porträt, ein Gudenus-Porträt, einen Text über die Spendengeschichte, einen Frage-und-Antwort-Text. Der *Spiegel* plant eine ähnliche Berichterstattung, mit eigenen Texten. Jeder macht seins, wir sprechen uns aber laufend ab, sicher täglich, oft stündlich, in unserem Signal-Chat.

Wir fragen uns immer wieder, ob wir all das eigentlich schaffen in nur noch einer Woche. Die Stimmung im Kammerl wird ernster, nervöser. Jeder halbe Arbeitstag ist wichtig, jede Stunde sogar, und dann funktioniert auf einmal ein Laptop nicht mehr, er muss ausgetauscht werden. Bei einem anderen geht der Ton nicht mehr. Ausgerechnet der Ton, verdammt!

Jeden Tag kommen wir früher ins Büro, jeden Abend bleiben wir länger wach, die Mittagspausen dienen nur noch der reinen Nahrungsaufnahme. Wobei wir auch nicht gemeinsam essen gehen, damit unsere Kolleginnen und Kollegen im *SZ*-Hochhaus nicht anfangen zu flüstern, was die Investigativen dauernd mit der Österreichfraktion herumhängen. Dann geht im Kammerl plötzlich das Internet nur noch an zwei Arbeitsplätzen, wir stecken Kabel hin und her, und es wird schlechter: Jetzt hat nur noch ein Rechner Netz. Erst ein Notfallanruf bei einem Kollegen, der eigentlich frei hat, sich aber mit unserem Internetrouter und dessen Einstellungen auskennt, rettet uns.

Der Zeitdruck verstärkt auch unsere Angst, irgendwo einen Fehler reinzubringen. »In Ruhe«, sagen wir uns, »nicht hektisch«. Das mit dem Druck wird nicht besser, seit wir immer häufiger in die ernsten Gesichter unserer Juristen und Chefredakteure schauen.

Und wir sagen uns immer wieder: Wenn wir es nicht schaffen, verschieben wir es eben. Wir veröffentlichen nur, wenn wir es journalistisch, ethisch und juristisch vertreten können.

Es ist aber nicht zu leugnen, dass wir uns in einer vertrackten Lage befinden. In knapp einer Woche wollen wir drucken. In zwei Wochen ist Europawahl, und da tritt selbstverständlich auch die FPÖ an. Aber was, wenn wir nicht fertig werden vor der Wahl: Können wir das, was wir wissen, bis nach der Wahl zurückhalten? Und was, wenn wir rechtzeitig fertig werden – wird das nicht nach dem Versuch riechen, die Wahlen zu beeinflussen?

Der FPÖ-Spitzenkandidat ist der frühere Nationalrat und heutige FPÖ-Generalsekretär Harald Vilimsky. Er ist erst vor wenigen Tagen wieder mit dem *ORF* aneinandergeraten: Der Moderator Armin Wolf hat Vilimsky mit einer Karikatur der FPÖ-Parteijugend konfrontiert, die eine österreichische Familie zeigt, die von einer Horde finsterer Einwanderer bedroht wird. Die Einwanderer sind mit langen Hakennasen und Buckel gezeichnet – ähnlich wie einst Juden im NS-Blatt *Der Stürmer*, wie Wolf anmerkte. So weit ein üblicher journalistischer Vorgang: Man befragt einen hohen Funktionär zu problematischen Inhalten seiner Partei. Vilimsky aber drohte schon während der Liveübertragung, dass diese Frage »Folgen« haben werde für den Moderator.

Über Wolf brach eine Lawine an Beleidigungen herein, seine Absetzung wurde gefordert, Parteichef Strache nannte das Interview wiederholt »widerlich«; und der ehemalige FPÖ-Parteichef Norbert Steger – immerhin *ORF*-Stiftungsratsvorsitzender – empfahl Wolf eine Auszeit. Moderate Kommentatoren sahen den Skandal dagegen in den Reaktionen der FPÖ und warnten vor einer Einschränkung der Pressefreiheit durch die FPÖ-Koalitionsregierung.

Wir hätten dazu einiges beitragen können; wie Strache zur Pressefreiheit steht, wird aus dem Video klar ersichtlich: zack,

zack, zack, weg mit den Unliebsamen. Auch Strache, der starke Mann der FPÖ, guckt natürlich in ganz Österreich von den Plakaten für die EU-Wahl herunter.

Jetzt, wo wir das Material vor der Wahl in den Händen halten, wäre kaum zu rechtfertigen, es erst nach der Wahl zu veröffentlichen. Die Wähler in Österreich haben das Recht zu erfahren, dass Strache offenbar für korrupte Avancen empfänglich ist, dass er verdeckte Spenden erhalten will und dass ihm die Pressefreiheit nachrangig scheint.

Aber es hilft nichts. Wir dürfen uns nicht treiben lassen.

IM KAMMERL

München,
12. Mai 2019. An diesem Sonntagabend, wir haben noch fünf Tage bis zu unserem geplanten Veröffentlichungsdatum, ist auch Florian Klenk bei uns im Kammerl, der Chefredakteur der Wiener Wochenzeitung *Falter*. Wir waren uns schon zu Beginn der Recherchen sicher, dass wir für die Veröffentlichung einen österreichischen Partner brauchen. Bei einem derart heiklen Thema wollen wir nichts übersehen, keine Fallstricke, aber auch keine wichtigen Aspekte. Florian kennt sich in österreichischen Affären aus wie kaum ein anderer Journalist, etliche hat er selbst aufgedeckt, über viele andere geschrieben und recherchiert. Er kennt auch das Personal des Videos seit Jahren, er kann uns auf politische Nuancen hinweisen, und möglicherweise hat er selbst Akten im Schrank, die weiterhelfen. Außerdem kennt Florian ganz Wien und hat von allen, die wichtig sind, die Handynummer. Auch von Strache und Gudenus, erfahren wir bald.

Dazu kommt, dass Florian seit längerer Zeit von der Existenz eines Videos weiß, wir haben vor etlichen Monaten mit ihm vertraulich dazu telefoniert. Florian ist damals selbst über zwei Ecken angesprochen worden, ob ihn ein Strachevideo interessieren würde. Es sollte ein Treffen geben, aber dazu kam es nie. Stattdessen erfuhr er vor einigen Tagen – Wien scheint wirklich ein Dorf zu sein –, dass dieses Video inzwischen bei uns gelandet sein könnte. Und fühlte vorsichtig nach: Ob das denn stimme?

Wir halten ihn hin, es geht nicht anders. Wir können das Material nicht ohne Einverständnis unserer Quelle mit einem anderen, geschweige denn mit einem österreichischen Medium teilen. Stichwort Dorf. Und der *Spiegel* muss natürlich auch einverstanden sein.

Aber all das fügt sich, und als wir Florian fragen, ob er am Sonntag kommen kann, sagt er auf der Stelle zu – obwohl er nur grob weiß, was ihn erwartet. Aber für ein österreichisches Medium, einen österreichischen Journalisten, hat das Thema natürlich größte Relevanz.

So sitzen wir am Sonntagabend zusammen vor einem der Bildschirme in unserem Kammerl und lassen das Video laufen, während wir stilecht Manner-Schnitten essen. Für uns ist Florian ein sehr guter erster Testzuschauer: Wie wird er reagieren?

Tatsächlich sagt er gar nicht so viel, er will so viel wie möglich sehen, also schaut er und schaut und schüttelt immer wieder ungläubig den Kopf. Als er den damals amtierenden Vizekanzler Österreichs schließlich sagen hört, dass dieser der Strabag Staatsaufträge wegnehmen werde und sie einer obskuren Russin verspricht, drückt er auf Pause. »Das überlebt er politisch nicht«, sagt er ungläubig. Dann geht es weiter.

Den nächsten Tag über wird sich Florian das gesamte Video ansehen, unser vorläufiges Transkript hat er schon. Wir machen derweil weiter: Abhören, Aufschreiben, Anschauen, Aufschreiben.

Sehr praktisch ist, dass wir jetzt mit Florian und Leila zwei Muttersprachler haben. Das macht, auch wenn sich das lächerlich anhören mag, da wir ja alle Deutsch sprechen, einen Unterschied: Wo wir »unverständlich« oder »...?« in unser Transkript geschrieben haben, und Leila, die es von vorn nach hinten durchkämmt, noch nicht angekommen ist, versteht Florian meist mehr als wir. Und so füllen sich die Leerstellen.

Eine der brisantesten Passagen des Videos, da sind wir uns alle einig, ist jene, zu Beginn des Abends, als Strache über Parteispenden spricht. Er beschreibt ein System, das es der FPÖ erlaube, Parteispenden zu bekommen und dabei den Rechnungshof zu umgehen – und zwar über einen Verein. *[Auf Anfrage bestreitet die FPÖ, über Tarnvereine heimlich Parteispenden zu empfangen. Auch Strache wird später erklären, dass keine solchen Spenden geflossen seien.]*

Das interessiert uns natürlich.

Leider hat Strache auf Ibiza keinen Namen genannt.

Ein paar Anhaltspunkte haben wir trotzdem: Er sei gemeinnützig, hat Strache gesagt, drei Rechtsanwälte hätten damit was zu tun. Und das Statut laute: »Österreich wirtschaftlicher gestalten.«

Von gemeinnützigen Vereinen dürfen Parteien in Österreich keine geheimen Spenden annehmen, und eine Umleitung von Parteispenden zu Vereinen, die nur zum Schein unabhängig sind, ist verboten. Wir sind also einem mutmaßlich illegalen Finanzierungssystem auf der Spur.

Nun gibt es in Österreich zwar ein Vereinsregister, das vom Innenministerium betrieben wird. In der Onlinesuchmaske kann man allerdings nur nach Vereinsnamen suchen, nicht etwa nach dem Statut. Wir müssen erst mal herausfinden, welche Vereine theoretisch infrage kommen würden – und das sind zunächst mal solche, die von FPÖ-Mitgliedern oder -Sympathisanten geführt werden.

Hier hilft es uns gewaltig, dass wir sehr viel Sachkenntnis im Team haben: Neben den *SZ*-Experten Leila Al-Serori, Oliver Das Gupta, Peter Münch und dem *Spiegel*-Redakteur Walter Mayr, ehemals Österreichkorrespondent des Magazins, haben wir jetzt auch noch Unterstützung vom *Falter*: Außer Florian Klenk sind Chefreporterin Nina Horaczek und die Rechercheure Lukas Matzinger und Josef Redl involviert. Mit Josef haben wir uns schon durch diverse Panama-Papers-Fälle gewühlt, und Nina ist schließlich sogar Straches Biografin: Ihr Buch über seinen Aufstieg und seine Unterstützer wurde von der *Wiener Zeitung* als »hintergründig und ausgezeichnet recherchiert« gelobt.

Und tatsächlich dauert es nur wenige Stunden, da hat Josef Redl den ersten Verdacht: Es gebe einen Verein, der »Austria in Motion« heiße. Schatzmeister war zur Zeit des Treffens auf Ibiza ein Mann namens Markus Tschank – das macht die Sache besonders interessant für uns.

Markus Tschank ist Rechtsanwalt, seine Dissertation hat er zu Gesetzgebungskompetenzen im Gesellschaftsrecht geschrieben. Außerdem ist er FPÖ-Mitglied. Bereits 2003 wird er zum stellvertretenden Bundesobmann des Rings Freiheitlicher Jugend gewählt. Obmann ist damals: Johann Gudenus.

2013 schreibt er für Gudenus ein Rechtsgutachten über die Privatisierung von Teilen des Wiener Wassers – oder wie es Strache auf Ibiza nennt: des »weißen Goldes«.

Seit den Nationalratswahlen 2017 sitzt Tschank im Parlament. Er ist ein typischer Hinterbänkler. Einer größeren Öffentlichkeit wird er, wenn überhaupt, vermutlich zum ersten Mal Ende 2018 bekannt. Damals enthüllt das Magazin *Profil*, dass das FPÖ-geführte Verteidigungsministerium jährlich 200.000 Euro an ein weitgehend unbekanntes Institut namens »Institut für Sicherheitspolitik« zahlt. Dessen Präsident wiederum ist: Markus Tschank. *[Markus Tschank lässt eine detaillierte Anfrage bis zum Redaktionsschluss dieses Buches unbeantwortet.]*

Es ist eine Spur. Wir brauchen aber noch mehr Informationen, wie etwa das Vereinsstatut. Das Statut aber hat Josef noch nicht. Es ist beantragt, aber noch liegt es nicht vor. Wir müssen warten.

WHATSAPP AN HC STRACHE

München,
15. Mai 2019,
Mittwoch. Noch zwei Tage bis zur Veröffentlichung. Unsere Telefone sind schon seit Tagen im Panikmodus: Es klingelt und vibriert von früh bis spät, weil auf allen möglichen Kanälen Nachrichten hereinrauschen. Die ersten kommen kurz vor acht Uhr morgens, die letzten gegen Mitternacht – oder später. Wir haben eine Chat-Gruppe für unser *SZ*-Österreichteam, einen Chat mit den *Spiegel*-Kollegen, eine für *Falter* und *Spiegel*, außerdem schicken wir einander vieles direkt, um nicht allen auf die Nerven zu gehen. Dazu kommen E-Mails, andere Chat-Kanäle wie Threema oder Slack, und natürlich tauschen wir rund um die Uhr Nachrichten mit Informanten und unserem Kontakt aus.

Wenn wir das Handy mal für eine halbe Stunde weglegen, zum Abendessen, oder stummschalten, um endlich in Ruhe schreiben zu können, sind danach 40 bis 50 Nachrichten aufgelaufen. Es ist der Horror. Aber wir müssen es auch nicht mehr lange ertragen.

In den vergangenen beiden Tagen haben wir unser *SZ*-Team deutlich vergrößert. Seit wir die Videos zur Verfügung und sie auf unseren Bildschirmen im Loop laufen haben, ist die Veröffentlichung real geworden. Nach all den Monaten. Das heißt, dass wir jetzt umschalten müssen und schnellstmöglich die Produktion in Gang bringen. Wenn wir die Ergebnisse aufwendiger Recherche veröffentlichen, bedeutet das schon seit einigen Jahren nicht mehr, dass wir einfach einen Text für die gedruckte Zeitung schreiben. Das machen wir auch – aber heute oft als Letztes. Zu einem solchen Projekt gehören inzwischen Erklärvideos, ein Podcast, Texte, die nur für die Internetseite geschrieben werden, und mindestens eine digital aufwendig erzählte Geschichte; verschiedene Textformen wie Leitartikel und Kommentare. Beim *Spiegel* und dem *Falter* sieht es ähnlich aus. In diesem Fall kommt auch noch das Schneiden der wichtigsten Szenen aus dem Video dazu – und das Verpixeln der beiden Lockvögel, aus Quellenschutzgründen. Außerdem sollten wir noch daran denken, dass wir Nachberichterstattung brauchen: Was passiert, wenn etwas passiert? Wenn also Heinz-Christian Strache in anderen Medien gegen die *SZ* schießt, oder wenn er tatsächlich zurücktreten sollte?

Immerhin haben wir das Glück, dass am Wochenende der Veröffentlichung zwei aus unserem Österreich-Team in Wien sein werden: Peter Münch ist schon am Tag zuvor zurückgekehrt, Leila Al-Serori wird Samstagfrüh aufbrechen.

Peter ist auch deshalb wieder in Wien, weil schon an diesem Mittwochabend eine Menge passieren kann. Wir werden heute Heinz-Christian Strache und Johann Gudenus mit unserer Recherche konfrontieren. Das heißt: Wir werden ihnen alle schweren Vorwürfe nennen und einen Tag Zeit geben, uns eine Stellungnahme zu schicken. Die wiederum bauen wir dann in unseren Text ein, und erst dann können wir den Artikel veröffentlichen. So gebietet es die Fairness – und das Medienrecht.

Seit einigen Jahren passiert es aber immer wieder, dass die

Angesprochenen von sich aus an die Öffentlichkeit gehen, bevor wir veröffentlichen. Die Idee dieses Vorpreschens ist, das Heft selbst in die Hand zu nehmen – und eine Geschichte, die man nicht verhindern kann, wenigstens mit eigener Intonierung und eigenem Spin zu versehen. Für die Journalisten ist das erst einmal unangenehm – weil sie reagieren müssen, anstatt zu agieren. Oder zumindest überlegen, ob sie reagieren sollen. Im Fall von Strache gehen wir beinahe davon aus, dass er sich auf Facebook äußern wird, und zwar äußerst aggressiv. Die Frage ist: Wie würden wir reagieren? Wir haben alle möglichen Varianten durchgespielt und sind uns fast sicher, dass wir alles ignorieren würden und stumm auf unsere Veröffentlichung hinarbeiten.

So haben wir es gemacht, als der Sprecher des russischen Präsidenten Wladimir Putin eine Woche vor der Veröffentlichung der Panama Papers unsere Anfrage an Putin publik machte und von einer Verleumdungskampagne sprach. Und so haben wir es auch gemacht, als die Frau des isländischen Premierministers nach unserer Anfrage in Sachen Panama Papers versuchte, unsere Arbeit auf Facebook zu diskreditieren.

Das nehmen wir uns auch für dieses Mal vor: Geduld und Nerven behalten. Aber wenn Strache natürlich eine Pressekonferenz in Wien einberufen sollte, wäre es gut, jemanden vor Ort zu haben.

Normalerweise schickt man den Vorhalt – so nennt man die Konfrontation – per E-Mail oder notfalls per Post. Von Florian Klenk bekommen wir aber den Tipp, dass man Strache über den Kurznachrichtendienst WhatsApp am besten erreicht. Also bereiten wir die Anfrage vor.

Wir fragen Strache, im Namen von *SZ* und *Spiegel*, nach dem Treffen auf Ibiza und schildern den uns bekannten Rahmen des Abends. Wir fragen nach dem Plan der angeblichen Russin, die

Hälfte der *Kronen-Zeitung* zu übernehmen, und erwähnen, dass sie Gegenleistungen forderte. Wir fragen nach seiner Offerte, ihr Staatsaufträge zuzuschanzen, die zuvor der Strabag entzogen würden. Und wir fragen natürlich nach den angeblichen versteckten Spenden für die FPÖ und danach, ob er das Treffen denn zur Anzeige gebracht habe – ihm wurde schließlich eindeutig Korruption angeboten, in verschiedenen Abstufungen. Außerdem fragen wir nach der Diskussion um Aufträge mit Überpreis, der Diskussion um das Wassergeschäft und einigem mehr, insgesamt sind es elf Fragen. Es ist eine lange WhatsApp-Nachricht.

Als wir die Nachricht um 14:31 Uhr abschicken, atmen wir erst mal durch. Schnell erscheint bei WhatsApp das erste graue Häkchen neben der Nachricht: »verschickt« bedeutet das. Gleich darauf das zweite graue Häkchen: »angekommen«. Wir haben einen ähnlichen Vorhalt für Johann Gudenus vorbereitet, er bekommt wenig später ebenfalls eine WhatsApp-Nachricht von uns. Hier geht es genauso: ein graues Häkchen, zwei graue Häkchen. Zur Sicherheit schicken wir die Vorhalte auch noch klassisch per E-Mail an Martin Glier, den Sprecher von Heinz-Christian Strache, sowie an den Pressereferenten von Johann Gudenus.

Dann, um 14:34 Uhr an diesem Mittwochnachmittag, färben sich die beiden Häkchen gleichzeitig blau. Das bedeutet: Auf den Geräten von Heinz-Christian Strache und Johann Gudenus wurden unsere Nachrichten geöffnet. Vermutlich: auch gelesen. Jetzt geht der Adrenalinspiegel im Kammerl steil nach oben. Ebenso der Verbrauch von Süßigkeiten, zur Beruhigung.

Die andere Seite weiß jetzt also Bescheid.

Im Vergleich zu anderen Recherchen sind wir aber noch vergleichsweise ruhig. Wir sind unsere Fakten Dutzende Male durchgegangen – und wie man es dreht, ist die Geschichte eine Geschichte.

Wenn alle Hintergründe so sind, wie wir vermuten, und wie es uns unter dem Siegel der Verschwiegenheit von unserem Kontakt erzählt wurde, ist es eindeutig und ohne Zweifel berichtenswert. Selbst wenn der Auftraggeber ein politischer Gegner wäre, wäre es dennoch eindeutig und ohne Zweifel etwas, was wir den Leuten erzählen müssten. Egal wer die Falle gestellt hat, Heinz-Christian Strache und Johann Gudenus wurden nicht gezwungen, zu reagieren, wie sie reagiert haben, und dafür müssen sie geradestehen. Das gilt auch für den Fall, dass die CIA, der Mossad oder ein anderer Geheimdienst dahinterstünde – es wäre dennoch eindeutig und ohne Zweifel eine Geschichte. Selbst wenn – wie schon einmal weiter vorn im Buch diskutiert – jemand aus der FPÖ selbst dahinterstünde, um uns Journalisten bloßzustellen, könnten wir unser Vorgehen mühelos verteidigen. Was wir in dem Video gesehen und gehört haben, rechtfertigt eine umfangreiche Berichterstattung.

Wir sind uns inzwischen auch sicher, dass die Videos echt sind. George A. Rauscher, der Sachverständige, hat sich vorab telefonisch gemeldet: Er sei sich sicher, dass auf dem Video Strache und Gudenus zu sehen sind, Audio und Video seien identisch, es gebe keine Hinweise auf Manipulation.

In seinem sechzigseitigen Gutachten können wir am nächsten Tag nachlesen, dass die Ohren der Männer auf dem Video »mit an Sicherheit grenzender Wahrscheinlichkeit identisch« seien mit denen von Gudenus und Strache. Berücksichtige man dann auch noch die Augenbrauen (»medial-horizontal, außen abfallend, winkelige Krümmung«), den Stirnbereich (»lateral fliehende Stirnwölbung, gerade bis leicht konkave Haarlinie, Schläfen stark eingezogen« sowie »leicht ausgeprägter Überaugenwulst«) und den Mundbereich (»flaches kaum sichtbares Philtrum« – also eine Einbuchtung in der Oberlippe), sei bei Strache eine »fast hundertprozentige Übereinstimmung« bewiesen. Ebenso bei Gudenus. Kurzum: Die Personen auf dem Video sind eindeutig die beiden FPÖ-Spitzenpolitiker.

Was die Echtheit des Materials angeht, kommt der Gutachter zu dem Schluss, dass es sich »mit an Sicherheit grenzender Wahrscheinlichkeit« um authentisches Material handelt. Es gebe keinerlei Hinweise darauf, dass irgendetwas manipuliert worden sei. Das vom *Spiegel* beauftragte Fraunhofer-Institut für Sichere Informationstechnik wird kurz darauf zum gleichen Ergebnis kommen.

Zuvor sind wir auch mit den russischsprachigen Passagen der Videos weitergekommen: Mehrere Russischsprecher und -sprecherinnen beim *Spiegel* haben jene Teile übersetzt, in denen Gudenus, seine Ehefrau und die angebliche Oligarchennichte ins Russische wechseln.

Das ist sehr gut, und wir vertrauen unseren *Spiegel*-Kolleginnen und -Kollegen. Aber wenn ihnen doch ein Fehler passiert ist, können wir schlecht sagen »Hey, wir haben das zwar veröffentlicht, aber übersetzt hat es der *Spiegel*«.

Wir müssen also die entscheidenden Passagen noch mal übersetzen lassen, und zwar sozusagen amtlich: von einem staatlich geprüften Dolmetscher. Am besten von einem, der auch für Gerichte arbeitet und an dessen Unabhängigkeit insofern kein Zweifel besteht.

Doch das ist schwerer als gedacht.

Zwar finden wir schnell eine Liste sogenannter beeidigter Dolmetscher, und die meisten sagen am Telefon auch zunächst, dass sie Zeit haben. Wenn wir dann jedoch umreißen, worum es geht – eine größere Recherche von *SZ* und *Spiegel*, über die bis zur Veröffentlichung kein Wort verloren werden darf –, wird einer nach dem anderen schmallippig: Nein, irgendwie habe man doch nicht so viel Zeit, nein, so etwas mache man nicht, nein, das sei zu heikel.

Erst nach etwa einem halben Dutzend Absagen willigt eine Dolmetscherin ein. Dass sie, wie ja auch unser Forensiker, eine Geheimhaltungsvereinbarung samt drohender Vertragsstrafe unterzeichnen muss, ist für sie auch kein Problem.

Die Dolmetscherin kommt ins *SZ*-Hochhaus und sieht sich einen Vormittag lang die russischen Passagen des Abends an, transkribiert und übersetzt sie. Sie erkennt einen starken Akzent bei Gudenus, und einen leichten Akzent bei der angeblichen Russin.

Am Ende haben wir vier Seiten Übersetzung von einer öffentlich bestellten und beeidigten Dolmetscherin und Übersetzerin. Als sie geht, hat sie nur eine kleine Bitte: Ihr Name solle in der Berichterstattung nicht auftauchen. Man wisse ja nie. Damit steht einer Veröffentlichung nichts mehr im Wege.

Gesetzt den Fall, wir werden rechtzeitig fertig.

Aber Mittwochabend ist nichts rechtzeitig fertig, es brennt an allen Enden. Es ist jetzt schon abzusehen, dass es knapp werden wird am Freitag. Unsere Kolleginnen in der Videoabteilung haben alles andere weggelegt, sie schneiden und verpixeln wie verrückt. Die Videos sind bei dieser Geschichte entscheidend. Die Macht der Bilder kann man kaum unterschätzen.

Wir tun uns nicht leicht bei der Auswahl der Szenen, die wir tatsächlich als Video auf unserer Homepage zeigen wollen.

Klar ist: Die FPÖ, Strache und Gudenus werden sich wehren – davon gehen wir aus. Bei jedem Zitat, das wir nicht mit einem Videoausschnitt belegen, könnten sie behaupten, es sei nicht korrekt wiedergegeben. Wir diskutieren das Szenario mit den

Anwälten der *SZ* und der Chefredaktion. Wir wollen auf keinen Fall Raum für mögliche Verschwörungstheorien geben, deswegen beauftragen wir einen externen Anwalt damit, alle Zitate, die wir in unseren Texten verwenden wollen, mit den jeweiligen Ausschnitten abzugleichen. Damit kann er jederzeit bezeugen, dass alle gedruckten Zitate mit dem Video übereinstimmen.

All das kostet uns wieder Zeit, und wir sind mit den Recherchen noch nicht durch. Die größte Flanke haben wir bei den verdeckten Spenden, da kommen wir nicht weiter und hoffen auf die Erfahrung der *Falter*-Kolleginnen und Kollegen. Als der *Falter*-Redakteur Josef Redl dann tatsächlich das Statut des Vereins »Austria in Motion« bekommt, ist die Spannung groß: Haben wir einen Treffer gelandet?

Im Statut stehe etwas wie »Österreich wirtschaftlicher gestalten«, hat Strache auf Ibiza gesagt, außerdem hätten mehrere Anwälte das Sagen.

Im Statut lesen wir, Zweck des Vereins sei die »Förderung des Österreich-Patriotismus«, die »Pflege christlicher Wertvorstellungen sowie der christlich-abendländischen Kultur und Tradition«, die »Aufklärung über sowie die Information zu EU- und Euro-Fehlentwicklungen« oder die »Stärkung der direkten Demokratie und Kampf gegen Korruption und Machtmissbrauch«. Insgesamt sind zwölf Vereinsziele in dem fünfzehnseitigen Statut aufgeführt. »Österreich wirtschaftlicher gestalten« zählt nicht dazu.

Das ist ernüchternd, und wir haben nicht die Zeit, jetzt richtig intensiv in diese Recherche einzusteigen: In zwei Tagen wollen wir veröffentlichen, also lassen wir den Faden erst mal fallen.

Inzwischen ist es Abend. Das heißt: Wir können endlich schreiben. Leider heißt das auch: Wir kommen nicht nach Hause. Wir bestellen Pizza und Bier, und weiter geht's. Wir müssen unseren langen Text, der in der gedruckten Zeitung auf drei ganzen Seiten erscheinen wird, endlich halbwegs lesbar machen, also feilen und polieren, damit der Text verständlich wird. Und im besten Fall auch unterhaltsam.

In genau diesen Tagen macht sich der Mail-Account eines der Kollegen, der diesen Artikel redigiert, auf seltsame Weise selbstständig: Er schickt Mails an Kollegen, auch an jemanden aus unserem Ressort. Der Text ist kurz: »Es tut uns leid, dass Sie Schwierigkeiten bekommen haben. Anbei erhalten Sie eine Korrektur.« Im Anhang eine Datei mit dem Namen »replace.txt«. Die E-Mail richtet keinen Schaden an, der Empfänger identifiziert sie sofort als Phishing-Mail, allein schon, weil er mit dem Sender per Du ist.

Und wer kennt solche Mails nicht? Der Absender ist auf den ersten Blick jemand, den man kennt. Die tatsächliche E-Mail-Adresse des Absenders ist aber eine ganz andere, in diesem Fall: office@hup.co.at. Jeder bekommt solche Mails, man löscht sie und fertig. Es gibt nur einen großen Unterschied: Dieses Mal wird unter dem seltsamen Text eine Mail angezeigt, die jemand aus unserem Ressort tatsächlich wenige Stunden zuvor dem Kollegen mit dem freidrehenden Mail-Account geschickt hat. Das bedeutet, das E-Mail-Postfach unseres Kollegen wurde gehackt.

Das ist besorgniserregend. Wir fragen uns, ob es Zufall ist, dass die Phishing-E-Mails von einer E-Mail-Adresse abgeschickt wurden, die auf .at endet – also einer österreichischen Adresse.

Zwar sind wir Cyberangriffe mittlerweile gewohnt. Nach so ziemlich jedem größeren Enthüllungsprojekt registriert unsere IT-Abteilung vermehrte Angriffe auf die Computersysteme der *Süddeutschen Zeitung*. Manchmal können sie zu Servern im asiatischen oder pazifischen Raum nachverfolgt werden, meist jedoch verliert sich die Spur irgendwo. In der Regel können die Angriffe abgewehrt werden, es bleibt bei dem Versuch.

Dieses Mal ist es aber offenbar jemandem gelungen, das Postfach von mindestens einem Kollegen zu knacken. Wenn der Kollege nun auch noch unvorsichtig war und dasselbe Passwort auch für unser Redaktionssystem verwendet hat – dann könnte jemand womöglich mitlesen, sobald wir Artikel ins Seitenlayout schreiben. Kein gutes Gefühl.

Wir sind jedenfalls alarmiert. Trotzdem sind wir uns relativ sicher, dass unsere Arbeit sicher ist. Genau für solche Fälle haben wir im Rechercheressort ein System, das abgeschottet ist vom Rest der Zeitung. Unsere Kommunikation ist verschlüsselt, und wir haben noch ein paar andere Maßnahmen ergriffen, um uns zu schützen.

Aber es bleibt ein mulmiges Gefühl, das verstärkt wird durch weitere Vorfälle: Auf einem unserer Telefone landet eine SMS mit einem angeblichen »Verification-Code« für die Signal-App. Das ist jener Chat-Dienst, über den wir verschlüsselt kommunizieren – in etlichen Gruppen. Die SMS bedeutet normalerweise: Jemand hat versucht, sich in das Signal-Konto einzuloggen, um unsere verschlüsselten Nachrichten mitzulesen. Etwa zur gleichen Zeit bekommen wir die Benachrichtigung eines E-Mail-Anbieters, dass jemand versucht hat, sich mit einer »Nicht erkannten mobilen App« in eines unserer verschlüsselten E-Mail-Postfächer einzuloggen. Und bei dem Kollegen Oliver Das Gupta fragt das Handy aus dem Nichts, ob es die Kamera einschalten dürfe. Oliver nimmt das Gerät und verlässt auf der Stelle das Kammerl damit.

Das kann alles Zufall sein. Das kann alles andere Gründe haben. Vielleicht aber auch nicht.

WHATSAPP VON HC STRACHE

München,
16. Mai 2019,
Donnerstagmorgen. Gespannt sitzen wir vor unseren Laptops und schauen uns den Livestream aus dem österreichischen Bundeskanzleramt an. Der Kanzler Sebastian Kurz und Heinz-Christian Strache haben geladen, offiziell soll es um »Soziales« gehen. Aber wer weiß, ob Strache die Bühne nutzt, um etwas ganz anderes zu sagen? Wird er Andeutungen machen? Wird er sich verteidigen? Hat er Kurz vielleicht schon eingeweiht und sie erklären, dass sie zusammenstehen werden – für Österreich?

Tatsächlich ist es eine gewöhnliche ÖVP-FPÖ-Pressekonferenz. Die beiden loben eine gemeinsame Gesetzesänderung, Strache behauptet, dass zugewanderte Familien viel zu viel Geld bekämen, und Kurz, dass »alles zusammenpasst, was wir tun«.

Wir können getrost weitermachen und unsere Veröffentlichung vorbereiten.

An diesem vorletzten Tag wird sich entscheiden, welche Geschichte wir haben. Noch ist das nicht endgültig klar. Wir haben in den vergangenen Tagen sehr viel darüber nachgedacht, wie Heinz-Christian Strache wohl reagieren würde. Und dabei haben wir eine Variante identifiziert, die uns ziemlich in die Bredouille bringen könnte. So sehr, dass wir unsere Berichterstattung extrem zurückfahren müssten und den Ton verändern.

Die Variante geht so: Strache stellt sich hin, ganz entspannt, und sagt: »Ich habe die Falle natürlich erkannt – und wollte herausfinden, wer mir Böses will, und ob die Grenzen des Legalen überschritten werden. Deswegen bin ich sitzen geblieben. Dabei habe ich mich absichtlich seltsam benommen und verrückte Dinge gesagt, die weder wahr noch je beabsichtigt waren.«

Wenn das die Wahrheit wäre, die Strache möglicherweise sogar mit einer Anzeige bei der Polizei oder dem Schreiben eines Notars belegen könnte (also etwas wie: »Hiermit bestätige ich, Notar XYZ, dass Herr Strache heute Abend eine Einladung befolgen wird, von der wir wissen, dass sie eine Falle ist. Er wird sich dort auffällig benehmen, um die Fallensteller aufzudecken«), dann wäre unsere Geschichte gestorben. Wir würden alles stoppen und die Gegengeschichte schreiben: Wie jemand einmal versucht hat, HC Strache hereinzulegen – und damit gescheitert ist.

Wie gesagt: Wenn das die Wahrheit wäre. Woran wir nicht glauben, nachdem wir das Video wieder und wieder gesehen haben.

Behaupten könnte Strache es aber dennoch, und wir müssten es in Erwägung ziehen, und das würde unsere Geschichte viel komplizierter machen. In diesem Moment müssten wir nachweisen, dass Strache sich *nicht* verstellt hat auf Ibiza. Dass er das alles ernst gemeint hat. Dafür gibt es schon Indizien, etwa der Hinweis auf illegale Parteispenden – damit belastet er sich ja selbst. Aber was, wenn es diese Spenden nie gab?

Wir zerbrechen uns seit Tagen den Kopf darüber: Wie sollen wir beweisen, dass er *nicht* wusste, dass es eine Falle war? Ein

Indiz dafür ist natürlich, dass sie darüber gesprochen haben, dass es eine Falle sein könnte. Aber da könnte Strache entgegnen: Alles nur gespielt! Kann man fast sieben Stunden spielen? Wer weiß. Können wir belegen, dass er es nicht kann? Nein.

Die Idee, dass Strache so reagieren könnte, macht uns immer nervöser. So nervös, dass am Ende auch wieder die Frage im Raum steht: Ist es vielleicht eine Falle der FPÖ, mit der sie beweisen wollen, dass die Medien es auf sie abgesehen haben? Auch das können wir nicht ausschließen. Es ist hochgradig unwahrscheinlich, ja. Aber nicht unmöglich.

Während wir an diesem Donnerstagvormittag an Texten feilen, uns mit *Falter* und *Spiegel* austauschen, Videos abnehmen und eigene drehen, fragen wir uns immer wieder: Was machen wir, wenn er sagt, er habe es gewusst?

Da klingelt Olivers Mobiltelefon. »Oh«, ruft Oliver, steht auf und hält sein Handy hoch: »Anruf aus Österreich.«

Es ist nicht irgendein Anruf, es ist der Sprecher von Heinz-Christian Strache, Martin Glier, dem wir am Tag zuvor unseren Vorhalt gemailt haben. Oliver und er kennen sich von vorherigen Recherchen, wie man sich eben kennt, wenn der eine Pressearbeit für einen Politiker macht und der andere mit diesem Politiker sprechen möchte. Glier ist berüchtigt für seinen rauen Tonfall und regelmäßige Entgleisungen: Auf Twitter nennt er Flüchtlingshelfer auch mal »Invasionskollaborateure«, und wenn die Grünen für die »Ehe für alle« einstehen, ist das für ihn »Werbung für Pädophilie«.

Aber an diesem Vormittag ist er ganz leise. »Wir haben da einen Brief von euch bekommen«, sagt er vorsichtig – und meint offensichtlich unsere E-Mail und die WhatsApp-Nachricht –, und »ich wollte von dir hören, was das ist«. Glier versucht es auf die naive Tour, »ich kenn mich da nicht aus«, sagt er, deswegen würde er gern reden. Allerdings im Hintergrund, also so, dass wir daraus nicht zitieren dürften.

Darauf werden wir uns nicht einlassen. Dieser Anruf ist sehr wahrscheinlich ein Versuchsballon. Als wir ihm am Vortag die E-Mail mit den Fragen an Strache geschickt haben, nach der WhatsApp-Nachricht, haben wir ans Ende der Mail nur unsere beiden Namen und Telefonnummern gesetzt, um Strache nicht durch ein zu großes Team aufzuschrecken, sowie den von Martin Knobbe vom *Spiegel*. Jetzt ruft Martin Glier aber eben nicht *uns* an, sondern einen Kollegen: Oliver Das Gupta.

Aber Oliver lässt ihn höflich auflaufen und reicht das Telefon dann weiter an uns. Am Ende empfehlen wir Glier, sich bei Heinz-Christian Strache nach Details zu erkundigen – der müsste sich erinnern. Damit ist das Gespräch nach vier Minuten vorbei.

Nachdem wir aufgelegt haben, stehen wir im Kammerl und schauen uns an. »Das ist ein gutes Zeichen«, sagt einer, »die haben keine Ahnung, wie ernst es ist.« Und wir sind uns auch einig: Der Anruf passt eher nicht zu einer »Wir-haben-die Falle-durchschaut«-Taktik.

Damit setzen wir uns wieder vor die Bildschirme. Wir müssen weitermachen.

Der Ton, der die WhatsApp-Antwort von Heinz-Christian Strache ankündigt, geht fast unter in der Menge der vielen anderen Nachrichten, die an diesem Tag nervig piepsend bei uns eingehen. Strache schreibt uns um 14:32 Uhr – also fast genau 24 Stunden nach unserer Anfrage und fast genau um die Uhrzeit, bis zu der wir um Antwort gebeten hatten, nämlich 14:30 Uhr. Schon damit hatten wir nicht gerechnet: Dass er sich an den Zeitrahmen hält, um den wir gebeten hatten. Mit seiner Antwort hätten wir aber noch viel weniger gerechnet.

Die Kurzversion lautet: Ich hab' angetrunken dummes Zeug geredet, und nichts davon wurde je umgesetzt.

Die Langversion:

Das von Ihnen angesprochene rein private Treffen hat im Juli 2017 in einer Finca auf Spanien in lockerer, ungezwungener und feuchtfröhlicher Urlaubsatmosphäre stattgefunden.
Eine vermeintlich lettische Staatsbürgerin mit ihrem deutschen Bekannten bzw. Vertrauten haben zu diesem Abendessen eingeladen. Die beiden Personen kannten Johann und Tajana Gudenus bereits seit Längerem und haben mich zusätzlich zu besagtem Abendessen eingeladen.
Dabei wurde von der vermeintlich lettischen Staatsbürgerin (welche ich bis dato nicht persönlich kannte) mitgeteilt, dass sie mit ihrer Tochter nach Wien ziehen und in Österreich wirtschaftlich Fuß fassen und investieren wolle.
Auf die relevanten gesetzlichen Bestimmungen und die Notwendigkeit der Einhaltung der österreichischen Rechtsordnung wurde von mir in diesem Gespräch bei allen Themen mehrmals hingewiesen. Das gilt auch für allenfalls in Aussicht gestellte Parteispenden bzw. Spenden an gemeinnützige Vereine im Sinne der jeweiligen Vereinsstatuten.
Ein weiterer Kontakt zwischen mir und den von Ihnen zitierten Personen fand danach nicht mehr statt. Daran bestand von meiner Seite auch keinerlei Interesse.
Auch habe ich oder die FPÖ niemals irgendwelche Vorteile von diesen Personen erhalten oder gewährt. Auch sind von

den [von] Ihnen genannten Personen und Unternehmen keine Spenden an die FPÖ eingegangen.
Im Übrigen gab es neben dem Umstand, dass viel Alkohol im Laufe des Abends gereicht wurde, auch eine hohe Sprachbarriere, wo ohne einen professionellen Übersetzer von Russisch, Englisch auf Deutsch übersetzt wurde.
Mit freundlichen Grüßen
Heinz-Christian Strache

Wir lesen den Text wieder und wieder. Heinz-Christian Strache droht nicht mit seinem Anwalt. Er kündigt keine Klage an, und er ist auch überhaupt nicht aggressiv. Nimmt er die Sache nicht ernst? Wir haben keine andere Erklärung. Das alles so lapidar abzutun, viel Alkohol, schlechte Übersetzung, auf Einhaltung der österreichischen Rechtsordnung hingewiesen, und letztendlich nix passiert – das ist seine Strategie? Uns soll es recht sein.

Überraschend interessant und einigermaßen schräg finden wir eigentlich nur, dass er an zwei Stellen von einer »vermeintlich lettischen Staatsbürgerin« spricht. Wir verstehen erst nicht, warum. Ihr Begleiter hat sie im Video immer als Russin vorgestellt, sie hat sich auf Ibiza als solche zu erkennen gegeben, Strache selbst hat sie in der Villa ja gefragt, woher sie komme, aus Moskau? Sie hat die Frage bejaht. Strache selbst hat sich darüber sogar gefreut: »We like Russia«, hat er gesagt, und »ich war oft in Moskau«. Später hat er noch erklärt, er nehme an, sie habe »wahrscheinlich aus Russland gute Kontakte«: »wahrscheinlich zu Putin«. Ihre Legende ist, dass ihr Onkel Igor Makarow sei – ein russischer Oligarch mit guten Verbindungen zu Putin.

Dann bringen wir die Puzzleteile zusammen: Die Lockvögel haben die angebliche Aljona Makarowa unseres Wissens nach auch damit angepriesen, dass sie zwei Staatsbürgerschaften habe: Die russische und lettische, und als Lettin sei sie EU-Bürgerin und habe insofern wenig Probleme, Geld in die EU zu bekommen. Das Strache-Lager will das nun offenbar nutzen, um von fragwürdigem russischen Geld wegzukommen. Russisches Geld, das eine Wahl beeinflussen soll? Klingt nach KGB, nach Putins eiskalter Hand, nach Donald Trump und nach Ärger. Lettisches Geld dagegen klingt unproblematisch. Lettland ist die Europäische Union, nicht der wilde Osten. Also verschweigt Strache in seiner Antwort die Russin und nennt sie kurzerhand Lettin. Vorab: Einige Medien sind später genau diesem Dreh gefolgt.

Aber Strache hat sich nicht nur an uns gewandt. Wir erfahren, dass er angeblich schon um Schadensbegrenzung bemüht ist: Er soll ausgerechnet – bei der *Kronen-Zeitung* angerufen haben, um diese auf eine mögliche Veröffentlichung vorzubereiten. Es sei eine private Sache, die da ausgebreitet werden solle, habe er gewarnt. Auch bei Kanzler Sebastian Kurz meldet er sich, um ihn zu informieren. Die Zahl derer, die von der bevorstehenden Publikation weiß, wird immer größer. Schnell macht das Gerücht die Runde, in Wien und anderswo.

Johann Gudenus' Antwort ist ähnlich aufgebaut:

Das von Ihnen angesprochene private Treffen hat im Juli 2017 in einer Finca auf Spanien in lockerer, ungezwungener und feuchtfröhlicher Urlaubsatmosphäre stattgefunden.
Dabei wurde von einer (vermeintlich) lettischen Staatsbürgerin (welche ich bereits länger kannte und mich, meine Ehefrau und HC Strache zu einem gemütlichen Abendessen eingeladen hatte) diskutiert, dass sie mit ihrer Tochter nach Wien ziehen und in Österreich wirtschaftlich

Fuß fassen und investieren wolle. Sie hat sich auch für einen Jagdgrund von mir interessiert. Anwesend war auch ein Bekannter der Dame aus Deutschland.
Es wurde viel Alkohol gereicht und das Gespräch wurde auf Deutsch, Englisch und Russisch geführt – ohne professionelle Übersetzung.
Auf die relevanten gesetzlichen Bestimmungen und die Notwendigkeit der Einhaltung der österreichischen Rechtsordnung wurde von mir und HC Strache in diesem Gespräch mehrmals hingewiesen. Meinerseits auch mehrmals vor dem Treffen. Das gilt auch für allenfalls in Aussicht gestellte Parteispenden bzw. Spenden an gemeinnützige Vereine. Ein weiterer Kontakt zwischen mir und der Dame fand danach nicht mehr statt. Auch habe ich oder die FPÖ niemals irgendwelche Vorteile von diesen Personen erhalten oder gewährt. Auch sind von den [von] Ihnen genannten Personen und Unternehmern keine Spenden an die FPÖ eingegangen.
Mit freundlichen Grüßen
Johann Gudenus

Der einzige markante Unterschied zu Straches Antwort ist ein Postskriptum am Ende des Schreibens: »Schöne Grüße an Herrn Böhmermann«. Die Romy-Rede des deutschen Satirikers (»Sitze in einer Oligarchenvilla auf Ibiza ...«) ist Johann Gudenus offenbar nicht entgangen.

In diesen Tagen bereiten wir auch einen Text vor, in dem die wichtigsten Fragen zum #strachevideo – das ist der Hashtag, auf den wir uns mit *Spiegel* und *Falter* geeinigt haben – kurz beantwortet werden. Eine dieser Fragen ist: Was wusste Jan Böhmermann?

Uns ist klar, dass seine Romy-Rede nach der Veröffentlichung aufgegriffen werden wird. Wir können uns gut vorstellen, was danach in den sozialen Medien los sein wird. Unsere Antwort wird lauten: Zu diesem Zeitpunkt (der Romy-Verleihung) war die Existenz des Videos offenbar schon einer Reihe von Personen bekannt, die davon nicht von der *SZ* erfahren haben. Zu diesem Personenkreis gehört nach *SZ*-Informationen auch Jan Böhmermann.

Als unsere Chefredaktion diesen Text liest, hakt sie, verständlicherweise, noch einmal nach. Können wir eigentlich ausschließen, dass das Ganze kein Böhmermann-Fake ist? Anrufen wollen wir ihn nicht, wir wollen den Stand unserer Recherchen nicht offenlegen. Außerdem würde er es vermutlich nicht zugeben, wenn es ein Fake wäre.

Auch das haben wir wieder und wieder durchgespielt. Ja: Jan Böhmermann wusste von dem Video. Aber der Satiriker ist ein Künstler, der leidenschaftlich gegen rechtsnationale und antidemokratische Kräfte einsteht und das immer wieder demonstriert. Wenn er im Sommer 2017, drei Monate vor der österreichischen Nationalratswahl, dieses Video produziert hätte, Schauspieler engagiert, Kameras versteckt und das ganze Treffen inszeniert und gefilmt hätte – er hätte es garantiert nicht zwei Jahre irgendwo rumliegen lassen. Er hätte ganz sicher nicht still zugesehen, wie der ehemalige Neonazi Heinz-Christian Strache Vizekanzler wird. Das entscheidende Argument aber ist, und das führen wir auch bei der Chefredaktion ins Feld: Selbst wenn Jan Böhmermann Strache und Gudenus hereingelegt hätte und das Video aus irgendwelchen Gründen bis jetzt aufgespart hätte – es wäre eindeutig und ohne Zweifel eine Geschichte. Straches Machtfantasien wären ja nicht weniger problematisch, wenn Böhmermann selbst die russische Oligarchin gecastet hätte. In unserem drei Seiten langen Artikel müssten wir kein Wort ändern, wenn das Video von Böhmermann wäre. Dort ist in einem Absatz erklärt, dass wir nicht wissen, ob es Hintermänner gab.

Zurück zur Frage der Chefredaktion: Können wir einen Böhmermann-Fake ausschließen? Nein. Es ist unwahrscheinlich, aber nicht unmöglich. Grundsätzlich wäre ihm so etwas zuzutrauen, das hat er in der Vergangenheit mit ähnlichen Aktionen nachdrücklich unter Beweis gestellt – etwa als er einen Kandidaten in die RTL-Doku-Soap »Schwiegertochter gesucht« schmuggelte.

Und Jan Böhmermann wird uns am selben Abend noch einmal kurz in Aufruhr versetzen: Er stellt wie jede Woche ein Video auf YouTube, in dem er für seine Sendung »Neo Magazin Royale« wirbt. Sein Sendungsgast – der YouTuber Gronkh – fragt ihn am Ende, ob er wieder etwas vorbereitet habe, wofür man ihn dann hasse.

Böhmermann zuckt grinsend mit den Schultern, das wisse man ja immer erst im Nachhinein, sagt er, und dann, zu den Zuschauern gewandt: »Für mich ist es eine normale Sendung. Kann sein, dass morgen Österreich brennt – aber lassen Sie sich einfach überraschen.«

Wir beißen in unsere Laptops und machen weiter.

WIR SIND LIVE

München,
17. Mai 2019,
18 Uhr.

1, 2, 3, und »wir sind raus«, wie man im Journalismus sagt. Die Druckerpressen laufen an und die Geschichte ist online. Und sie läuft von Anfang an wie verrückt, schon am Ende dieses Abends werden fast eine halbe Million Menschen unseren ersten Text über die Ereignisse auf Ibiza gelesen haben, das ist viel für *SZ*-Verhältnisse. Und gleichzeitig gehen ja auch der *Spiegel* und einige Minuten später der *Falter* online, auch ihre Texte ziehen Hunderttausende Leser.

Der Tag verging wie im Rausch, Diskutieren, Produzieren, Hin-und-her-Laufen, Konferieren, Telefonieren und immer wieder kurze Panikattacken – haben wir wirklich *alles* juristisch Problematische aus *allen* Texten gelöscht? Am Ende glauben wir: wir haben. Und gehen raus damit.

Normalerweise wird es nach einer abendlichen Veröffentlichung erst mal still. Auf Twitter bekommt man manchmal sehr schnell Reaktionen, aber das ist es dann auch. Das Gewitter beginnt, wenn es denn kommt, meistens in den Tagen danach.

Nicht so hier. Bei Twitter ist #strachevideo sehr schnell das »Trending Topic« – das heißt, sehr viele Menschen reden auf dem

Kurznachrichtendienst darüber. Und schon eine Viertelstunde nach der Veröffentlichung meldet sich der *Österreichische Rundfunk (ORF)* und fragt, wen von uns man bitte in ihrer TV-Nachrichtensendung ZIB2 zuschalten dürfe. Dass der österreichische Vizekanzler durch ein heimlich aufgenommenes Video in Bedrängnis gerät, wird auf allen Nachrichtenseiten vermeldet, auch im Radio läuft Strache längst und bald auch im Fernsehen – mit diesen Bildern, die sich in den letzten Tagen in unser Hirn gebrannt haben und die Österreich so schnell nicht mehr loslassen werden. Alle österreichischen und auch alle großen deutschen Nachrichtensendungen berichten über den Fall Strache, die Tagesschau, das heutejournal und so weiter.

Gegen 19 Uhr haben wir schon eine Liste von Medienanfragen, Fernsehen, Radio, Zeitungen, Nachrichtenseiten, darunter auch internationale Medien wie die *BBC*. Den wichtigsten Anfragen sagen wir zu, den Rest vertrösten wir – wir müssen noch Texte fertigmachen und die nächsten Tage planen.

Zur gleichen Zeit laufen über die Presseagenturen Reaktionen von Politikern verschiedenster Parteien ein. Der Fraktionspressesprecher der AfD behauptet zunächst auf Twitter, »aus nichts« werde hier ein »Pseudoskandal« kreiert. Auch die FPÖ meldet sich um kurz vor acht selbst noch einmal zu Wort. In der Pressemitteilung erklärt die Partei, sie habe »niemals irgendwelche Vorteile« von der angeblichen Oligarchennichte erhalten oder ihr gewährt – auch seien von den im Video »genannten Personen und Unternehmen« keine Spenden an die FPÖ eingegangen. Außerdem prüfe die Partei rechtliche Schritte.

Gleichzeitig fragen wir uns, wie die meisten Österreicherinnen und Österreicher vermutlich: Wie geht es weiter?

Sebastian Kurz weiß ja schon seit Straches Anruf am Donnerstag von einer drohenden Enthüllung, und er wiederum meldet sich am Freitagmorgen telefonisch bei seinem Infrastrukturminister Norbert Hofer (FPÖ), um ihn zu warnen: Da kommt was. Aber offenbar weiß auch im politischen Wien keiner genau, was denn nun wirklich kommen soll. Das ändert sich erst um 18 Uhr, als die von uns ausgewählten Videosequenzen im Internet zur Verfügung stehen.

Nachdem Sebastian Kurz die Videos jetzt gesehen hat, berät er offenbar mit seinen Leuten, wie es weitergehen kann. Und ob. Unsere Vermutung ist zu dieser Zeit: Es wird eine unabhängige Expertenkommission eingesetzt, die für Aufklärung sorgen soll. Sie wird so lange tagen, bis sich die Lage beruhigt – wie man das eben kennt aus dem Lehrbuch für Krisen-PR.

Heinz-Christian Strache, so wird es später seine Frau in einem Interview erzählen, sitzt an diesem Abend mit einer größeren Gruppe Freunde und Vertrauter zusammen. Als sie die Videoausschnitte sehen, die wir veröffentlicht haben, sei es erst mal ganz still gewesen. Niemand habe ein Wort gesagt.

Schon gegen 21 Uhr erreichen uns erste Gerüchte, dass mehr passieren könnte. Wenig später heißt es, Sebastian Kurz, der Kanzler, werde sich am nächsten Tag um 12 Uhr erklären. Wir hören immer mehr wilde Spekulationen. Dass Strache gehen müsse, dass die Koalition zerbrechen könnte, dass es Neuwahlen geben könnte. Aber noch sind das alles Gerüchte.

Das öffentliche Interesse an der Geschichte überschlägt sich geradezu, im österreichischen Fernsehen laufen lange Sondersendungen. In den ZIB2-Nachrichten berichtet Leila Al-Serori von unseren gemeinsamen Recherchen, danach gehen die Kolleginnen und Kollegen unsere Recherche Punkt für Punkt durch, und schalten anschließend, gegen 22:15 Uhr, tatsächlich live zu einer Reporterin, die auf dem Wiener Ballhausplatz steht: vor dem österreichischen Bundeskanzleramt. Dort brenne

»immer noch Licht«, leitet die Nachrichtenmoderatorin Lou Lorenz-Dittlbacher über. Die Reporterin bestätigt, der Kanzler sei noch da und berate sich mit seinem engsten Kreis. Wie es weitergehe, sei noch unsicher, aber angeblich habe Kurz sich inzwischen entschieden, das habe ihr, sagt die Reporterin, jemand aus seinem innersten Zirkel gesagt. Auch nebenan, im Dienstsitz des Bundespräsidenten, sitze man wohl noch zusammen, mutmaßt die Reporterin, man könne zwar nicht genau sehen, ob noch Licht brenne – aber das Auto des Pressesprechers des Bundespräsidenten stehe noch immer vor dem Amt. Sicher sei an diesem Abend nur eines: dass es eine lange Nacht werde, ein ungewöhnlicher, dramatischer Abend sei es ja längst.

Das ist es auch für uns. Nach der Nachrichtensendung atmen wir durch, geben noch das eine oder andere Interview und fangen langsam an, unsere Sachen zusammenzupacken.

Die ersten Online-Kommentare auf österreichischen Nachrichtenseiten fallen vernichtend aus für Strache. Kurz nach Mitternacht schickt uns jemand ein PDF der *Kronen-Zeitung* vom nächsten Tag. Die fette Überschrift auf der Titelseite lautet:

»FPÖ am Ende!«

Das beinahe seitengroße Aufmacherfoto zeigt Strache und Gudenus in der Villa auf Ibiza – ein Screenshot aus dem Video.

Jene Zeitung, die jahrelang als publizistischer Verstärker der FPÖ diente, als Sprachrohr und Lautsprecher, stellt sich plötzlich frontal gegen die Strache-Partei.

Jetzt sind wir doppelt gespannt, was der nächste Tag bringen wird. Wie hat Heinz-Christian Strache auf Ibiza gesagt: Wer die *Krone* hat, hat die Macht. Wer aber ihre Rückendeckung nicht mehr hat?

WIENER WAHNSINN

München,
18. Mai 2019,
12:08 Uhr. Heinz-Christian Strache tritt im Bundesinnenministerium am Wiener Minoritenplatz vor die Presse. Hinter ihm eine weiße Stellwand, »Vizekanzler« steht darauf. Vor ihm: unzählige Mikrofone, Kameras, Journalisten. Zu seiner Rechten positioniert sich Sozialministerin Beate Hartinger-Klein, zu seiner Linken Außenministerin Karin Kneissl und Infrastrukturminister Norbert Hofer. Sie sind alle drei nur Staffage, keiner wird ein Wort sagen. Strache wirkt erschöpft, als er seine Rede beginnt: »Meine sehr geehrten Damen und Herren, das Gerücht lag schon länger in der Luft, dass über das Ausland wahlbeeinflussendes Dirty Campaigning oder geheimdienstlich gesteuerte Aktionen zu befürchten sind.« Man habe in der Vergangenheit schon des Öfteren versucht, ihn zu Fall zu bringen, »was aber hier vor zwei Jahren inszeniert wurde, hat eine völlig neue Dimension«.

Wir verfolgen die Ansprache von München aus via Livestream. Peter und Leila sind in Wien vor Ort. »Wahnsinnsauflauf hier«, schreibt Peter. Wir starren gebannt auf unsere Handys.

Diese Nacht haben wir nicht viel geschlafen. Und jedes Mal,

wenn wir tagsüber auf Telefon oder in die E-Mails schauen, haben wir Dutzende neue Nachrichten. Zwischendrin versuchen wir, zumindest ein paar österreichische Zeitungen zu lesen – allen voran die *Kronen-Zeitung*. Auf den ersten fünf Seiten geht es in dieser Samstagsausgabe nur um Ibiza, Strache und einen »Polit-Skandal bisher unvorstellbaren Ausmaßes«, wie der geschäftsführende Chefredakteur Klaus Herrmann es nennt: »Zwei ungezogene Rotzlöffel, die sich die *Kronen-Zeitung* und dann gleich das ganze Land unter den Nagel reißen wollen: Die haben uns nicht zu vertreten.«

Auch in den sozialen Medien ist die Strache-Affäre das dominierende Thema. Kanzler Kurz werde Bundespräsident Alexander Van der Bellen die Abberufung Straches vorschlagen, twittert ein österreichischer Journalist schon am Morgen. Ein für neun Uhr geplantes Treffen von Kurz und Strache wird verschoben, stattdessen fahren die Landeshauptleute der ÖVP im Kanzleramt vor.

Jetzt ist es Mittag, und wir sehen im Livestream einen Mann, der dem braun gebrannten »HC« im weit ausgeschnittenen T-Shirt – Ruderleiberl, sagen die Österreicher – aus dem Video immerhin entfernt ähnlich sieht. Er steht in Anzug und Krawatte vor Dutzenden Reportern und erzählt, er sei auf Ibiza zu einem »rein privaten Treffen« in eine Finca gelockt worden. Eine lettische Staatsbürgerin und ihr deutscher Begleiter hätten versucht, ihn zu Straftaten zu verleiten – oder zumindest zu Aussagen, »die strafrechtlich bedenklich sein könnten«.

Das Gerede auf Ibiza sei »dumm und unverantwortlich« gewesen, »katastrophal und äußerst peinlich«. Dass er der vermeintlichen reichen Russin womöglich sogar illegale Geschäfte zum gegenseitigen Nutzen angeboten und dass er schmutzige Geschichten über politische Mitbewerber ausgebreitet habe, erklärt er als »typisch alkoholbedingtes Machogehabe«. Er habe halt der attraktiven Gastgeberin »wie ein Teenager« imponieren wollen. Und ja, sagt er: »Es war eine bsoffne G'schicht.«

Mit der vermeintlichen Oligarchennichte habe er nie wieder Kontakt gehabt, er habe sie auch nie wiedergesehen. Von den auf Ibiza genannten Personen seien auch keine Spenden an die FPÖ oder irgendwelche Vereine gegangen. Den ganzen Abend über habe er »immer wieder penibel auch auf die Einhaltung aller gesetzlichen Bestimmungen unseres Rechtsstaates bestanden«. Er ergänzt: »Dies habe ich mehrmals klar und deutlich betont.«

Zwischendrin bricht Straches Stimme immer wieder, er stockt, er schluckt, seine Augen glänzen.

Der demütige und reumütige Politiker – das ist der eine Teil von Straches zehnminütiger Rede. Dann aber schaltet der FPÖ-Mann auf Angriff und inszeniert sich als Opfer finsterer Mächte.

Viele Intrigen habe er schon erlebt, erklärt er, doch diese sei »an Perfidie und Niederträchtigkeit nicht zu übertreffen«. Als Urheber dieser Falle legt er Fährten aus zum politischen Gegner und wahlweise zu »kriminellen Netzwerken«. Gleich mehrfach spricht er von einer »geheimdienstlich gesteuerten Aktion«. Es seien »mehrfach strafgesetzliche Vorschriften verletzt worden«. Genauso – und hier meinte er offenkundig uns – sei gegen »den Ehrenkodex der Presse« verstoßen worden, gegen die journalistische Sorgfaltspflicht und die Berufsethik.

Straches Fazit: »Das war ein gezieltes politisches Attentat. Eine Auftragsarbeit.«

Keinesfalls wolle er »auch nur irgendeinen Vorwand liefern, mein Fehlverhalten als Begründung zu nehmen, diese Regierung zu Fall zu bringen«. Deshalb habe er heute um 11 Uhr mit Bundeskanzler Kurz gesprochen, wo – Strache stockt an dieser

Stelle kurz – »ich meinen Rücktritt von der Funktion des Vizekanzlers der Republik Österreich angeboten habe«.

Er werde am Sonntag auch als Parteivorsitzender beziehungsweise Bundesparteiobmann zurücktreten. »Ich sage Danke und wünsche Ihnen noch einen schönen Tag« – sagt's und schreitet davon. Die FPÖ-Ministerschar hinterher.

Heinz-Christian Strache ist von all seinen Ämtern zurückgetreten.

Nur 18 Stunden nach der Veröffentlichung des ersten Artikels.

Seine Erklärung ist ein Meisterwerk der populistischen Rede. Strache gibt sich reuig, entschuldigt sich bei seiner Frau und dafür, zu viel getrunken zu haben – und geht ansatzlos dazu über, den Feind zu attackieren. Kommentatoren aus Österreich schreiben denn auch, es sei mehr die Vorbereitung seines politischen Comebacks gewesen als ein Rücktritt. Manche bezweifeln sogar, dass die Affäre ihm bei seinen Kernanhängern überhaupt schaden wird, denn wer kenne das nicht: Im Urlaub ein bisserl zu viel Wodka Red Bull getrunken, dumm dahergeredet, Blödsinn gemacht – und am Ende muss man sich daheim entschuldigen.

Eine halbe Stunde später, um 12:42 Uhr, verschickt die FPÖ-Fraktion eine Pressemitteilung im Namen von Straches Parteifreund Johann Gudenus: »Hiermit gebe ich bekannt, dass ich meine Funktion als geschäftsführender Klubobmann sowie mein Nationalratsmandat zurücklegen werde. Ebenso trete ich hiermit von sämtlichen Funktionen in der Freiheitlichen Partei Österreichs zurück. Ich möchte mein tiefstes Bedauern über die zwei Jahre zurückliegenden Vorkommnisse zum Ausdruck bringen. Zudem bedaure ich zutiefst, durch mein Verhalten das in mich gesetzte Vertrauen der Wähler, Funktionäre und Mitarbeiter enttäuscht zu haben.«

Damit ist auch der zweite Politiker aus dem Video weg.

Das müssen wir erst mal sacken lassen. Nachdem es ewig gedauert hat, bis wir das Video endlich zur Verfügung hatten, geht jetzt alles blitzschnell. Zack, zack, zack, sozusagen.

Als investigativer Journalist erlebt man immer wieder, dass eigene Recherchen zu Rücktritten führen – dass man also »berufsverändernd wirkt«, wie es manche Kollegen zynisch nennen. Eines der Vorurteile über Reporter ist, dass sie sich Kerben in die Kugelschreiber ritzen für jeden Politiker oder Manager, den sie erwischen. Eine Recherche wird aber nicht besser, wenn danach etwas passiert, oder schlechter, wenn nichts passiert. Die Folgen können Journalisten nicht kontrollieren. Wir zeigen, was wir herausgefunden haben – dann entscheidet die Öffentlichkeit, wie es weitergeht. Etwa ob politischer Druck ausgeübt wird, sodass es zur Verabschiedung, Streichung oder Lockerung von Gesetzen kommt. Aber manchmal zeigt eine Recherche schlicht und einfach, dass Personen ein Amt bekleiden, die dafür ungeeignet sind, sei es fachlich oder moralisch.

Nun warten die Menschen darauf, wie Kanzler Sebastian Kurz reagiert. Eigentlich sollte er nach Straches Erklärung öffentlich Stellung nehmen, so hatte es zumindest am Morgen geheißen; man solle sich auf Mittag einstellen – aber mittags passiert nichts im Kanzleramt.

Dafür allerdings davor, auf dem Ballhausplatz.

Immer mehr Menschen strömen dorthin, zum Machtzentrum Österreichs, dorthin, wo sich das Kanzleramt und die Präsidentschaftskanzlei befinden. Tausende sind es, und es werden immer mehr. Wir sehen die Szenen in kurzen Videos auf Twitter und im TV, in der Berichterstattung des österreichischen Fernsehens, das im Grunde das ganze Wochenende live sendet – unterbrochen von Nachrichtensendungen und Talkshows zum selben Thema. Die Menschen protestieren, aber sie schreien nicht wütend gegen die Regierung an, sie tanzen, klatschen, trommeln und singen – und, plötzlich, ist da auch dieser Song zu hören, ein Song aus unserer Jugend:

Whoah! We're going to Ibiza
Whoah! Back to the island
Whoah! We're gonna have a party
Whoah! In the Mediterranean Sea

Die niederländische Eurodance-Gruppe Vengaboys hatte Ende der Neunzigerjahre damit einen Hit – und jetzt ist der Song wie aus dem Nichts wieder da. Beziehungsweise: Fast wie aus dem Nichts. Am Freitagabend um 18:22 Uhr postete Jan Böhmermann auf Twitter – wo er über zwei Millionen Follower hat – kommentarlos das YouTube-Video des Songs. Tausende liken es, Hunderte retweeten, und sehr viele Menschen hinterlassen dort Kommentare wie »Böhmermann, du geile Sau«, »Held« oder »Danke. Einfach nur danke«.

Den ganzen Samstag schallt durch die Straßen Wiens: »Whoah! We're going to Ibiza«.

Inzwischen erreichen uns aus dem Zentrum Wiens immer neue Nachrichten. Die Polizei spricht von mehreren Tausend Demonstranten, die sich eingefunden haben, zwischenzeitlich fordert die Polizei sogar Verstärkung aus anderen Bundesländern an. Das Handynetz ist längst überlastet.

Eine Stadt ist auf den Beinen und skandiert »Neu-wah-len! Neu-wah-len! Neu-wah-len!«. Auf Twitter lesen wir, was auf den Plakaten der Demonstranten zu lesen ist: »I love Ibiza«, oder etwas origineller: »Mit den Russen? Wenn das der Führer wüsste!« An Straßenschildern hängen plötzlich Plakate mit Umrissen von Österreich und der Aufschrift »Billig zu verkaufen!«, darunter: Abreißzettelchen mit der angeblichen E-Mail-Adresse von HC Strache.

Den Nachmittag über wird allerorts spekuliert, warum der Bundeskanzler nicht redet. Angeblich, heißt es zwischenzeitlich, wolle Sebastian Kurz mit der FPÖ weiterregieren. Seine Bedingung sei allerdings, dass Herbert Kickl, der stramm rechte FPÖ-Innenminister, sein Amt niederlege. Ein anderes Gerücht besagt, dass Kurz das Innenministerium nun für seine eigene Partei, die ÖVP, beanspruche.

»Dauert noch mindestens eine Stunde«, schreibt uns Peter um 15:10 Uhr. »Saublödes Warten.«

Wenig später schickt uns Leila Bilder der Wiener »Ibiza-Partymeile« – für die die Veranstalter mit dem Slogan werben: »Party like HC«.

Am Ende dauert es bis 19:45 Uhr, dann betritt Sebastian Kurz im Kanzleramt einen stuckverzierten Raum, der viel zu klein ist für all die Journalisten, und tritt vor die Mikrofone. »Ich bin vor zwei Jahren angetreten, um Veränderung in unserem Land durchzusetzen.« Er habe seinen Wählerinnen und Wählern versprochen, sich immer selbst treu zu bleiben, egal, was komme. »Ich war mir sehr wohl bewusst, dass der Weg mit der FPÖ als Regierungspartner Widerstand auslösen wird.« Er habe in den letzten beiden Jahren viel aushalten müssen. »Vom Rattengedicht« – in dem Braunaus Vizebürgermeister in einer FPÖ-Publikation Migranten mit Ratten verglichen hatte – »über die Nähe zu rechtsradikalen Gruppierungen bis hin zu immer wiederkehrenden Einzelfällen.« Es sei ihm schwergefallen, »das alles runterzuschlucken«, sagt er.

»Aber nach dem gestrigen Video muss ich ganz ehrlich sagen: Genug ist genug.« Die Ideen des Machtmissbrauchs seien schwerwiegend und problematisch, ebenso »die Ideen zum Umgang mit österreichischen Steuergeldern, natürlich auch das Verständnis gegenüber der Medienlandschaft in unserem Land«.

Er sehe nun zwei Möglichkeiten. Erstens: »Köpfe tauschen und so tun, als wäre nicht viel gewesen«, oder zweitens: eine Koalition mit den Sozialdemokraten »und damit in Kauf nehmen, dass wir wieder genau denselben Stillstand haben, den ich zu Recht jahrelang in Österreich kritisiert habe«.

Keine der Optionen komme für ihn infrage: »Die FPÖ kann es nicht, die Sozialdemokratie teilt meine inhaltlichen Zugänge nicht, und die kleinen Parteien sind zu klein, um wirklich Unterstützung sein zu können.«

Deshalb habe er dem Bundespräsidenten vorgezogene Neuwahlen vorgeschlagen, »und zwar zum schnellstmöglichen Zeitpunkt«.

Es ist ein absurdes Schauspiel: Der Mann, der die FPÖ überhaupt erst in die Regierung geholt hat, der monatelang zugeschaut hat, wie FPÖ-Politiker Migranten mit Ratten verglichen haben, wie FPÖ-Politiker sich bei der rechtsextremen Identitären Bewegung sowie ausländerfeindlichen Burschenschaften engagiert haben, wie FPÖ-Politiker die freie Presse attackiert haben, tut so, als wäre ihm erst jetzt aufgefallen, mit wem er da eigentlich regiert hat.

Nach siebeneinhalb Minuten ist die Show vorbei, der Kanzler verschwindet in seinen Räumen – und auf dem Wiener Heldenplatz, so sehen wir es im Fernsehen, bricht Jubel aus.

Neu-wah-len.

Gegen neun Uhr abends tritt Österreichs Bundespräsident Alexander Van der Bellen in der Wiener Hofburg vor die Kameras. Im Fernsehen verfolgen wir, wie er vor ein Pult tritt, links hinter ihm die EU-Flagge, rechts die Flagge Österreichs. »Liebe

Österreicherinnen und Österreicher, liebe Mitbürgerinnen und Mitbürger, meine Damen und Herren zu Hause«, beginnt er – und kommt gleich zur Sache: »Die Bilder, die uns seit gestern erreichen, zeigen ein verstörendes Sittenbild. Ein Sittenbild, das unserem Land und seinen Menschen nicht gerecht wird. Es sind beschämende Bilder. Und niemand soll sich für Österreich schämen müssen. Ich möchte in aller Deutlichkeit sagen: So sind wir nicht. So ist Österreich nicht.«

Van der Bellen spricht diese Worte im Maria-Theresien-Zimmer seines Amtssitzes: schwere Teppiche, rote Wände, altehrwürdige Kunst. Hier hat der Bundespräsident im Dezember 2017 die Regierung von ÖVP und FPÖ »angelobt«, wie die Vereidigung in Österreich heißt. Er hat Heinz-Christian Strache als Vizekanzler vereidigt. Keine zwei Jahre später ist Strache nicht mehr Vizekanzler, sondern Vizekanzler a. D. – und Van der Bellen sagt über ihn: »Verantwortungsträger der Republik haben das in sie gesetzte Vertrauen gebrochen. Es ist eine unerhörte Respektlosigkeit, Bürgerinnen und Bürgern gegenüber.«

Jetzt gelte es, sagt Van der Bellen, Österreich »mit Ruhe und Stabilität durch die nächsten Tage und Wochen« zu führen. Zum »Wohle Österreichs« habe er mit Bundeskanzler Kurz vorgezogene Wahlen vereinbart. Das Vertrauen müsse wiederhergestellt werden. »Die heutigen Rücktritte waren ein erster Schritt«, es bedürfe aber nun auch »einer klaren, schonungslosen, vollständigen Aufklärung« – durch »unsere Exekutive und unsere Justiz«.

Dann sagt er etwas, was uns – zugegebenermaßen – berührt: Er spricht von der zentralen Rolle, die unabhängiger Journalismus in einer liberalen Demokratie spielt: »Die sogenannte vierte Macht hat in diesem Fall ihre Verantwortung voll wahrgenommen.«

In diesem Moment drehen sich Dutzende Journalisten in der Wiener Hofburg um. Sie schauen Leila Al-Serori und Peter Münch an, aus unserem kleinen Österreichteam.

Als wir an diesem Abend, mal wieder viel zu spät, ins Bett gehen, können wir es immer noch kaum fassen. Strache und Gudenus sind zurückgetreten. Die Koalition ist am Ende. Es wird Neuwahlen geben. Unsere Recherche hat eine Regierungskrise ausgelöst, die größte Regierungskrise seit dem Zweiten Weltkrieg – so ordnen es Kommentatorinnen und Kommentatoren fast unisono ein.

Vor allem aber bekommen wir den furchtbaren Refrain dieses Liedes nicht aus dem Kopf: »Whoah! We're going to Ibiza«.

Die Hymne der Ibiza-Affäre.

JETZT ERST RECHT

München,
19. Mai 2019. Der Sonntag beginnt, wie der Samstag endete: mit unzähligen Anrufen, E-Mails und Signal-Nachrichten. Schließlich gehört die Zeitung vom Montag geplant – und seit wir am Freitagabend erstmals über das Strache-Video berichtet haben, hat sich viel getan: Die Rücktritte, die Neuwahl, die Tausenden, die auf den Straßen Wiens zu den Klängen der Vengaboys getanzt haben. Dazu kommt der Blick nach vorne, noch immer ist unklar, ob die noch amtierenden FPÖ-Minister bis zu den Neuwahlen im Amt bleiben.

Und das alles gehört in die Montagsausgabe: faktisch eine Österreich-Sonderausgabe. Titelseite, zweite und dritte Seite, Leitartikel, dazu die Reden von Kurz und Van der Bellen im Wortlaut. Leila und Peter schicken ihre Artikelpassagen aus Wien, wir ergänzen und fügen sie hier in München mit Oliver zu einem Artikel zusammen.

Es ist einer dieser Tage, an denen nicht einmal Zeit bleibt für ein vernünftiges Mittagessen, geschweige denn für Telefonate mit Freunden und Familie, die alle ganz dringend wissen wollen, wie es zu dieser Recherche kam, was Strache jetzt wohl mache – und vor allem: was Böhmermann mit all dem zu tun habe. Zwischendrin schreiben uns auch immer wieder österreichische Kollegen, manche bitten um Interviews, andere berichten von Neuigkeiten, Gerüchten, Klatsch und Tratsch aus Wien. Kickl, Hofer und Strache seien zu einem Krisentreffen im Innenministerium, Van der Bellen habe eine geplante Auslandsreise abgesagt. Um 15:14 Uhr meldet die österreichische Presseagentur APA: »In der FPÖ beginnt der Machtkampf.«

Wir schauen uns in der Zwischenzeit wieder und wieder das Video vom Rücktritt Straches an. Wir gehen es Satz für Satz durch, diskutieren, warum er dieses gesagt und jenes verschwiegen hat.

Was uns sofort auffällt: Die Russin ist auch hier eine Lettin, wie schon in seiner WhatsApp-Antwort an uns.

Uns wundert auch, dass er sich an seine Ehefrau wendet, die »liebe Philippa«, und sagt: »Ich kann verstehen, dass du verletzt und enttäuscht bist. Und ich hoffe, du kannst mir verzeihen, denn es tut mir aufrichtig leid und möchte mich von ganzen Herzen auch bei dir entschuldigen.« Etliche Boulevardblätter werden in den Tagen darauf spekulieren, ob auf Ibiza auch Sex im Spiel gewesen sei, von der *Bild-Zeitung* bis hin zum österreichischen Gratisblatt OE24, angeblich soll der Sex sogar im Video festgehalten sein, und Tajana Gudenus zuvor ein Taxi gerufen haben. Klare Antwort: Nein, nichts davon stimmt.

Am Ende bleiben wir bei der zentralen Botschaft der Rede Straches hängen, die da lautet: Es war eine »bsoffne G'schicht«. Ein einziger Abend, an dem er sich danebenbenommen habe. Die angebliche Investorin habe er nie wieder getroffen – das hat uns zuvor auch Johann Gudenus versichert.

Dabei verschweigt er, dass das Treffen von Gudenus mit vorbereitet wurde, dass dieser einen Teil der Themen bereits vor dem Treffen mit dem Vertrauten der Russin besprochen hatte, dass der Kontakt zwischen Gudenus und dem Vertrauten der Russin schon seit Monaten bestand. Und Strache wusste offenkundig auch schon etwas, als er in die Villa kam – er leitet die Diskussion um die Übernahme der *Kronen-Zeitung* ein mit der Frage, was es da »Neues« gebe.

Aber das ist nicht alles. In der Zwischenzeit nämlich wurde dem *Spiegel* und uns wieder etwas zugespielt: Diesmal sind es E-Mails sowie Tonaufnahmen zweier Treffen, die offenbar Ende August 2017 in Wien stattgefunden haben – also einige Wochen *nach* dem Abend auf Ibiza. Beide Male hören wir Johann Gudenus und den Vertrauten der vermeintlichen Oligarchennichte, der in dem Video meist neben ihr saß. Die beiden sprechen darüber, dass Ibiza für beide Seiten nicht so lief wie erhofft – und wie sich das geradebiegen ließe.

Beim ersten Nachtreffen erklärt der Vertraute Gudenus, es gebe eine gute und eine schlechte Nachricht. Die schlechte: Die Laune der Russin sei noch immer nicht die beste. »Wie kann man sie wieder gut machen?«, fragt Gudenus. Da hat der Vertraute tatsächlich eine Idee, aber das kommt später. Erst verkündet er die gute Nachricht: Der Deal mit der *Kronen-Zeitung* könne immer noch klappen. Sie habe das weiterverfolgt, es fehlten »nur noch sechs Unterschriften«, ansonsten sei es »reif«.

»Wahnsinn«, sagt Gudenus.

Der Begriff Wahnsinn trifft es tatsächlich, allerdings ist der Wahnsinn eher, dass es diese weiteren Treffen gab und die Gespräche über die *Krone* weitergingen.

Dann wird der Vertraute konkret. Bei der russischen Investorin sei vor allem ein Punkt hängen geblieben: Die Sache mit der Strabag und den Staatsaufträgen für die Russin. Diese Sache könne man doch in Gang bringen. Man müsse ihr jetzt eben klarmachen, dass Strache und Gudenus ihr nicht »ins Gesicht Ja sagen« könnten. Aber man müsse ihr etwas anbieten, »was nicht ein ›Ja‹ von eurer Seite ist«, aber immerhin etwas, »was ein Ja vermuten lassen« würde.

Johann Gudenus stimmt fortlaufend zu, »ja«, sagt er, »ja, ja«.

Und das ist die Idee: Der Vertraute schlägt vor, die FPÖ solle der Frau ein Zeichen geben, dass die Partei weiterhin an einer Kooperation interessiert sei, eine »Geste des guten Willens«. Sein Vorschlag: Die FPÖ solle am Montag nach dem Wiener Treffen – am 4. September 2017 – eine Pressemitteilung über die Affären der Strabag auf dem Nachrichtenportal OTS veröffentlichen. Aber offiziell, als Partei.

»Ja«, sagt Gudenus, »ja.«

Zuvor würde der Vertraute dann der angeblichen Oligarchennichte sagen: »Wenn das gedruckt wird, kannst du davon ausgehen, dass das ihre Zustimmung ist.«

Gudenus nickt alles ab, auch den Vorschlag des Vertrauten, dass er, Gudenus, auf seiner Seite schauen solle, ob das gehe. Die beiden vereinbaren ein weiteres Treffen ein paar Tage später.

Dazu kommt es auch, an einem Donnerstagnachmittag, dem 31. August 2017. Das Thema ist das gleiche: Sie wollen das, was sie auf Ibiza nicht zu Ende gebracht haben, nun wieder angehen. »Sie war relativ angepisst«, sagt der Vertraute über die angebliche Investorin. Aber jetzt gehe es darum weiterzumachen, »raus aus der Bunkermentalität«, man müsse ihr »Zuversicht geben«, in der »Strabag-Geschichte«.

Gudenus ist mit allem einverstanden, nur eines muss er jetzt noch loswerden. »Das soll jetzt kein Angriff sein, ich hab ja ein Grundvertrauen«, sagt er, aber sie hätten ja »noch immer keinen Pass von ihr gesehen und von dir auch nicht«.

Der Vertraute kontert locker, er habe ihr gesagt, sie solle Ausweise mitnehmen, vermutlich meint er: nach Ibiza, »weil ich erwartet hab, dass etwas kommt«. Das kam aber offenbar nicht.

»Ja, eh«, sagt Gudenus, »bin i deppert. Ja eh.«

Bei einem Kleinen Braunen – für unsere nichtösterreichischen Leserinnen und Leser: gemeint ist ein Espresso mit Milch – einigen die beiden sich darauf, dass es dabei bleibt: der liberale Mäzen und Strabag-Miteigentümer Hans Peter Haselsteiner soll Gegenstand der inszenierten Pressemitteilung sein.

Der Vertraute der Russin stellt eines erneut klar: Die Investition in die *Kronen-Zeitung* sei keine normale. Es gehe darum, die FPÖ »zu pushen« und »nachher die besten Freunde zu haben, die man haben kann«.

»Ja«, sagt Johann Gudenus, »eh.«

Am 4. September 2017 schickt Johann Gudenus von seiner offiziellen E-Mail-Adresse johann.gudenus@fpoe.at tatsächlich eine E-Mail an den Vertrauten der Russin. In diese E-Mail – die uns vorliegt – ist die versprochene Meldung über Unternehmer Haselsteiner hineinkopiert, samt Link zum OTS-Presseportal. *[Auf die Frage nach dieser E-Mail erhalten wir von Gudenus bis Redaktionsschluss keine Antwort.]*

Die Überschrift der Meldung lautet: »Auch Haselsteiner soll seine Polit-Netzwerke offenlegen«. Wir finden sie noch im Netz. Sie wurde tatsächlich am 4. September um 14:14 Uhr versandt. Das Kürzel am Ende der Meldung: wer/zah/lts/chaf/ft/an.

Wer zahlt, schafft an.

Diese Geschichte veröffentlichen wir am frühen Sonntagabend online. Der zuständige FPÖ-Pressesprecher meldet sich später zu Wort mit der Erklärung, bei der Pressemitteilung habe es sich nicht um einen Auftrag gehandelt. Der Landesparteiobmann der Niederösterreichischen FPÖ, Walter Rosenkranz, der bis Mai 2019 Klubobmann im Nationalrat war, behauptete laut *Standard* das Gegenteil; eine Anfrage von uns lässt er unbeantwortet. Johann Gudenus äußert sich dazu nicht.

Später an diesem Abend verkündet die FPÖ per Pressemitteilung, dass Johann Gudenus »mit sofortiger Wirkung« aus der FPÖ austrete. »Ebenso wird er sein Nationalratsmandat zurücklegen.«

An diesem Sonntag erfahren wir, dass SPÖ-Justizsprecher Hannes Jarolim Strache und Gudenus inzwischen angezeigt hat. Im Burgenland setzt der sozialdemokratische Landeshauptmann Hans Peter Doskozil vorgezogene Neuwahlen an – er will seiner Koalition mit der FPÖ möglichst bald ein Ende setzen.

Um 18:15 Uhr, wir haben die Zeitungsseiten der morgigen Ausgabe gerade zum letzten Mal Korrektur gelesen, postet Strache auf seiner Facebook-Seite für seine Hunderttausenden Fans: »FPÖ – Jetzt erst recht!« – dahinter ein Daumen, der nach oben zeigt.

Am nächsten Tag eröffnet die Wirtschafts- und Korruptionsstaatsanwaltschaft Ermittlungen gegen Strache und Gudenus. Das Aktenzeichen lautet 17 St 2/19p – und der Verdacht: »Untreue in unterschiedlichen Beteiligungsformen«.

[Gudenus antwortet bis zum Redaktionsschluss dieses Buches nicht auf eine Anfrage dazu. Strache verlangt die Herausgabe des gesamten Videos, bevor er Fragen beantworten will. Das lehnen wir wegen des Quellenschutzes ab.]

KURZ' SCHLUSS

München/Wien,
27. Mai 2019,
16:14 Uhr. Die zweite Nationalratspräsidentin Doris Bures ruft zur Abstimmung. Es geht um den Antrag »betreffend Versagen des Vertrauens gegenüber der Bundesregierung«, erklärt sie. Der Plenarsaal des Nationalrats ist voll: FPÖ, SPÖ, ÖVP, NEOS, die Liste Pilz. Es ist der 186. Misstrauensantrag in Österreichs Nachkriegsgeschichte. Die vorherigen 185 sind allesamt gescheitert.

Heute geht es um Kanzler Kurz – und die Frage, ob die Ibiza-Affäre auch ihn sein Amt kosten wird.

Seit zehn Tagen verfolgen wir nun Tag und Nacht, was in unserem Nachbarland passiert: über österreichische und deutsche Medien, die Nachrichtenagenturen oder Twitter, wir halten Kontakt zu Politikern in Österreich, zu Journalisten und Freunden. Aber es ist schwer, mit den Ereignissen überhaupt noch Schritt zu halten – »Seit Ibizagate befindet sich Österreich im Ausnahmezustand«, wird das Magazin *Profil* die Ereignisse später zusammenfassen.

Da sich in diesen Tagen die Ereignisse überschlagen, hier eine Übersicht über die vergangene Woche:

– Am Montag (20. Mai 2019) nach dem Wiener Wahnsinnswochenende wirft Kanzler Kurz den umstrittenen FPÖ-Innenminister Herbert Kickl aus seinem Kabinett. Kickl war schließlich 2017 – zur Zeit des Ibizaaufenthalts von Strache und Gudenus – Generalsekretär der FPÖ. Wenn es geheime Kassen gebe, dann müsse er davon wissen. Und als Innenminister müsse er nun theoretisch »gegen sich selbst ermitteln«, begründet Kurz den Rausschmiss. Daraufhin kündigt die FPÖ die Koalition auf.
– Ebenfalls Montag (20. Mai 2019) meldet sich eine Anwaltskanzlei aus Wien bei uns. Sie vertritt Igor Makarow: jenen Oligarchen, als dessen Nichte sich der Lockvogel ausgegeben hatte. Makarow habe einen »Reputationsschaden« erlitten, heißt es in dem Schreiben. Die Anwälte ersuchen uns, »die Mitschnitte des Treffens auf Ibiza im Juli 2017 sowie der Vorbereitungs- und Folgetreffen« herauszugeben, inklusive uns »gegebenenfalls vorliegender Korrespondenz«.

  Wir werden diesem Wunsch selbstverständlich nicht nachkommen, wir werden nicht das Redaktionsgeheimnis verletzen. Warum auch? Jeder hat verstanden, dass der weibliche Lockvogel in Wirklichkeit nicht seine Nichte ist.
– Am Dienstag (21. Mai 2019) druckt die Wiener Tageszeitung *Die Presse* ein Interview mit Johann Gudenus, in dem er erklärt, er habe auf Ibiza neben Alkohol und Energydrinks auch »psychotrope Substanzen« zu sich genommen. Dies ist ein Oberbegriff für Psychopharmaka, illegale Drogen wie Amphetamine, Ecstasy und Kokain, aber auch einfache Genussmittel wie Alkohol, Tabak und Koffein. Letztere sieht man im Video, insofern birgt seine Aus-

sage möglicherweise keinerlei Neuigkeit. Womöglich seien ihm sogar K.-o.-Tropfen oder Drogen »eingeflößt« worden, spekuliert Gudenus weiter – er habe kaum noch Erinnerungen an den Abend. Diese Aussagen könnten, zu Ende gedacht, Wohlmeinende zu der Einsicht führen, dass Gudenus im Grunde nicht verantwortlich ist für all das, was er dort gesagt hat. Wem heimlich Drogen verabreicht werden, den kann man doch nicht dafür verteufeln, dass er Unsinn redet? Allerdings wurden die wichtigsten Themen – die *Kronen-Zeitung* und die Strabag – nicht nur auf Ibiza besprochen, sondern auch bei Treffen zwischen Johann Gudenus und dem Begleiter der Russin entweder in den Monaten vor dem Ibizaabend (die Idee mit der *Kronen-Zeitung*) oder sogar *nach* dem Beisammensein in der Villa (Strabag und *Kronen-Zeitung*).

- Am Mittwoch (22. Mai 2019) vereidigt Bundespräsident Van der Bellen vier neue Minister – Innenminister Eckart Ratz, Sozialminister Walter Pöltner, Infrastrukturministerin Valerie Hackl und Verteidigungsminister Johann Luif sowie den neuen Vizekanzler Hartwig Löger –, sie sind von Bundeskanzler Kurz vorgeschlagen worden, um die ausgeschiedenen FPÖ-Minister zu ersetzen.
- Und dann ist am Sonntag (26. Mai 2019) auch noch Europawahl. Das Wahlergebnis überrascht, zumindest uns: Die FPÖ fällt im Vergleich zu 2014 zwar um 2,5 Prozentpunkte auf 17,2 Prozent der abgegebenen Stimmen. Die Wahlbeteiligung war allerdings deutlich höher als 2014, weswegen insgesamt fast hunderttausend Österreicher und Österreicherinnen mehr für die FPÖ gestimmt haben als noch vor fünf Jahren. Und das nur eine Woche nach Bekanntwerden des Videos. »Richtige FPÖ-Wäh-

ler schrecken Kriminalität und Peinlichkeit nicht ab«, schreibt der *Standard* dazu. »Darum haben sie die Partei ja gewählt.«

Und selbst an diesem 27. Mai, an dem Sebastian Kurz vor der Vertrauensfrage steht, ist das nicht die einzige große Nachricht: Am selben Tag wird auch bekannt, dass der zurückgetretene Heinz-Christian Strache erstaunlich viele Stimmen als Direktkandidat für das EU-Parlament erhalten hat. Strache stand nämlich auch auf dem Stimmzettel zur Wahl, auf dem 42. und damit letzten Listenplatz der FPÖ zwar nur, aber immerhin. Es sollte eigentlich eine symbolische Geste sein, so war es vor der Ibiza-Affäre gedacht. Danach rief ein Aktivist der rechten Identitären Bewegung dazu auf, Strache mit sogenannten Vorzugsstimmen nach oben zu wählen. Der Slogan: »Unsre Rache: #votestrache«. Und tatsächlich twittert der *ORF*-Journalist Martin Thür um 14:12 Uhr an diesem Montag, es seien schon 37.448 sogenannte Vorzugsstimmen für Strache gezählt worden. Das sei genug für ein Direktmandat. Wenn das stimmt, könnte Strache ins Europaparlament einziehen.

Sein ehemaliger Koalitionspartner Sebastian Kurz versucht indes, in den Tagen vor dem Misstrauensvotum, so werden es die österreichischen Zeitungen später schreiben, bis zuletzt sein Ende als Kanzler abzuwenden: Er lädt die Opposition ins Kanzleramt, wirbt um sie, verspricht die Fortsetzung von Untersuchungsausschüssen, stellt auch eine Expertengruppe in Aussicht. Am Ende kommt er der Opposition nicht weit genug entgegen. SPÖ-Vorsitzende Pamela Rendi-Wagner stellt einen Misstrauensantrag.

Jetzt, am späten Montagnachmittag, soll abgestimmt werden. Kurz und seine Minister sitzen auf der Regierungsbank, als die

Nationalratsvorsitzende Bures den Antrag verliest. Nun bittet sie um Zeichen.

Die SPÖ-Abgeordneten erheben sich, die FPÖ auch, ebenso die Abgeordneten der Liste Pilz. Und so verkündet Nationalratspräsidentin Bures: »Der gegenständliche Antrag ist somit angenommen, damit hat der österreichische Nationalrat der Bundesregierung das Vertrauen entsagt.«

Sebastian Kurz ist abgewählt. Ein Raunen geht durch den Saal.

Zum ersten Mal in 74 Jahren stürzt der Nationalrat einen Kanzler. Nach nur 525 Tagen Amtszeit. Kurz – mit 24 Jahren Staatssekretär, mit 27 Außenminister, mit 31 Kanzler, wird mit 32: der jüngste Altkanzler der österreichischen Geschichte. »Geeint im Hass« habe die Opposition gegen ihn gestimmt, wird er später verbreiten.

Nach dem erfolgreichen Misstrauensantrag lesen wir die Nachricht, dass inzwischen die meisten Stimmen der Europawahl in Österreich ausgezählt worden sind und es tatsächlich feststeht: Heinz-Christian Strache wurde von so vielen Österreicherinnen und Österreichern in der Liste nach oben gewählt, dass er als Abgeordneter schon in wenigen Wochen ins EU-Parlament einziehen darf. Wenn er will.

Und will er? Noch am Nachmittag wendet sich Strache via Facebook an seine Fans: »Diesem großen Vertrauen der Bürger fühle ich mich demokratiepolitisch verpflichtet und werde daher das EU-Mandat annehmen.«

Strache is back. Nach nur neun Tagen.

JAGD AUF DIE FALLENSTELLER

München,
31. Mai 2019,
Freitag. Unsere Veröffentlichungen sind inzwischen zwei Wochen her, und die Ibiza-Affäre hat Österreich noch immer fest im Griff. Der Song der Vengaboys steht auf Platz eins der österreichischen Charts, 20 Jahre nachdem die Band das Lied herausgebracht hat. Und am Vortag waren die Vengaboys tatsächlich in Wien und traten dort unter freiem Himmel auf – und wieder sangen Menschenmassen im Wiener Zentrum »Let's go to Ibiza«. Am selben Tag verkündete Bundespräsident Alexander Van der Bellen eine historische Entscheidung: Österreich bekommt seine erste Bundeskanzlerin. Er beauftragte die bisherige Präsidentin des Verfassungsgerichtshofs, Brigitte Bierlein, mit der Bildung eines Übergangskabinetts, mit ihr als Kanzlerin – übrigens im selben Raum, in dem er die ÖVP-FPÖ-Regierung angelobt und später Neuwahlen verkündet hat.

An diesem Freitag aber geht bei der Staatsanwaltschaft München I eine E-Mail ein. Sie stammt von einem Anwalt Heinz-Christian Straches, es ist eine Anzeige. Sie richtet sich gegen »alle Personen«, so wird die Staatsanwaltschaft später mitteilen, »die für die Herstellung, Verbreitung und Veröffentlichung des sog. Ibizavideos mitwirkend verantwortlich« sind. Auch bei der Staatsanwaltschaft Hamburg geht eine solche Anzeige ein. In Hamburg sitzt der *Spiegel*-Verlag, in München die *SZ*.

Zuvor hat Strache schon in Österreich drei Personen angezeigt, denen er Täuschung, Urkundenfälschung, Missbrauch von Ton- und Abhörgeräten sowie Verdacht der Datenverarbeitung in Gewinn- und Schädigungsabsicht vorwirft. Auch in seiner Rücktrittsrede hatte er erklärt, die Fallensteller zur Verantwortung ziehen zu wollen:

»Ich weiß sehr genau, niemals etwas Gesetzwidriges angeboten oder gemacht zu haben. Und ich werde daher auch alle rechtlichen Schritte unternehmen. Sowohl mit medienrechtlichen als auch strafrechtlichen Anzeigen. Und wir haben einige Indizien, auch was mögliche Mittäter betrifft. Um die gegen mich erhobenen Vorwürfe mit allen mir zur Verfügung stehenden Mitteln zu entkräften und gleichzeitig diejenigen, die mit wirklich kriminellen Machenschaften gegen mich vorgegangen sind, zu überführen.«

Inzwischen ermittelt die Staatsanwaltschaft Wien, im Bundeskriminalamt wurde eine Sonderkommission eingerichtet – von den Medien prompt »Soko Ibiza« genannt.

Die Jagd auf die Hintermänner ist amtlich eröffnet.

Journalistisch ist sie das längst. In den zurückliegenden beiden Wochen haben ungezählte Medien aus Deutschland, Österreich und der Schweiz versucht, mehr über die Hintergründe der Affäre herauszufinden – zum Beispiel, wer das Video erstellt und wer es in Auftrag gegeben hat. Das ist weder verwunderlich noch verwerflich: Die Frage nach den Hintermännern ist ohne jeden Zweifel von öffentlichem Interesse. Nachdem die Veröffentlichung ein derartiges politisches Erdbeben ausgelöst hat, verstehen wir den Ehrgeiz anderer Medien, Details der Affäre ans Licht zu bringen.

Durch die Suche nach den Hintermännern verschiebt sich jedoch der Fokus weg vom eigentlichen Skandal: dass Heinz-Christian Strache auf Ibiza korrupten Avancen nicht widerstanden hat, dass er kaum verhohlen um illegale Parteispenden gebeten hat, dass er die Pressefreiheit angreifen wollte. Dass er sich als Amtsträger – schließlich saß er zu Ibizazeiten im Nationalrat – womöglich der Vorteilsannahme, der Untreue oder sogar der Bestechlichkeit schuldig gemacht hat. All das wird nur noch wenig diskutiert. Tatsächlich schreibt ein Autor eines führenden konservativen deutschen Blogs bereits am Tag nach unserer Veröffentlichung, man müsse Straches Verhalten jetzt nicht zum x-ten Mal wiedergeben. *[Heinz-Christian Strache hatte bei seinem Rücktritt erklärt, dass es bei ihm keine illegalen und rechtswidrigen Vorgänge »gab und gibt«. Von den auf Ibiza genannten Personen und Unternehmen habe niemand an die FPÖ oder einen gemeinnützigen Verein gespendet.]*

Der ehemalige Vizekanzler behauptet derweil auf Facebook, er habe auf Ibiza doch nur »Gedankenspiele artikuliert«, und: »Die Gedanken sind frei. Und auch die Artikulation solcher Gedankenspiele ist frei und weder verwerflich noch illegal.«

Strache macht kein Geheimnis daraus, dass er gedenkt, als Politiker zurückzukehren. Möglicherweise ja schon in wenigen Wochen, als Abgeordneter des Europaparlaments – er hält sich das jedenfalls offen, auch wenn jener Facebook-Post, in dem er das Mandat annimmt, auffällig schnell wieder verschwindet. In den Tagen nach dem Bekanntwerden des Skandals hat er jedoch erst einmal eine andere Aufgabe für die kommenden Wochen und Monate erklärt: Er will dafür sorgen, dass der »politische Anschlag« auf ihn aufgeklärt werde.

Dieses Narrativ funktioniert für seine Anhänger bestens. An einem »Anschlag« kann doch nicht der schuld sein, auf den er verübt wird, richtig? Sondern niederträchtige Hintermänner! So viel Raum wie die Frage nach den Fallenstellern in Zeitungsartikeln einnimmt, beschleicht einen das Gefühl, Strache sei ihnen tatsächlich wehrlos ausgeliefert gewesen. Eine weit entfernte Insel, ein lauer Sommerabend, gutes Essen, viel Alkohol und dann noch eine hübsche Frau – das kann doch jedem passieren, dass man es mit dem Gesetz, der Korruption und der Pressefreiheit nicht mehr so genau nimmt, oder?

Jedenfalls ist die Jagd in vollem Gange, und schon bald werden die ersten Ergebnisse präsentiert. Die sind allerdings von Medium zu Medium unterschiedlich.

Die Böhmermann-Theorie ist nach dem Dementi seines Arbeitgebers, des *ZDF*, schnell wieder verworfen. Aber es gibt ja zum Glück noch die Geheimdienste, und irgendwie, fabuliert der deutsche Bundestagspräsident Wolfgang Schäuble, »irgendwie riecht's nach irgendwas wie einem Geheimdienst«. Damit ist sich Schäuble immerhin mit der kremlnahen Zeitung *Rossiskaja Gaseta* einig, die schrieb, hinter der Provokation stünden Geheimdienste, die alles heimlich aufgenommen hätten. Nur meinten Schäuble und die russische Zeitung wahrscheinlich nicht dieselben Dienste.

Das kennen wir nun schon von den Panama Papers, damals wurde sehr schnell erklärt, der amerikanische Geheimdienst CIA habe uns mit den 11,5 Millionen Dokumenten versorgt – um Wladimir Putin zu schaden, dessen innerster Zirkel in den Dokumenten sehr präsent war. Nach etwas Bedenkzeit hieß es dann, wahrscheinlich sei es doch eher der russische Geheimdienst gewesen, der uns munitioniert habe, weil die Panama Papers zwar dem Ruf der Politiker in der westlichen Welt geschadet hätten –

aber Putin logischerweise nichts anhaben konnten. Der Mossad wurde selbstverständlich auch ins Spiel gebracht damals, vermutlich einfach, weil er das immer wird.

Dieses Mal kramt der frühere Vizepräsident des deutschen Bundesnachrichtendienstes (BND), Rudolf Adam, den Mossad hervor. Adam wirft in der Zeitschrift *Cicero* mit derart wirren Schlussfolgerungen und Mutmaßungen um sich, dass uns rückwirkend angst und bange wird bei dem Gedanken, dass Adam jahrelang mitverantwortlich für die Sicherheit Deutschlands war. Auch der österreichische Geheimdienst BVT wird immer mal wieder verdächtigt. Mehrere BVT-Beamte sollen laut diesen Spekulationen im selben Flieger nach Ibiza gesessen haben wie Strache. Das BVT soll mindestens von der Falle gewusst haben, wenn er sie nicht selbst gestellt habe. Genau diesem BVT aber, das fordert der ehemalige BND-Präsident August Hanning, sollten wir von der *SZ* unsere Quellen offenlegen – »aufgrund der Dimension des Falls«. Aber nachdem das BVT ja selbst möglicherweise dahintersteckt, wissen wir nicht, ob das überhaupt noch nötig wäre. Scherz beiseite: Dass ein Ex-BND-Chef wie August Hanning so wenig von Pressefreiheit und Redaktionsgeheimnis versteht, dass er allen Ernstes behauptet, »einen besonderen Informantenschutz« könne es »aufgrund der Tragweite der Veröffentlichung« eigentlich nicht geben, hinterlässt uns fassungslos.

Der österreichische Bundeskanzler Sebastian Kurz löst sich von den Geheimdiensten und bringt – offenbar ohne jeden Beleg – den ehemaligen SPÖ-Berater Tal Silberstein ins Spiel; er halte es für »möglich«, dass Silberstein dahinterstecke, sagt Kurz der *Bild-Zeitung* – und kassiert dafür später vom Handelsgericht Wien eine einstweilige Verfügung, die ihm verbietet, die SPÖ mit der Ibiza-Affäre in Zusammenhang zu bringen. Auch Tal Silberstein wies die Anschuldigung zurück.

Kurz wird auch noch den SPÖ-nahen Anwalt Gabriel Lansky öffentlich nennen, und behaupten, dessen Kanzlei habe das Video verkauft – woraufhin Lansky dementieren und zunächst ankündigen wird, Kurz zu verklagen. Auf die Klage wird Lansky nach einer Aussprache mit dem Altkanzler allerdings verzichten, nachdem dieser zusagt, den Vorwurf nicht weiter zu wiederholen.

Ein weiterer prominenter Anheizer von Spekulationen ist Hans-Georg Maaßen, seines Zeichens Expräsident des deutschen Verfassungsschutzes, der wiederum »linke und linksextreme Aktivisten« hinter dem Video vermutet. Der russische Oligarch Konstantin Malofejew zieht derweil in *Profil* einen anderen Bösewicht aus dem Hut, nämlich, wenig überraschend, die USA. Europa werde schon lange nicht mehr von seinen Politikern kontrolliert, sondern »von der Besatzungsmacht USA, die selbst vor Erpressung nicht zurückschreckt, um ihrerseits europäische Politiker zu kontrollieren und diese dreckigen Methoden anzuwenden«. Vermutet werden außerdem Rivalen aus unterschiedlichen Parteien, auch über eine Verwicklung eines mit Strache über Kreuz liegenden Unternehmers wird wild spekuliert. Man kann es sich in den Wochen nach unseren Veröffentlichungen noch frei aussuchen, welche der Versionen am besten gefällt.

Was die Medien über die angebliche Russin berichten, ist ähnlich vielfältig. Einmal ist sie eine bosnische Agrarwissenschaftsstudentin, die 6000 bis 7000 Euro Tagesgage (!) bekommen habe, dann eine litauische Prostituierte, eine russische Schauspielerin oder Sängerin oder eine Berliner Radiomoderatorin. Ebenso abwechselnd bekommt sie Anweisungen über Minikopfhörer oder über jemanden in Wien – der von dort aus Zugriff auf alle Kameras in der Ibizavilla habe und sie telefonisch instruiere, sobald sie das Wohnzimmer verlasse.

Auch über die operativen Fallensteller sind widersprüchliche Angaben im Umlauf. Die meisten Medien konzentrieren sich auf zwei angebliche Drahtzieher, laut anderen sind es vier oder gar fünf Männer, die sich zusammengetan haben; eine Quelle berichtet sogar von zwölf Männern. Auch eine Immobilienmaklerin soll eine Rolle gespielt haben, etliche Mitarbeiter von Sicherheitsfirmen, dazu noch ein Bodyguard. Ein Mann aus Straches Umfeld soll die Aufgabe gehabt haben, über dessen Frauentyp an die angeblichen Hintermänner zu berichten. Ein Anwalt soll Johann Gudenus Wochen oder Monate *vor* dem Ibizatreffen die Identität der Oligarchennichte per Ausweiskopie bestätigt haben – was seltsam anmutet, nachdem Gudenus sich einige Wochen *nach* dem Abend auf Ibiza beim Vertrauten der Russin beschwert, er habe weder ihren noch seinen Pass je gesehen. Der erwähnte Anwalt indes ließ über einen Vertreter erklären, es handle sich »um ein zivilgesellschaftlich motiviertes Projekt, bei dem investigativ-journalistische Wege beschritten wurden«. Da er in dieser Sache auch mandatiert worden sei, könne er keine weitere Stellungnahme abgeben. Er habe sich jedenfalls nicht strafbar verhalten.

In allerlei Artikeln ist zu lesen, die zwei bis zwölf Männer hätten, in welcher Kombination auch immer, seit 2017 versucht, das Video für siebenstellige Geldbeträge zu verkaufen – aber ohne Erfolg.

In den Texten werden Gerüchte schnell zu Fakten gemacht. Ein Beispiel: Die *Neue Zürcher Zeitung (NZZ)* berichtet, es sei eine »Tatsache«, dass einer der Männer schon 2015 Videomaterial mit Bezug auf Sex und Drogen angeboten habe. Woher die Zeitung das Wissen um diese angebliche Tatsache bezieht, ist dem Text nicht zu entnehmen. Auf Anfrage erklärt der Autor, die Formulierung sei »tatsächlich sehr unglücklich geraten« und basiere lediglich auf österreichischen Medienberichten, die sich wiederum auf anonyme Quellen berufen.

Die Quelle, von der die Behauptung stammt, es seien bis zu zwölf Männer nötig gewesen, ist besonders interessant: Der Mann behauptet, er selbst sei der Drahtzieher der Aktion, und er wolle die Rechte an den Videoaufnahmen hiermit den österreichischen Finanzbehörden überschreiben.

Wir staunen derweil, wie selbst seriöse Medien mit haltlosen Gerüchten jonglieren, wie aus Schilderungen Einzelner ohne Weiteres Fakten werden und wie viele Falschinformationen ihren Weg in die Presselandschaft finden. Wir könnten eine Menge richtigstellen, jeden Tag. Aber damit würden wir immer auch Hinweise geben, die am Ende unseren Quellen gefährlich werden könnten.

Die unterhaltsamste Version, die wir lesen, ist folgende: Das Berliner Zentrum für Politische Schönheit, eine Künstlergruppe, habe sieben Sequenzen des Videos für 600.000 Euro in südafrikanischen Krügerrand-Münzen gekauft, vermittelt von einer Berliner Kanzlei für Medienrecht. In dieser Kanzlei hätten wir uns das Video sodann ansehen dürfen – aber nur die sieben ausgewählten Sequenzen seien uns übergeben worden. Das ganze Video habe außer den »Produzenten« niemand in der Hand.

Kein Wort davon ist nach unseren Informationen wahr. Das Zentrum für Politische Schönheit hat die Geschichte heftig dementiert, unser Problem ist noch immer dasselbe: Zur Hintergrundgeschichte können wir aus Quellenschutz nichts sagen.

Aber für uns können wir sprechen: Weder haben wir in einer Kanzlei in Berlin das Video gesehen, noch haben wir dort irgendwelche Sequenzen bekommen. Und natürlich stimmt es auch nicht, dass wir das Video nicht vollständig zur Verfügung hätten. Während wir diese Sätze schreiben, liegt vor uns ein USB-Stick mit vielen Stunden Videomaterial, aufgenommen aus verschiedenen Perspektiven in einer Villa auf Ibiza.

Inzwischen haben wir verstanden: Der von uns aufgedeckte eigentliche Skandal mag Straches Verhalten auf Ibiza gewesen sein. Die große Sensation aber ist die Frage: Wer war es? Wer hat ihn reingelegt?

Eine Reihe von Chefredakteuren und Chefredakteurinnen der wichtigsten österreichischen Zeitungen und Zeitschriften werden ein paar Wochen später einen offenen Brief schreiben, in dem sie fordern, man möge sich wieder mehr der eigentlichen Sache widmen: »Die Suche nach den Urhebern, so wichtig sie ist, überdeckt die demokratiegefährdenden Aussagen, die das Video dokumentiert.«

Strache hingegen kurbelt mit seinen Strafanzeigen in Wien, München und Hamburg die Jagd nach den Fallenstellern und auf die Medien an.

Bei deutschen und österreichischen Staatsanwaltschaften sind darüber hinaus etliche Anzeigen von Privatpersonen eingegangen, allein bei der Staatsanwaltschaft München sollten es bis Ende Juni sechs Stück werden. Einige beziehen sich auf das »Zugänglichmachen von Bildaufnahmen, die geeignet sind, dem Ansehen der abgebildeten Person erheblich zu schaden«, und das »Zugänglichmachen von höchstpersönlichen Bildaufnahmen« – eine Straftat nach Paragraf 201 (1) Strafgesetzbuch. Manche Anzeigen richten sich explizit gegen uns beide, andere gegen Kolleginnen und Kollegen der *SZ* oder gleich gegen die ganze Zeitung, wieder andere gegen unbekannt.

Die Münchner Staatsanwaltschaft jedenfalls nimmt Ermittlungen auf. Sie laufen unter dem Aktenzeichen 115 Js 150 102/19.

Es ist ein komisches Gefühl, zu wissen, dass die Staatsanwaltschaft in dieser Sache – und im Zweifel auch: gegen uns – ermittelt. Auch wenn uns klar ist, dass sie jedem Verdacht nachgehen *muss*, ist es seltsam. Normalerweise nimmt die Staatsanwaltschaft Ermittlungen auf gegen Personen, über die wir gerade etwas enthüllt haben.

Aber gegen uns? Weil wir etwas aufgedeckt haben? Das ist neu.

Die Ermittlungsbehörden müssen prüfen, ob die Ausschnitte aus dem heimlich auf Ibiza aufgenommenen Video nicht hätten gezeigt werden dürfen – oder ob das öffentliche Interesse hoch genug war, um sie zu zeigen. Aus unserer Sicht ist die Sache klar: Es gab und gibt ein nachgerade überragendes öffentliches Interesse, das Video zu zeigen.

Diese Frage stellen in den Tagen nach unseren Veröffentlichungen sehr viele andere Medien, Leserinnen und Leser, selbst ernannte und tatsächliche Rechtsexperten: Durften wir das? Durften *SZ* und *Spiegel* ein Video veröffentlichen, das doch offensichtlich heimlich aufgenommen wurde? Oder, wie die meisten es formulieren: ein Video, das illegal aufgenommen wurde!

Wie wir das sehen, haben wir ja wieder und wieder erklärt. Wenn wir uns nicht sicher gewesen wären, dass wir durften, hätten wir es nicht getan.

So gut wie alle Experten und Medien – auch solche, die uns traditionell weniger gewogen sind – schließen sich unserer Sicht an.

Unter der Überschrift »Das Video musste gezeigt werden« formuliert der Berliner *Tagesspiegel* es so: *Spiegel* und *Süddeutsche Zeitung* seien ihrem Anspruch gerecht geworden, »die Mächtigen zu kontrollieren und das Transparenzgebot in einem derart gravierenden Fall über das Persönlichkeitsrecht des Betroffenen zu stellen«. Die *ARD*-Rechtsredaktion kommt zu dem Schluss, dass es in diesem Fall nicht nur ein erhebliches, »sondern überragendes Interesse der Öffentlichkeit an Information und Berichterstattung« gab. Sogar die *NZZ*, die unsere Recherchen seit Jahren eher kritisch begleitet, sieht ein öffentliches Interesse schon allein wegen der »politisch und medienpolitisch unhaltbare[n] Aussagen« gegeben. Die *FAZ* geht sogar noch einen Schritt weiter: Selbst wenn der Fall beim Europäischen Menschenrechtsgerichtshof lande, bestehe »kein Zweifel«, dass die Richter im Sinne der Pressefreiheit entscheiden würden. Also für uns.

Auch der Bundesdatenschutzbeauftragte Ulrich Kelber erklärt, wir hätten uns korrekt verhalten: »Dies war erkennbar kein privates Gespräch mehr.« Die *Welt* zitiert den Staats- und Medienrechtler Christoph Degenhart mit den Worten, er sehe die Veröffentlichung des Videos als »zulässig an«. Und der Deutsche Journalistenverband kommentiert: »Niemand, nicht mal Straches glühendste Anhänger, könnten ernsthaft das überragende öffentliche Interesse an dem Video bestreiten.«

Weit gefehlt, es ist kein Geringerer als Ex-BND-Chef August Hanning, der juristische Probleme auf *Spiegel* und die *Süddeutsche Zeitung* zukommen sieht: »die Veröffentlichung solcher Bild- und Tonaufnahmen« sei nach deutschem Recht »sehr problematisch. Das könnte also noch Folgen haben.«

Auch das Gros der Zuschriften, die wir erhalten, ist äußerst positiv, es ergießt sich sogar eine regelrechte Flut von »Danke, danke«-E-Mails über uns. Einige besonders nette Leserinnen und Leser lassen uns sogar Pakete mit Verpflegung zukommen, einen Turm mit Manner-Waffeln etwa. »Zum Runterkommen«

steht auf einem anderen Paket, das wir in die Redaktion geschickt bekommen. Der Inhalt sagt eher: zum Weitermachen: Es ist eine Palette Red Bull.

Aber wer sich mit dem rechten Rand anlegt, muss sich auf vieles gefasst machen. Unseren *Spiegel*-Kollegen Martin Knobbe zum Beispiel erreicht in diesen Tagen ein Brief mit einer Todesdrohung. Der Absender fordert Martin auf, sich bei Gudenus und Strache öffentlich zu entschuldigen und seine Quellen offenzulegen – andernfalls würde Martin umgebracht: »Eine Kugel zwischen die Hörner, das ist genau das, was so ein Verräter an seinem eigenen Volk verdient hat.« Unterzeichnet ist das Schreiben von einer »Natsoz. Bewegung 3.0«. Ermittler stufen das Schreiben aber nicht als ernstzunehmende Drohung ein.

Auch wir bekommen seit der Veröffentlichung persönliche Nachrichten über Twitter oder per E-Mail, die direkter nicht sein könnten. »Geh doch scheißen, du hässlicher dummer Jude«, schreibt uns jemand, »du hast das Verräterische in den Genen. Du bist ein pädophiles, dummes Judenarschloch. Viel Spaß beim Suchen, denn ich habe deinen Account gehackt. Du Kretin.«

Einfacher macht es eine Frau aus Linz, ihre Mail hat keinen echten Text, nur einen längeren Betreff. Er lautet: »Sie sind das größte Arschloch, das ich kenne, und noch dazu das feigste! Herzliche Grüße aus Österreich.«

Diese E-Mail leiten wir auch an Florian Klenk weiter – er wird ja mit gemeint sein, denken wir uns. Florian sieht, dass die Mail von einem beruflichen Mail-Account aus verfasst wurde, und bietet der Schreiberin an, den »Leserbrief« samt Absender zu drucken. Oder ob sie sich bei der *Süddeutschen Zeitung* entschuldigen wolle? Sie will. Wenige Tage später kommt ein Entschuldigungspaket aus Linz in München an – noch mehr Süßigkeiten.

Auch privat, auf Partys, Grillabenden und Familienfesten, werden wir in diesen Tagen unaufhörlich auf das Strache-Video angesprochen – selbst von Menschen, die normalerweise nicht über unseren Job oder Politik mit uns reden. Sehr viele wollen wissen, ob Strache auf dem Video beim Koksen zu sehen ist (nein, ist er nicht), ob da auch Sex war (nein, nein, nein), und ob wir für das Video bezahlt haben (nein). Außerdem sehr oft gefragt: Ob Jan Böhmermann die Falle gestellt hat (nein), und warum wir das nicht öffentlich sagen (weil er es nicht war).

Ein andere Frage, die wir sehr häufig hören, vor allem in konservativen Medien, aber auch anderswo, lautet: Wie könnt ihr diese illegale, hinterlistige Falle gutheißen?

Die Antwort ist: Wir heißen sie nicht grundsätzlich gut. Selbstverständlich wollen wir nicht in einer Welt leben, in der man bei jeder privaten Unterhaltung fürchten muss, aufgenommen zu werden.

Die Unterhaltung auf Ibiza war aber nicht privat. Der Chef einer österreichischen Partei traf sich mit einer Russin, um über Wahlkampfhilfe und entsprechende Gegenleistungen zu sprechen.

Außerdem: Laut Artikel 197 des spanischen Strafgesetzbuches sind heimliche Aufnahmen zur Enthüllung von Geheimnissen zwar strafbar. Jedoch muss dies mit dem Recht auf freie Übermittlung wahrheitsgemäßer Informationen abgewogen werden. Und genau das dürfte in diesem Fall entscheidend sein: »Das Video zeigt zwei Politiker, die sich über das Begehen einer möglichen Handlung äußern, die in direktem Zusammenhang mit der Ausübung ihrer öffentlichen Aufgaben steht und möglicherweise als eine Straftat (Korruption) einzustufen ist«, schreibt die deutsch-spanische Anwaltskanzlei Balder in einer Stellungnahme für den *NDR*. Man sei deshalb der Ansicht, dass »kein

Verstoß gegen das Recht auf Schutz der Persönlichkeit einer Person vor Eingriffen in ihrem Lebens- und Freiheitsbereich gegeben ist«.

Aber hinterlistig war die Falle natürlich schon, im wahrsten Sinne des Wortes. Und auch wenn sich Strache entblößt habe und zu Recht gehen müsse, sagen manche Kommentatoren, heilige der Zweck doch nicht jedes Mittel – und wollten wir wirklich so miteinander umgehen? Dass jeder in jedem Moment, selbst im Urlaub, damit rechnen muss, gefilmt zu werden? Werde das jetzt der neue Standard? Das seien doch Methoden, die man vom russischen Geheimdienst kenne.

So argumentiert neben den konservativen Kommentatoren von *Welt* und weiteren rechts davon positionierten Medien zu unserer Überraschung auf Twitter auch Stefan Brink, Landesdatenschutz-Beauftragter Baden-Württembergs: »Wenn wir politische Gegner hintergehen, ihre Privatsphäre verletzen und sogar kriminelles Unrecht begehen, schaden wir letzten Endes unserer politischen Kultur und damit uns allen«, schreibt er und fügt hinzu, adressiert an *SZ* und *Spiegel*: »kein Ruhmesblatt«. Allerdings haben weder wir beide als Reporter, noch »wir« im Sinne der Allgemeinheit, irgendetwas davon getan.

»Die veröffentlichenden Journalisten haben verantwortungsvoll agiert«, sagt der Bundesbeauftragte für den Datenschutz, Ulrich Kelber, der *Bild-Zeitung*, das Gespräch in der Villa sei »von öffentlichem Interesse«.

Jeder Politiker, der Anstand besitzt, wäre zu diesem Treffen mit der Oligarchennichte nicht erschienen. Und er hätte sich nicht hingesetzt und wäre sitzen geblieben.

Heinz-Christian Strache hat sich gesetzt, und er blieb sitzen.

ERMITTLUNGS-ANORDNUNG

München/Wien, 5. Juni 2019. An diesem Mittwoch trifft sich in Wien die neue österreichische Regierung zum ersten Mal zum Ministerrat. (Für die nichtösterreichischen Leser: In anderen Ländern nennt man das, etwas weniger elegant: Kabinettssitzung.) Angeführt wird die neue Regierung von der bisherigen Präsidentin des österreichischen Verfassungsgerichtshofs, der parteilosen Brigitte Bierlein. Die neue Kanzlerin soll Post-Ibiza-Österreich regieren, bis es Neuwahlen gibt. Zum ersten Mal wird die Republik Österreich von einer Frau geführt, zum ersten Mal regiert ein Expertenkabinett aus Richtern, Diplomaten und Beamten, paritätisch besetzt: sechs Männer und sechs Frauen. Den »Übergang von einer Dilettantokratie zu einer Expertokratie«, nennt es der *Standard*. »Habemus Bierlein«, schreibt der *Falter*.

Derweil wird die Ibiza-Affäre Stück für Stück, Aussage um Aussage, auch juristisch aufgearbeitet. Sogar die Einberufung eines Untersuchungsausschusses steht im Raum. Es wird, so hören wir, auch überprüft, ob bei der Vergabe von öffentlichen Aufträgen seit dem Eintritt der FPÖ in die Regierung alles mit rechten Dingen zugegangen ist.

Die Wirtschafts- und Korruptionsstaatsanwaltschaft (WKStA) ermittelt längst wegen des Verdachts der Untreue »in unterschiedlichen Beteiligungsformen« gegen Heinz-Christian Strache und Johann Gudenus. Die Frage ist nun, ob Strache und Gudenus mehr droht, etwa ein Verfahren wegen Korruption? Immerhin forderte Strache einen Vorteil von der Russin – nämlich Unterstützung im Wahlkampf – und stellte dafür Gegenleistungen in Aussicht. Die meisten Strafrechtler winken schnell ab, die Tat sei ja noch nicht einmal im Versuchsstadium gewesen.

Andreas Scheil, Professor für Wirtschaftsstrafrecht an der Uni Innsbruck, sieht das ganz anders, und man kann ihm in einem YouTube-Video wunderbar dabei zuhören, wie er den Fall auffächert. Er sieht Strache und Gudenus, die beide im Sommer 2017 Amtsträger waren, für den Vorwurf der Vorteilsannahme keineswegs aus dem Schneider. Zur Vorteilsannahme zählen ihm zufolge das Fordern eines Vorteils, die Annahme eines Vorteils und das Versprechenlassen eines Vorteils, und es genüge »der bloße Vorsatz, im Zeitpunkt der Tathandlung, sich in Zukunft bei einer Amtstätigkeit für diesen Vorteil beeinflussen zu lassen«. Dass es dann dazu nicht kommt, sei völlig irrelevant, sagt Scheil, solang dieser Vorsatz bestanden habe. Der Innsbrucker Professor hat ein ziemlich gutes Beispiel: Der Fall Ernst Strasser. Der ehemalige Innenminister (ÖVP) wurde vor einigen Jahren wegen Bestechlichkeit verurteilt, ohne dass die Bestechung vollendet worden wäre. Es reichte aus, dass Strasser sie eingefordert hatte. Dass Strasser dies tat, ist unbestritten: Er wurde von englischen Journalisten, die sich als Lobbyisten getarnt hatten, dabei heimlich gefilmt; auch der Fall Strasser war eine Falle. »Das Fordern vollendet schon das Delikt«, ohne dass ein Cent fließen müsse, erklärt Scheil.

Es wird, so hören wir, auch überprüft, ob bei der Vergabe von öffentlichen Aufträgen alles mit rechten Dingen zugegangen ist, seitdem die FPÖ in der Regierung eingetreten ist.

Gudenus hat mit seinem Rücktritt als Nationalrat seine parlamentarische Immunität verloren. Zusätzlich hat die Staatsanwaltschaft auch eine ältere Ermittlung wiederaufgenommen. Es geht um das sogenannte Ali-Video – einen Zeichentrick-Clip, den die FPÖ Ende 2018 auf FPÖ TV veröffentlicht hat und den Gudenus auf Facebook geteilt hat. Darin ist ein Fes tragender Bürger zu sehen, der Ali genannt wird und der beim Arzt die Versicherungskarte seines Cousins Mustafa zeigt – um sich Leistungen zu erschleichen. Fremdenfeindliche Propaganda wie aus dem Lehrbuch. »Pech gehabt, Ali, es heißt nun: Sozialmissbrauch ade«, kommentiert eine Stimme aus dem Off, als Ali auffliegt. Die liberale Partei der Neos hatte sich deswegen an die Behörden gewandt. Nun wird wegen des Verdachts der Verhetzung – was in Deutschland der Volksverhetzung entspricht – ermittelt.

Zudem ging bei der Staatsanwaltschaft im Zusammenhang mit der Ibiza-Affäre eine anonyme Anzeige ein, sie betrifft Novomatic und die Casinos Austria, mehr erfahren wir zunächst nicht.

Zur gleichen Zeit kommen immer neue Details zur FPÖ und ihren möglichen Tarnvereinen heraus. Der *ORF* berichtet von einem Unternehmer, der von Strache und dem damaligen Generalsekretär Herbert Kickl gebeten sein soll, an Austria in Motion zu spenden – dies dann jedoch nicht getan zu haben. Diesen Verein hatten wir früh im Verdacht, seit der *Falter*-Kollege Josef Redl uns darauf gestoßen hatte. Es war aber nicht mehr als ein Verdacht. Nun also ein weiteres Indiz.

Herbert Kickl erklärt uns dazu auf Anfrage, dass ihm eine solche Unterhaltung »nicht erinnerlich« sei. Heinz-Christian Strache antwortet auf eine Anfrage für dieses Buch bis Redaktionsschluss nicht. Als wir den Vorsitzenden des Vereins endlich ans Telefon bekommen, sagt er uns, es habe »nie« die Intention gegeben, den Verein als »Vorfeldorganisation irgendeiner Partei« zu nutzen. Es sei kein Geld an die FPÖ weitergeleitet worden. Der Verein habe auch kein Geld von jenen bekannten österreichischen Unternehmern bekommen, die Strache im Video genannt hat. *[Eine erneute Anfrage für dieses Buch ließ der Vorsitzende von »Austria in Motion« unbeantwortet].*

Dem Magazin *Profil* wiederum erzählte ein Wiener Manager, dass er im Sommer 2017 – also zur Zeit des Ibizatreffens – auf Vermittlung von Gudenus mehrere Tausend Euro an einen Verein namens »Wirtschaft für Österreich« gespendet habe. Vorsitzender des Vereins war bis Sommer 2017: Markus Tschank, jener Rechtsanwalt und FPÖler, der uns schon bei »Austria in Motion« untergekommen war. Wir haben ihm zahlreiche Fragen dazu geschickt – bis zum Redaktionsschluss dieses Buches ließ er sie allerdings unbeantwortet. Auch der aktuelle Vereinsvorsitzende antwortete nicht auf unsere Anfrage.

Aber *Profil* ist noch auf drei weitere Vereine gestoßen, sie heißen »Wir für H.C. Strache – Parteiunabhängiges Personenkomitee«, »Reformen – Zukunft – Österreich« und »Patria Austria – Verein zur Förderung des österreichischen Kultur- und Brauchtums«. »Wir für H.C. Strache« und »Reformen – Zukunft – Österreich« wurden nur wenige Tage nach der Veröffentlichung in *Profil* aufgelöst. In beiden saß Markus Tschank im Vorstand. Insgesamt sollen die Vereine Spenden von mehr als 600.000 Euro bekommen haben. Auch dazu äußerte sich Tschank auf unsere Anfrage nicht. Gegenüber *Profil* dementierte Tschank, dass unter seiner Verantwortung Spenden an Parteien stattgefunden hätten. Der Vorsitzende von »Patria Austria« ließ unsere Anfrage bis zum Redaktionsschluss dieses Buches unbeantwortet.

Fünf Vereine also, mit FPÖ-Mitgliedern und Unterstützern im Vorstand, fast wortgleichen Vereinszielen. Alle fünf waren bis zur Ibiza-Affäre nie nennenswert öffentlich in Erscheinung getreten. Dennoch sollen Gudenus, Strache und Kickl zu Spenden angeregt haben.

Das sind auffällig viele Zufälle.

Gegen Tschank ermittelt – wie gegen Strache und Gudenus – die Korruptionsstaatsanwaltschaft, so erfahren wir in diesen Tagen. Am 13. Juni 2019 hebt das Parlament deswegen seine Immunität auf. In einer Stellungnahme gegenüber der österreichischen Nachrichtenagentur APA wies Tschank den Vorwurf der illegalen Parteienfinanzierung zurück. Eine Anfrage von uns ließ er unbeantwortet.

Die FPÖ schreibt uns derweil per E-Mail, dass »Austria in Motion«, »Wirtschaft für Österreich«, »Patria Austria« und »Reformen – Zukunft – Österreich« parteiunabhängig seien. Auch der Verein »Wir für H.C. Strache« habe nichts mit der FPÖ zu tun. Unabhängige Wirtschaftsprüfer hätten den Vereinen bestätigt, »dass die FPÖ weder direkt noch indirekt Geld oder geldwerte Vorteile von einem oder mehreren dieser Vereine erhalten hat«. Welche Wirtschaftsprüfer dies seien, ließ ein FPÖ-Sprecher offen – ebenso die Frage, ob der Partei die angeblichen Berichte überhaupt vorliegen.

Die Vorsitzenden der Vereine lassen unsere Anfrage bis zum Redaktionsschluss dieses Buches unbeantwortet.

Auch Österreichs Parlament beschäftigt sich mit Parteispenden. An den letzten beiden Sitzungstagen vor der Sommerpause werden strengere Regeln für die Parteienfinanzierung beschlossen.

Die SPÖ, die Liste Jetzt um den ehemaligen Grünen-Abgeordneten Peter Pilz und – ausgerechnet – die FPÖ stimmen für eine Begrenzung: Künftig solle niemand mehr als 7500 Euro pro Jahr an eine Partei spenden dürfen. Außerdem soll künftig jede Spende über 2500 Euro statt bisher 51.000 Euro öffentlich gemacht werden. Spenden von Ausländern – und damit auch von russischen Oligarchennichten – sind künftig verboten.

Der Rechnungshof aber, der dies überprüfen soll, bekommt keine neuen Befugnisse. Weiterhin droht Parteien nicht einmal eine nennenswerte Strafe, wenn sie keinen Rechenschaftsbericht abgeben. Und für Vereine wird es auch künftig keine strengeren Transparenzpflichten geben.

Der von Strache auf Ibiza skizzierte Weg – Spenden über Vereine an Parteien zu schleusen – bleibt also weiterhin offen.

Während wir das staunend zur Kenntnis nehmen, meldet sich Florian Klenk bei uns. Ihm hat jemand ein internes und streng vertrauliches Dokument zugespielt, das dafür sorgen wird, dass man in Österreich noch länger die Frage der illegalen Spender diskutieren wird. In dem als »Ermittlungsanordnung« betitelten Schreiben der Grazer Außenstelle der Korruptionsstaatsanwaltschaft lesen wir, dass die Behörde ein Ermittlungsverfahren eingeleitet hat – und zwar neben Strache und Gudenus (wegen Untreue) auch gegen Verantwortliche der Firma Novomatic, der Glock GmbH und René Benkos Signa Holding. Es geht um den Verdacht der Untreue im Zusammenhang mit Parteispenden, und konkret um die Frage, ob sich die Verantwortlichen der Firmen durch undeklarierte Parteispenden an parteinahe Vereine strafbar gemacht haben könnten – weil sie möglicherweise »Leistungen ohne konkrete Gegenleistung« erbracht haben.

Tatsächlich hat Strache auf Ibiza behauptet, Glock habe an die FPÖ gespendet oder es zumindest in Aussicht gestellt. René

Benko spende an die FPÖ und die ÖVP und Novomatic gleich an alle drei großen Parteien: die ÖVP, die SPÖ und die FPÖ – das sei »pragmatisch«, erklärte Strache auf Ibiza. Seine Aussagen zu angeblichen FPÖ-Spendern nannte er nach Bekanntwerden einen »Ausdruck schlichter Prahlerei« – und zog sie zurück.

Tatsächlich ermittelt die Staatsanwaltschaft dem uns vorliegenden Schreiben zufolge nicht mehr nur im FPÖ-Umfeld wegen womöglich verdeckter Spenden, sondern untersucht auch, ob es geheime Spenden an die ÖVP und die SPÖ gab. Schon nach einigen Tagen Ermittlungen kommt das Bundeskriminalamt auf 13 Vereine, die »in Frage kommen könnten«, heißt es Ende Juni in einem internen Bericht, aus dem das Rechercheportal Addendum zitiert. Fünf der genannten Vereine gelten als ÖVP-nah, zwei als SPÖ-nah und sieben werden der FPÖ zugeschrieben. Es handelt sich um: »Austria in Motion«, »Wirtschaft für Österreich«, »Patria Austria«, »Wir für HC Strache«, »Reformen – Zukunft – Österreich« sowie das Institut für Sicherheitspolitik – dessen Vorsitzender ist: Markus Tschank. *[ÖVP, FPÖ und SPÖ bestreiten, derartige Spenden erhalten zu haben. Ebenso erklärten René Benko und Novomatic, nicht an die ÖVP beziehungsweise die FPÖ und die SPÖ gespendet zu haben.]*

Aus der Ibiza-Affäre ist damit endgültig auch eine Spendenaffäre geworden. Und wenn die Ermittler jetzt anfangen, die Konten von allen Vereinen anzuschauen, bei denen Politiker das Sagen haben oder die irgendwie als parteinah gelten – dann ist das ein sehr sehr großes Fass, das sie aufgemacht haben. Dann sprechen wir nicht von wochenlangen, sondern eher von monatelangen, wenn nicht jahrelangen Ermittlungen.

OPFERMYTHOS

In den Monaten nach der Veröffentlichung des Ibiza-Videos tauchen wir immer wieder ein in eine Parallelwelt. Dort haben sich dunkle Mächte, die Opposition, womöglich gar Geheimdienste verschworen. Sie haben einen braven Aufrichtigen in eine Falle gelockt, seinen Freund und ihn mit Alkohol oder Drogen betäubt, mit einer attraktiven Frau die Sinne vernebelt und zu allerlei Fantastereien verlockt.

Gewiss, ihn, den braven Aufrichtigen, den Familienvater und Tierfreund, treffe eine »gewisse Mitschuld«, aber in der Hauptsache eben nicht: »Feinde unserer demokratischen Grundordnung« hätten ein »politisches Attentat« verübt.

Die Überlegung, wie man Spenden am Rechnungshof vorbeischleusen kann, wie man die Pressefreiheit beschneiden und Staatsaufträge nach Gusto vergibt? Ja mei ... Alles nur Gedankenspiele.

Diese Parallelwelt ist Straches Facebook-Account. Seit mittlerweile zehn Jahren ist Strache in dem sozialen Netzwerk aktiv, fast 800.000 Menschen folgen ihm dort. Ähnlich viele Menschen lesen regelmäßig die Posts anderer extrem rechter europäischer Politiker und Politikerinnen, etwa des italienischen

Innenministers Matteo Salvini, der französischen Frontfrau der Rechten, Marine Le Pen, oder des deutschen AfD-Spitzenmanns Jörg Meuthen. Auf Facebook können sich die Rechtspopulisten direkt an ihre Anhänger wenden, ohne Filter, ohne Journalisten, ohne lästige Nachfragen.

Straches Account gehört zwar streng genommen der FPÖ, und nach seinem Rücktritt entspinnt sich ein bizarrer Streit, ob Strache seine Seite nun weiterhin benutzen dürfe – oder nicht. Am Ende einigt man sich darauf: Er darf.

Und auf seiner Facebook-Seite wettert er in diesen Tagen auch, dass es eine »Falschmeldung« sei, dass er *SZ* und *Spiegel* angezeigt habe. In Wahrheit habe er Anzeige gegen unbekannt erstattet. Dass er selbst diese »Falschmeldung« dort genau so noch sechs Tage zuvor verbreitet hat? Ja mei ...

Im Juni 2019 schrieb Strache auf Facebook: »Die Schmutzkübeln fliegen zur Zeit sehr tief« – und bezieht sich auf einen Artikel, der seit dem Vortag auf der Homepage des *Falter* zu lesen ist: Strache, so ist darin zu lesen, habe als FPÖ-Funktionär 1990 eine Postkarte verschickt. Der Naziritterkreuzträger Robert Colli habe »seine Pflicht getan«, ist darauf zu lesen. Unterzeichnet hat sie Strache mit »Heil Deutschland«, adressiert war sie an eine Adresse in »Deutsch-Österreich«. Außerdem zeigt der *Falter* ein Foto, das Strache vor einer Karte von Nazideutschland in den Grenzen von 1939 zeigt, sie wird von einem neonazistischen Verlag vertrieben. »Nichts Verwerfliches« findet Strache daran auf Facebook.

So geht es schon seit Jahren:

Straches Wehrsportübungen? Harmlose Paintball-Spiele.

Das Foto, das ihn mit drei abgespreizten Fingern an der rechten Hand zeigt, ganz so wie beim neonazistischen Kühnen-Gruß? Ein »Gruß der Südtiroler Freiheitskämpfer«, ach, nein, doch nicht: Er habe wohl drei Bier bestellt. Egal: nichts mit Nazis jedenfalls.

Die Landkarte mit den Grenzen des Deutschen Reichs im Jahr 1939? »Deutsche Sprachinseln, Sprach- und Siedlungsgebiete vor dem Ausbruch des Zweiten Weltkrieges.«

Die handschriftliche antisemitische Widmung in einem antisemitischen Buch? Könne er sich nicht dran erinnern. Ja mei ...

Das ist Straches Welt. Eine Welt in einer Blase. Von dem, was draußen vor sich geht, dringt nur wenig hinein.

Kein Wort beispielsweise zum Bericht der *Kronen-Zeitung*, dass Exkanzler Christian Kern ihn wegen Verleumdung verklagen wolle, wegen einer Behauptung, die Strache in der Villa vorgetragen habe: Strache habe einen Informanten, der Fotos von Kern »mit minderjährigen Schwarzen in Kapstadt« schicken könne.

Weder die *SZ* noch der *Spiegel* haben diese Behauptung Straches zunächst veröffentlicht. Wir ignorieren grundsätzlich unbestätigte Gerüchte, und das gilt doppelt und dreifach, wenn diese Gerüchte sich um die geschützte Privatsphäre von Politikern ranken. Straches Anschuldigung wurde öffentlich, weil ein Twitternutzer unter dem Account @kurzschluss14 den circa zwanzigsekündigen Ausschnitt aus dem Ibiza-Video online stellte, in dem Strache die Gerüchte über Kern verbreitet. Innerhalb kurzer Zeit wurde er Hunderte Male geteilt. Wer hinter dem Account steckt, geht aus dem Twitterprofil nicht hervor, aber es ist offensichtlich jemand, dem mindestens dieser Ausschnitt des Videos vorliegt.

In der *Kronen-Zeitung* lesen wir nun, dass der Exkanzler Kern sich diese »völlig abstruse und substanzlose Anschuldigung freilich« nicht bieten lasse. Christian Kern sagt uns später am Telefon, nicht nur die Vorwürfe seien erfunden –

er sei auch noch nie in seinem Leben in Südafrika gewesen. Strache habe sich aber geweigert, die Aussage öffentlich zu widerrufen. Deshalb habe er Strache auf Schadensersatz und Unterlassung am Wiener Landesgericht für Zivilrechtssachen verklagt. Das Gericht bestätigt uns in diesen Tagen den Eingang der Klage.

Auf Straches Facebook-Seite findet sich dazu wenig überraschend kein Wort.

Dagegen schreibt er lange Beiträge über die angeblichen Hintermänner. Er verbreitet Artikel, in denen über die Verwicklung des österreichischen Geheimdienstes BVT spekuliert wird. Jeden Tag, so behauptet Strache, würden nun neue Informationen »über die kriminelle Videoaktion, die Täter, Hintermänner, Auftraggeber und möglichen politischen Verstrickungen« zum Vorschein kommen.

Zu den Ermittlungen gegen ihn selbst und seinen Kompagnon Gudenus findet sich hingegen erwartungsgemäß wenig. Nur so viel: Er habe davon »Kenntnis« und er begrüße sie »im Sinne einer im Interesse der Öffentlichkeit liegenden vollständigen Aufklärung der erhobenen Vorwürfe«.

Dabei sind die Geschehnisse auf und um Ibiza längst, was die BUWOG-Affäre, die Eurofighter-Affäre, die Hypo-Alpe-Adria-Affäre, die Novomatic-Affäre für seinen einstigen politischen Ziehvater Jörg Haider waren: ein Schatten und Makel, der wohl für immer mit seinem Namen verbunden sein wird.

Lieber postet Heinz-Christian Strache Fotos mit Hund, mit Kind, zu seinem 50. Geburtstag, zum Vatertag und mit seiner Frau Philippa. Die hat ihm angeblich längst verziehen, »er hat sich bei mir entschuldigt«, sagt Philippa Strache der *Bunten*. »Natürlich schämt er sich. Aber jetzt, da die illegalen Aufnahmen auf dem Markt sind, versucht er gar nicht erst, so zu tun, als habe es diesen Abend nicht gegeben.« Dieses Verhalten schätze sie an ihm. »Ich bin stolz auf ihn, eigentlich mehr denn je.«

Das Erstellen des Videos habe, so stellt es Philippa Strache in den Raum, zwei Millionen Euro gekostet. »Da hat sich jemand richtig viel Mühe gemacht, nicht nur meinem Mann, sondern dem ganzen Land zu schaden.« Wie sie auf die Summe komme, verrät sie in dem Interview nicht. Eine entsprechende Anfrage von uns lässt sie unbeantwortet.

Die Geschehnisse machten ihren Mann jedenfalls »nur reifer und stärker«. Sie stehe das mit ihm zusammen durch. »Wir sind, wenn Sie so wollen, eine kleine Familienarmee.«

Und das Strache-Regiment ist auf dem Vormarsch.

Es vergeht kein Tag ohne neuen Tweet, neues Facebook-Video oder Interview. Philippa Strache, Exmoderatorin, Exmodel und FPÖ-Tierschutzbeauftragte, rückt immer mehr in den Vordergrund. Während Strache auf Facebook seine 800.000 Anhänger bespielt, kümmert sich Philippa um den Rest. In der *Bunten*, im Internet-TV oe24.tv, RTL oder auf dem Privatsender Puls 4 wiederholt sie die Worte »Täter«, »Falle« und »Alkohol« wieder und wieder. Mit Täter meint sie natürlich nicht Strache und dessen Freund Gudenus, sondern andere. Ihr Mann jedenfalls sei »wie ein Opferlamm zur Schlachtbank geführt« worden. »Jeder Tag kostet ihn irrsinnig viel Kraft, um kämpferisch zu wirken«, erzählt sie der *Kronen-Zeitung* über ihren Mann, »für mich ist das sehr bewundernswert.«

Der Kommunikationsfachmann Walter Ötsch erklärt dem *Falter*, die Masche der charismatischen Ehefrau sei nicht unbedacht gewählt. Es handle sich um den Versuch, den durch das Ibiza-Video ausgelösten Schock »durch eine sich extrem menschlich gebende Philippa Strache verschwinden zu lassen«.

Und tatsächlich berichten etliche Medien über ihre Einschätzung zur Kleidungswahl ihres Mannes auf Ibiza (»Ich glaube, in einem Jahr können wir schon darüber lachen«), über die Frage, ob Tränen geflossen sind (»Ja, natürlich. Es ist uns beiden sehr schlecht gegangen«), und über die Gerüchte, sie sei nach dem Bekanntwerden der Ibiza-Affäre enttäuscht aus dem gemeinsamen Haus ausgezogen, was sie dementiert (»Ich wäre keine gute Ehefrau, würde ich ihn gerade jetzt allein lassen«).

Hier zeige sich »ein klatschsüchtiger Kult der Irrelevanz«, beklagte der Tübinger Medienwissenschaftler Bernhard Pörksen in *Profil*. »Ein nach eigener Aussage betrunkener Vizekanzler ist bereit, die Interessen des Landes an eine hübsche Oligarchennichte zu verschachern, die sich als Lockvogel entpuppt – und man hat nichts Besseres zu tun, als zu recherchieren, ob die Gattin verstimmt ist.« Als nächste Runde im »Investigativ-Klamaukspiel« empfehle er: »Hat Heinz-Christian Strache Kaninchen oder einen supersüßen Welpen? Und kommt er in dieser für ihn so schweren Zeit seiner Fütterpflicht nach? Schlagzeilen-Vorschlag: ›Wie geht's den Hasen? Und was macht Hundi?‹«

Kurz darauf wird bekannt, dass Philippa Strache auf dem dritten Platz der Wiener Landesliste für die Nationalratswahl im September kandidieren werde.

Wenig später meldet sich Strache auf seinem Facebook-Account zu Wort, auf dem Kanal, auf dem er erklärt hatte, das EU-Mandat anzunehmen. Dieser Post war allerdings bald wieder verschwunden. Jetzt veröffentlicht er ein neues Video: Strache im Garten, in Hemd und Sakko. »Meine Frau Philippa ist eine enorme unentbehrliche Kraft an meiner Seite, zusammen mit meinen Kindern und der Familie.« Es bedeute ihm sehr viel, dass ihn Zehntausende Österreicher und Österreicherinnen ins EU-Parlament gewählt hätten.

Dennoch habe er sich entschieden, »das Europäische Unionsmandat nicht anzunehmen«. Strache bleibt also in Wien. Sein Ziel aber sei seine Rückkehr, stärker als zuvor. »Auf mich könnt ihr euch verlassen.«

EPILOG

München,
Frühsommer 2021.

Es ist vieles anders gekommen, als Heinz-Christian Strache es vorhergesagt hatte auf seinem Facebook-Account – und das beginnt schon damit, dass ihm die FPÖ dann doch seine Facebook-Seite wegnehmen ließ. Der ehemalige Vizekanzler und Parteichef hat sich mit der FPÖ und deren Spitzenkräften heillos zerstritten, so sehr, dass er inzwischen nicht mehr Teil der »freiheitlichen Familie« ist. Und wenn doch einmal sein Name fällt auf einer FPÖ-Veranstaltung, dann folgt meist eine bitterböse Bemerkung, so tief ist der Hass.

Zwar fand Strache schon bald eine neue politische Heimat, eine neu gegründete Partei namens »Die Allianz für Österreich«. Anfang 2020 übernahm er den Parteivorsitz und benannte sie kurzerhand in »Team HC Strache« um, bevor er im Herbst des Jahres auf diesem Ticket für den Wiener Gemeinderat, dessen Abgeordnete das Wiener Landesparlament stellen, kandidierte. Die Partei kam allerdings auf lediglich 3,3 Prozent der Stimmen – das reichte nicht für den Einzug in den Wiener Landtag. Straches politische Karriere scheint, das ist jedenfalls der Eindruck der meisten politischen Beobachter in Österreich, beendet.

Seine Frau, Philippa Strache, die sich inzwischen doch von ihm getrennt hat, sitzt derweil im österreichischen Nationalrat. Sie war bei den Wahlen 2019 für die FPÖ ins Parlament gewählt worden – wurde am Tag ihrer sogenannten Angelobung allerdings aus der Partei ausgeschlossen. Seither ist sie fraktionslose Abgeordnete und fällt nicht weiter auf.

Die Ibiza-Affäre prägt auch zwei Jahre danach noch das politische Geschehen in Wien – was vor allem daran liegt, dass ein Ibiza-Untersuchungsausschuss gegründet wurde, der nahezu im Wochentakt neue Schlagzeilen generiert. Es scheint, als hätte die Affäre nicht nur Heinz-Christian Straches problematischen Politikstil bloßgestellt – sondern auch die wunden Punkte etlicher anderer Politiker, vornehmlich aus den Reihen der ÖVP. Aber der Reihe nach.

Noch im Sommer 2019 gibt es Durchsuchungen bei Strache und Gudenus. Was Strache besonders empört: Er ist angeblich noch nackt, als die Polizisten an die Tür klopfen – und dann beschlagnahmen die Ermittler auch noch sein Handy. Die Staatsanwaltschaft interessiert sich vor allem für Spenden, Mandatskäufe und Spesen. Die Vorwürfe lauten unter anderem: Untreue, Bestechlichkeit und Bestechung.

Im September 2019 geht schließlich bei der Wiener Wirtschafts- und Korruptionsstaatsanwaltschaft eine anonyme Anzeige ein. Strache habe »regelmäßig Sporttaschen mit hohen Summen Bargeld erhalten«, heißt es darin. Das Geld stamme von Personen »aus dem osteuropäischen Ausland«, auch ukrainische Geschäftsleute seien involviert. Vor allem aber gebe es Fotos von dem Bargeld, ein Bodyguard Straches habe sie geschossen. Wenige Tage später wird der Personenschützer vorübergehend festgenommen – und sagt umfassend aus.

Die Fotos wiederum, die er 2013 und 2014 gemacht haben soll, landen auf Umwegen bei uns. Wie das Ibiza-Video lassen wir sie von Gutachtern analysieren. Wir finden heraus, dass sie vermutlich in Straches Dienstwagen aufgenommen wurden. Auf einem Foto sind auch Schuhe zu sehen, wie sie auch Strache zu jener Zeit trug.

Vor allem aber passen die Bilder, Ort und Zeit, wo sie aufgenommen worden sein sollen, frappierend gut zu einer Geschichte, die schon länger in Wien die Runde macht. Demnach soll eine Gruppe ukrainischer Geschäftsmänner 2013 für zehn Millionen Euro ein FPÖ-Mandat für den Nationalrat gekauft haben. Auf diese Weise soll der Unternehmer Thomas Schellenbacher, der den Ukrainern geschäftlich verbunden war, in das österreichische Parlament gekommen sein. Laut einer eidesstattlichen Versicherung, die uns vorliegt, soll der Deal in der Kanzlei des damaligen FPÖ-Abgeordneten und stellvertretenden Fraktionsvorsitzenden Peter Fichtenbauer ausgeheckt worden sein. Das Geld sei dann in zwei Koffern mit einem Privatjet eingeflogen worden. Etwa um diese Zeit schrieb Strache nach unseren Informationen einem seiner Vertrauten per SMS, dass jemand Schellenbacher, einem »Top-Unternehmer«, ein Mitgliedsformular vorbeibringen solle: »Er füllt es ohne Datum aus, und du nimmst es mir mit.« Der bis dahin politisch unerfahrene Unternehmer Schellenbacher meldet kurz darauf seinen Wohnsitz in Wien an – und landet prompt auf Platz neun der Wiener Landesliste der FPÖ. Und hier kommen nun die Geldbündel-Fotos ins Spiel. Denn zwei Bilder wurden offenbar an den beiden Tagen vor der Präsentation Schellenbachers aufgenommen, ein weiteres Foto nur Monate später – wenige Meter von der Kanzlei Fichtenbauers entfernt. Die Folgen dieser Enthüllung halten sich allerdings in Grenzen: Der Kauf eines vielversprechenden Platzes auf der Kandidatenliste einer Partei sei in Österreich schlichtweg nicht strafbar, befand die Wirtschafts- und Korruptionsstaatsanwaltschaft.

Heinz-Christian Strache wird am Ende die Vernehmung des Bodyguards und einer Assistentin zum Verhängnis. Beide nämlich berichten von seltsamen Spesenabrechnungen des vorgeblichen Saubermanns. »Auf alle meine Rechnungen ›politisch veranlasst‹ draufschreiben«, soll Strache per SMS gefordert haben. Etwas vereinfacht soll Heinz-Christian Strache sich seinen luxuriösen Lebensstil von der FPÖ haben bezahlen lassen, die Whirlpool-Reparatur genauso wie Gucci-Klamotten, Skiausrüstung, Luxusreisen und sogar Ausgaben für seine eigene Hochzeit. Das Bundeskriminalamt soll laut dem *Kurier* von einer Schadenssumme in Höhe von fast 600.000 Euro ausgehen – Heinz-Christian Strache bestreitet Fehlverhalten und beschuldigt seinen ehemaligen Bodyguard und seine ehemalige Assistentin, die alleinige Verantwortung dafür zu tragen. Er malt, wie so oft, das Bild der großen Verschwörung.

Aber bei Luxusspesen hört es offenbar selbst für hartgesottene Strache-Fans auf mit der Treue. Nazis verharmlosen, Korruption versprechen, Journalisten beschimpfen – all das und noch viel mehr haben sie ihm durchgehen lassen und ihn trotzdem weiterhin gewählt. Aber die eigene Partei ausnehmen, und auf ihre Kosten fürstlich leben? Da ist offenbar für viele Schluss. Auch die Führungskader der FPÖ distanzieren sich immer weiter von ihm, bis die Trennung unausweichlich wird. Strache drohen bis zu zehn Jahre Haft, es wird – Stand Frühsommer 2021 – auch gegen seine Frau, die Assistentin, den Bodyguard und weitere Personen ermittelt.

Die österreichische Korruptionsstaatsanwaltschaft verzichtet derweil auf Ermittlungen bezüglich Vorteilsannahme, also zu den im Video geforderten Parteispenden im Gegenzug für Bauaufträge und Ähnliches. Um in diesem Fall wegen Korruption anzuklagen, müsste es sich um »real existierende Amtsträger« handeln. Das war bei Strache und Gudenus aber nicht der Fall. Zum Zeitpunkt des verhängnisvollen Abends auf Ibiza war Strache zwar Abgeordneter, aber eben noch nicht Vizekanzler. Gudenus war lediglich Wiener Vizebürgermeister. Sie waren also, so zumindest argumentierten die Staatsanwälte, nicht in der Lage, öffentliche Bauaufträge zu beeinflussen. »Es wäre Sache des Gesetzgebers, diese – allfällig planwidrige – Lücke zu schließen«, schrieb die Staatsanwaltschaft in ihrer Einstellungsbegründung.

Dafür interessierten sich die Ermittler umso mehr für Novomatic (»Novomatic zahlt alle«). Der FPÖ-Politiker Peter Sidlo, so der Verdacht, soll im Frühjahr 2019 nur aufgrund eines Deals in den Vorstand der Casinos Austria berufen worden sein – jenen halbstaatlichen Betrieb also, über den Strache auf Ibiza gesagt hatte, dass sein Monopol zerschlagen gehöre. Sidlo soll von Casinos-Austria-Miteigner Novomatic für die FPÖ ins Rennen geschickt worden sein – im Gegenzug habe die Partei Entgegenkommen bei Gesetzesänderungen in Aussicht gestellt. Bei einer Durchsuchung einer FPÖ-Immobilie in Tirol wurden etliche Goldbarren gefunden.

Ein Novomatic-Sprecher erklärt, die Vorwürfe seien haltlos; Strache lässt verbreiten, es handle sich um einen »feigen Angriff« auf seine Glaubwürdigkeit. »Die strafrechtlichen Vorwürfe haben sich längst in Luft aufgelöst«, sagt Sidlo in einem Interview der Tageszeitung *Die Presse*. Auf Anfrage will er sich laut einem Sprecher nicht weiter zu den Vorwürfen äußern. Und die FPÖ? Die erläutert, die Durchsuchungen stünden in »keinerlei Zusammenhang« mit der Partei. Wenig später wird allerdings bekannt, dass dies offenbar nicht ganz stimmt:

Laut Medienberichten wurde nämlich auch ein Gebäude eines FPÖ-Bildungsinstituts durchsucht. Und dessen Vorsitzender war wiederum der FPÖ-Mann Markus Tschank. Jener Markus Tschank, der zu Ibiza-Zeiten Schatzmeister des Vereins »Austria in Motion« war, ebenso wie Vorsitzender des Vereins »Wirtschaft für Österreich«; auch im Vorstand von »Wir für H.C. Strache« und »Reformen – Zukunft – Österreich« saß er. Alles FPÖ-nahe Vereine. Solche Vereine, wie sie Strache auf Ibiza beschrieben hat.

Der ehemalige Vizekanzler wird indes im Sommer 2021 in Wien in einem ersten von womöglich etlichen Fällen angeklagt: Die Staatsanwaltschaft wirft ihm Bestechlichkeit vor – aufgrund von Chatverläufen, die im Zuge der Ibiza-Ermittlungen auf seinem Telefon sichergestellt wurden. So soll der Politiker darauf hingewirkt haben, dass Gesetze im Sinne eines Privatklinik-Betreibers geändert werden – eines Privatklinik-Betreibers, der der FPÖ Tausende Euro gespendet hat. Strache bestreitet die Vorwürfe.

Längst geht es bei den Ibiza-Nachwehen aber nicht mehr nur um Strache oder um die FPÖ, sondern auch um ihren früheren Koalitionspartner. Die ÖVP. Die Partei von Kanzler Sebastian Kurz. Ein Mitarbeiter von Kurz hatte wenige Tage nach Bekanntwerden der Ibiza-Affäre unter falschem Namen fünf Festplatten schreddern lassen. Zunächst hieß es, es habe sich lediglich um Festplatten von Druckern gehandelt. Später wurde allerdings bekannt, dass auch zwei Festplatten darunter waren, die normalerweise in HP-Laptops eingebaut werden. Laptops jenes Modells, wie ihn Österreichs Finanzminister Gernot Blümel einst als Dienstlaptop bekommen hatte.

Ein Laptop Blümels sollte auch an anderer Stelle noch Aufsehen erregen. So wurde im Frühjahr 2021 bekannt, dass Blümel in der Casinos-Austria-Affäre auch als Beschuldigter geführt wird. Es gehe um den Verdacht, »dass ein Verantwortlicher eines Glückspielunternehmens Spenden an eine politische Partei im Gegenzug für die Unterstützung von Amtsträgern der Republik Österreich bei einer dem Unternehmen drohenden Steuernachforderung im Ausland angeboten habe«, erklärte die zuständige Staatsanwaltschaft – und durchsuchte die Wohnung des Ministers. Die Ermittler fanden vieles, den Laptop Blümels aber fanden sie zunächst nicht. Den nämlich hatte seine Ehefrau wenige Minuten vor dem Eintreffen der Ermittler in einen Kinderwagen gesteckt und das Haus verlassen. Die Fahnder bekommen ihn erst später ausgehändigt.

Insgesamt zieht die Ibiza-Affäre so weite und vor allem so viele Kreise, und vor allem dauert sie noch an, dass ihre endgültige Geschichte noch zu schreiben sein wird: Es geht um durchaus komplexe Ermittlungen und Schlagworte wie Casag, WKStA oder Öbag, um Hausdurchsuchungen und wiederhergestellte Chats, um Postenschacher und Buberlwirtschaft. Kein Wunder, dass österreichische Medien wie der *Standard* alle paar Wochen neue Zusammenfassungen schreiben, um die Dinge zu entwirren und die Leserinnen und Leser wieder auf den Stand zu bringen.

Aber auch an der Fallensteller-Front hat sich etwas getan. Als Hersteller des Videos darf inzwischen mindestens ein Detektiv namens Julian H. gelten, der sich dazu bekennt, Strache gemeinsam mit einem Partner in eine Falle gelockt zu haben – so kann man wohl die Interviews deuten, die Julian H. Ende 2020 unter anderem der *Süddeutschen Zeitung*, dem *Spiegel* und dem *Standard* gab. Das Interview in der SZ haben allerdings nicht wir beide geführt – um nicht in Sachen Quellenschutz in eventuelle Interessenkonflikte zu geraten.

Im Gespräch mit dem *Standard* sagte Julian H., einige Tage vor dem Erscheinen des Ibiza-Videos habe er einem Mitarbeiter des österreichischen Bundespräsidenten Alexander Van der Bellen Ausschnitte vorgespielt. Das Bundespräsidialamt erklärte, davon nichts zu wissen. Allerdings bestätigte die Präsidentschaftskanzlei, eine E-Mail von Julian H. erhalten zu haben. »Ich habe mich im Jahre 2017 in ein heikles Medienprojekt eingebracht. Dabei ging es darum, die Korruptionsanfälligkeit der FPÖ bzw. deren Führung offen zu legen«, schrieb der Absender. Er sei nun in Sorge, mit »nicht rechtsstaatlichen Mitteln« bekämpft zu werden. Die FPÖ sei in der Lage, ihm »alles Mögliche zu unterstellen« und »Tathandlungen zu konstruieren«. Zumal er »kein unbeschriebenes Blatt« sei.

Seit 2019 verfolgen wir die Ermittlungen, die in Österreich in Sachen »Herstellung des Ibiza-Videos« geführt wurden. Ein Jahr lang wurde, das sei am Rande erwähnt, ohne unser Wissen auch gegen uns ermittelt – die Ermittlungen wurden dann aber fallengelassen. Denn: »Im Lichte der besonderen Bedeutung der Presse- und Meinungsfreiheit für einen demokratischen Rechtsstaat überwiegt vorliegend das überragende Interesse an der Berichterstattung über die thematisierten Missstände von erheblichem Gewicht die Nachteile, die für die Geschädigten mit der durch die öffentliche Zugänglichmachung der im Original-Videomaterial enthaltenen Tonaufnahmen einhergehen«, erklärte die Staatsanwaltschaft München.

Den zwischenzeitlich nach Berlin verzogenen Julian H. suchten die Fahnder allerdings mit einem Eifer, der an manchen Stellen erstaunlich wirkt. Etwa, wenn ein Mann, der als wiederholter Verleumder auffällig geworden war, als Kronzeuge für Drogenvorwürfe gegen H. herhalten muss. Seinen Angaben zufolge soll H. vor etlichen Jahren wiederholt Kokain verkauft haben – was seine angeblichen Kunden uns gegenüber heftig bestreiten und wofür die Ermittler nach unserem Stand auch keine harten Belege finden konnten.

Die Vorwürfe, die direkt mit dem Ibiza-Video zusammenhängen, scheinen jedoch alle strafrechtlich nicht sonderlich von Bedeutung zu sein, am Ende sind es vor allem die Drogenvorwürfe, die dazu führen, dass Julian H. am 10. Dezember 2020 in Berlin auf offener Straße von Zielfahndern verhaftet wird. Im März 2021 wird Julian H. nach Österreich ausgeliefert, wo ihn ein Verfahren erwartet.

Gut möglich, dass Heinz-Christian Strache und Julian H. sich gleichzeitig vor Gericht werden verantworten müssen. Der gefallene Rechtspopulist – und jener Mann, der ihn zu Fall brachte.

DANK

Zuallererst möchten wir uns bei unserer Quelle bedanken. Mit ihrer Entscheidung, das Video uns, der *Süddeutschen Zeitung* und dem *Spiegel* zu überlassen, ist sie ein großes Risiko eingegangen, persönlich wie juristisch. Wir können ihr dafür nicht genug danken. Die Gesellschaft kann ihr dafür nicht genug danken.

Ganz besonders möchten wir unserer *SZ*-Kollegin Leila Al-Serori, unserem *SZ*-Kollegen Oliver Das Gupta sowie dem *SZ*-Österreich-Korrespondenten Peter Münch danken. Sie haben mit ihrem Fachwissen und ihrem Einsatz die Veröffentlichung des Ibizavideos überhaupt erst möglich gemacht. Fast zwei Wochen saßen wir in unserem stickigen Kammerl aufeinander und haben Almdudler und Red Bull trinkend, Manner-Schnitten und Pizza essend viele Stunden Video angeschaut, Audiodateien abgehört, alles transkribiert und über die Übersetzung von allerlei österreichischen Begriffen diskutiert. Vieles, was wir in diesen Wochen gelernt haben, ist in dieses Buch eingeflossen. Vor allem aber hat es einen Mordsspaß gemacht! Danke, ihr seid super!

Wir möchten generell der *Süddeutschen Zeitung* danken – unserer Herzens-Zeitung. Ohne die großartige Redaktion und ohne die Unterstützung der Chefredaktion wären weder die Berichterstattung über die Ibiza-Affäre noch dieses Buch möglich gewesen. Wolfgang Krach hat die Recherche von Anfang an unterstützt und gefördert – so unwahrscheinlich es auch erschien, dass es jemals zu einer Veröffentlichung kommen könnte. Dieses Gefühl, dass die Chefredaktion uns unbedingt vertraut und an unsere Arbeit glaubt, können wir allen Investigativjournalistinnen und -journalisten nur wünschen.

Den besten Kolleginnen und Kollegen der Welt, hier Jana Anzlinger, Roman Deininger, Stefan Dimitrov, Felix Ebert, Elisabeth Gamperl, Julia Kandler, Stefan Kloiber, Manuel Kostrzynski, Vincent Leitgeb, Sonja Salzburger, Annika Sehn und Martin Wittmann, danken wir für ihre Geduld und ihr Durchhaltevermögen bis spät in den Abend, für die gute Laune, die sie trotzdem noch versprüht haben, für ihre tollen Ideen und die eindrucksvolle Präsentation des Ibizavideos in der *Süddeutschen Zeitung* in all ihren Ausspielformen.

Unseren *SZ*-Juristen Andreas Gericke und Joris Großgerge danken wir für den kühlen Kopf, den sie nach den Panama Papers, den Paradise Papers und den Implant Files auch bei diesem Projekt bewahrt haben. Es beruhigt und bestärkt ungemein, so tolle und engagierte Juristen an unserer Seite zu wissen – auch am Wochenende, abends und bei eher ungewöhnlichen Fragen.

Nicht zuletzt möchten wir auch den Kolleginnen und Kollegen im Textarchiv der *Süddeutschen Zeitung* danken, die über Wochen hinweg sehr viel Geduld hatten mit unseren andauernden Anfragen zu Strache, Gudenus, Österreich im Allgemeinen und der FPÖ im Speziellen.

Wir danken aber, selten genug, auch dem *Spiegel*, genauer gesagt seinem Österreichteam Martin Knobbe und Wolf Wiedmann-Schmidt, Maik Baumgärtner, Walter Mayr, Vera Deleja-Hotko und Alexandra Rojkov für die reibungslose und vertrauensvolle Zusammenarbeit. Es ist nicht selbstverständlich, mit vermeintlichen Konkurrenten so toll zusammenarbeiten zu können, und noch weniger, dass es auch noch Spaß gemacht hat. Danke dafür!

Ein großer Dank auch an die Mannschaft des *Falter*: Florian Klenk, Lukas Matzinger, Nina Horaczek, Eva Konzett und Josef Redl. Ihr als Betroffene wart nicht nur das ideale Korrektiv, wenn wir Piefkes wieder irgendwas nicht verstanden haben, sondern auch ein super Partner, weit über die Veröffentlichung hinaus. Besonders erwähnt sei an dieser Stelle *Falter*-Chefreporterin Nina Horaczek. Ihr Buch »HC Strache. Sein Aufstieg – Seine Hintermänner – Seine Feinde«, das sie 2009 mit Claudia Reiterer veröffentlicht hat, hat uns bei der Recherche sehr weitergeholfen.

Dem IT-Forensiker George A. Rauscher sowie dem Team von Martin Steinebach am Fraunhofer-Institut für Sichere Informationstechnologie SIT danken wir für die schnelle und gründliche Analyse des Strache-Videos.

Dem Verlag Kiepenheuer & Witsch gilt unser großer Dank dafür, dass er dieses Buch herausbringt und uns nach den Panama Papers erneut ein so großes Vertrauen entgegenbringt – und uns auch dieses Mal wieder den großartigen Anwalt Sven Krüger zur Seite stellt.

Noch größerer Dank gilt selbstverständlich unserem Lektor Martin Breitfeld, der von der ersten Minute an dieses Buch geglaubt und bis zur letzten Minute daran gearbeitet hat. Wir geben dafür sogar ein paar Bindestriche auf: #ibizavideo, #oligarchennichte ...

Dank gebührt auch den vielen Politikerinnen und Politikern,

Juristinnen und Juristen, Beamtinnen und Beamten, die uns ihr Vertrauen geschenkt und in langen Gesprächen die Hintergründe und politischen wie persönlichen Folgen der Ibiza-Affäre geschildert haben.

Unseren Familien danken wir für die Geduld und das Verständnis!

GLOSSAR

(speziell für nichtösterreichische Leserinnen und Leser)

BZÖ Das »Bündnis Zukunft Österreich« ist eine rechtspopulistische Partei. Sie wurde 2005 vom langjährigen FPÖ-Parteichef Jörg Haider gegründet. Angeblich wollte er sich damit vom rechten Flügel der FPÖ abgrenzen – insbesondere von Heinz-Christian Strache. 2017 nahm die Partei nicht an der Nationalratswahl teil. Im Herbst 2019 will das BZÖ Kärnten mit einer »Allianz der Patrioten« antreten.

Einiges Russland Die Partei »Einiges Russland« hat im russischen Parlament die absolute Mehrheit. Zwar ist der russische Präsident nicht Mitglied der Partei, »Einiges Russland« unterstützt aber seinen politischen Kurs. Die österreichische FPÖ unterzeichnete mit »Einiges Russland« 2016 eine »Vereinbarung über Zusammenwirken und Kooperation«.

FPÖ Die Freiheitliche Partei Österreichs (FPÖ) ist eine rechtspopulistische Partei, die 1956 unter anderem von Altnazis gegründet wurde. Die wohl bekanntesten Parteichefs sind der 2008 tödlich verunglückte Jörg Haider und Heinz-Christian Strache, der seinen Parteivorsitz im Zuge der Ibiza-Affäre abgab. Johann Gudenus trat gleich ganz aus der Partei aus. Derzeit hat die Partei etwa 60.000 Mitglieder.

Klub Als Parlamentsklub oder schlicht Klub werden in Österreich die Fraktionen in Gemeinderäten, Landtagen sowie im Nationalrat, der Abgeordnetenkammer des Parlaments, bezeichnet. Nach der Nationalratswahl 2017 stellte die FPÖ im Nationalrat 51 von 183 Abgeordneten und stellte damit nach ÖVP und SPÖ den drittgrößten Parlamentsklub.

Klubobfrau/Klubobmann Die Vorsitzenden der Parlamentsfraktionen werden in Österreich als Klubobfrau beziehungsweise Klubobmann bezeichnet. Johann Gudenus war von Dezember 2017 bis zum Bekanntwerden der Ibiza-Affäre geschäftsführender Klubobmann der FPÖ im Nationalrat.

Kronen-Zeitung Das Boulevardblatt *Kronen-Zeitung* ist Österreichs auflagenstärkste Zeitung. Das 1900 gegründete und 1959 neu zum Leben erweckte Blatt verkauft mit 700.000 Exemplaren täglich mehr als die fünf nächstgrößten österreichischen Tageszeitungen zusammen. Von 8,7 Millionen Einwohnern erreicht das Boulevardblatt wochentags durchschnittlich zwei Millionen, am Sonntag gar 2,5 Millionen.

Kühnen-Gruß Der Kühnen-Gruß ist ein gängiger Gruß unter Neonazis: Daumen, Zeige- und Mittelfinger formen dabei ein »W« wie »Widerstand«. Benannt ist der in Deutschland seit 1983 verbotene Gruß nach dem deutschen Neonazi Michael Kühnen.

Leibfuchs In Burschenschaften werden Neu-Mitglieder oft als Fuchs oder Leibfuchs bezeichnet. Einem Leibfuchs wird in der Regel ein Leibbursch als Mentor zur Seite gestellt. Johann Gudenus war einst Leibfuchs von Heinz-Christian Strache in der Burschenschaft »Vandalia«.

Nationalrat Der Nationalrat ist die Abgeordnetenkammer des österreichischen Parlaments. Zusammen mit dem Bundesrat – also der Vertretung der Bundesländer – ist der Nationalrat für die Gesetzgebung zuständig. Die FPÖ sitzt seit 1956 ohne Unterbrechung im Nationalrat.

ORF Der *ORF* ist der öffentlich-rechtliche Rundfunk Österreichs und damit das Pendant zur *ARD* in Deutschland. Kontrolliert wird der *ORF* von einem Stiftungsrat mit 35 Mitgliedern. Für die FPÖ sitzt Norbert Steger in dem Gremium – er machte kurz vor der Ibiza-Affäre Schlagzeilen, weil er dem *ORF*-Moderator Armin Wolf nach einem konfrontativ-kritischen Interview mit einem FPÖ-Politiker ein Sabbatical nahegelegt hatte. Heinz-Christian Strache musste sich 2018 öffentlich bei Armin Wolf entschuldigen, nachdem er ihm »Lügen« und »Fake-News« vorgeworfen hatte.

Österreich/Oe24 *Oe24* ist eine österreichische Gratiszeitung, die unter dem Namen *Österreich* auch am Kiosk und an Automaten verkauft wird. Sie wurde 2006 von den Journalisten Wolfgang Fellner und Werner Schima gegründet.

ÖVP Die Österreichische Volkspartei (ÖVP) ist eine konservativ-bürgerliche Partei in Österreich. Vorsitzender beziehungsweise Obmann ist seit 2017 Sebastian Kurz. Nachdem die ÖVP, die etwa eine halbe Million Mitglieder hat, bei den Nationalratswahlen 2017 auf die meisten Stimmen kam, ging sie eine Koalition mit der rechtspopulistischen FPÖ ein. Kurz wurde Kanzler, Heinz-Christian Strache – der den ÖVP-Chef noch im Wahlkampf als »skrupellose und unehrliche Person« beschimpft hatte – wurde Vizekanzler. Die Koalition zerbrach im Zuge der Ibiza-Affäre.

Parteiobmann Der Vorsitzende einer Partei wird in Österreich als Parteiobmann bezeichnet. Heinz-Christian Strache war von 2005 bis zum Bekanntwerden der Ibiza-Affäre Parteiobmann der FPÖ.

RFJ Der »Ring Freiheitlicher Jugend Österreich« (RFJ) ist die Jugendorganisation der rechtspopulistischen FPÖ. Kritiker stufen die Gruppierung als rechtsextremistisch ein. Heinz-Christian Strache war in den Neunzigerjahren Landesvorsitzender des RFJ in Wien, Johann Gudenus von 2003 bis 2009 sogar Bundesvorsitzender.

SPÖ Die Sozialdemokratische Partei Österreichs (SPÖ) wurde 1889 gegründet. 2007 bis 2017 stellte die Partei, die etwa 180.000 Mitglieder hat, den Bundeskanzler. Bei den Nationalratswahlen 2017 bekam die Partei nach der ÖVP die zweitmeisten Stimmen. Nachdem die ÖVP und die FPÖ eine Koalition bildeten, ging die SPÖ in die Opposition.

Strabag Das börsennotierte Unternehmen Strabag ist eine der größten Baufirmen Europas. Das Unternehmen beschäftigt rund 75.000 Mitarbeiter, davon etwa 11.000 in Österreich. Etwa die Hälfte des Umsatzes kommt durch öffentliche Aufträge. Wichtigster Aktionär ist der Liberale Hans Peter Haselsteiner – ein politischer Kontrahent von Heinz-Christian Strache und der FPÖ. Haselsteiner ist zudem Gesellschafter der privaten Bahngesellschaft Westbahn, die mit der staatlichen Österreichischen Bundesbahn (ÖBB) konkurriert.

Vandalia Die Burschenschaft »Vandalia« ist eine deutschnationale Schülerverbindung. Der Leitspruch lautet: »Deutsch, einig, treu – ohne Scheu«. Die Vandalia ist eine sogenannte schlagende Verbindung, sie pflegt also noch immer den Brauch der Fechtkämpfe, etwa bei Streitigkeiten. Auch Strache trug einige solcher Mensuren aus. Strache blieb Vandalia-Mitglied, obwohl er die Abendschule abbrach und deshalb nie die Matura, das österreichische Abitur, machte.

Wiking-Jugend Bei der Wiking-Jugend handelte es sich um eine neonazistische Jugendorganisation, die sich als Nachfolgeorganisation der Hitlerjugend und des Bundes Deutscher Mädel sah. 1989 war Heinz-Christian Strache zu einer Veranstaltung der Wiking-Jugend – ein »Mahnfeuer« – nach Deutschland gereist und wurde von der Polizei vorübergehend festgesetzt. 1994 wurde die Wiking-Jugend in Deutschland verboten.

Alles beginnt in München. Zwei junge Reporter erhalten die Daten hunderttausender Briefkastenfirmen. Darin finden sie die vermögendsten, mächtigsten und reichsten Menschen der Welt. Die beiden Journalisten folgen den Spuren – mithilfe von 400 Reportern aus 80 Ländern – und stoßen auf die versteckten Milliarden von Präsidenten, Verbrechern und ganz normalen Superreichen.

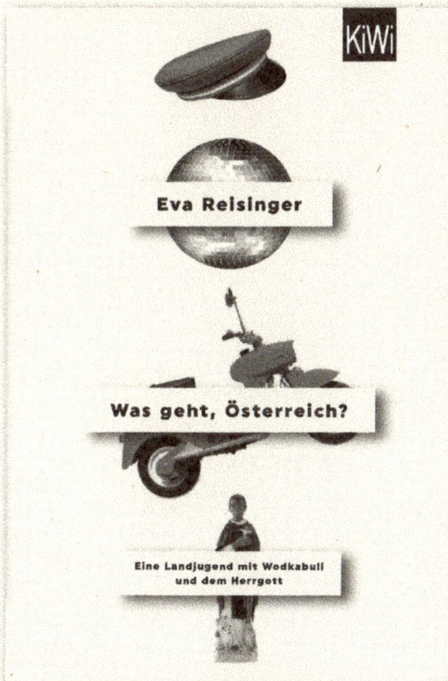

Wo schafft es eine Partei in die Regierung, die von einem SS-Brigadeführer gegründet wurde? Wo will selbst die Frauenministerin keine Feministin sein? Wo darf man sich hemmungslos beleidigen, wenn man nur ja beim Sie bleibt? Die Rede ist von Österreich. Eva Reisinger ist in der oberösterreichischen Provinz aufgewachsen, um Ihnen davon zu erzählen. Von den sonderbaren Bräuchen, den fragwürdigen Umgangsformen und den köstlichen Mehlspeisen. Alles, was Sie über Österreich wissen müssen. Und alles, was Sie lieber nicht gewusst hätten.